本研究成果获教育部重大研究课题"非洲高等教育国别研究工程"项目和国家留学基金委高级访问学者项目的资助

·非·洲·高·等·教·育·研·究·丛·书·

徐 辉 顾建新◎主编

非洲研究文库·非洲高等教育国别研究系列

喀麦隆
高等教育研究

郑 崧◎著

中国社会科学出版社

图书在版编目（CIP）数据

喀麦隆高等教育研究/郑崧著．—北京：中国社
会科学出版社，2010.3
（非洲高等教育研究丛书）
ISBN 978 - 7 - 5004 - 8469 - 1

Ⅰ.①喀…　Ⅱ.①郑…　Ⅲ.①高等教育 - 研究 - 喀麦
隆　Ⅳ.①G649.438

中国版本图书馆 CIP 数据核字（2010）第 001987 号

责任编辑　张　林
特约编辑　张冬梅
责任校对　曲　宁
封面设计　李尘工作室
版式设计　戴　宽

出版发行　中国社会科学出版社
社　　址　北京鼓楼西大街甲 158 号　　邮　编　100720
电　　话　010—84029450（邮购）
网　　址　http://www.csspw.cn
经　　销　新华书店
印　　刷　君升印刷厂　　　　　　　装　订　盛天行健印刷有限公司
版　　次　2010 年 3 月第 1 版　　　印　次　2010 年 3 月第 1 次印刷
开　　本　710×1000　　1/16
印　　张　13.25
字　　数　210 千字
定　　价　22.00 元

深入了解非洲，增进中非友好

——《非洲研究文库》总序

　　非洲是人类文明发祥地之一，地域广阔，物产丰富，历史文化悠久，人口约 10 亿，共有 53 个独立国家和 1500 多个民族，是发展中国家最集中的大陆，是维护世界和平、促进全球发展的一支重要力量。近年来，非洲局势发展总体平稳，经济保持较快增长，一体化建设取得重要进展，国际社会对非洲关注和投入不断增加，非洲在国际格局中地位有所上升。

　　中国是非洲国家的好朋友、好伙伴，中非传统友谊源远流长。早在 2000 多年前的汉朝，中非双方就互有了解，并开始间接贸易往来。1405—1433 年，明朝航海家郑和率船队 7 次下西洋，其中 4 次到达东非沿海，至今肯尼亚等国还流传着郑和下西洋的故事。1949 年新中国成立开辟了中非关系新纪元。1956 年 5 月，中国同埃及建交，开启了新中国同非洲国家的外交关系。中国曾大力支持非洲人民反帝反殖、争取民族独立的正义斗争；在非洲国家赢得独立后，中国坚定支持非洲国家维护主权和尊严、真诚无私地帮助非洲国家发展经济、提高人民生活水平，赢得了非洲朋友的尊重和信任。中非友好经受住了时间和国际风云变幻的考验，中非人民的友谊与日俱增。

　　进入新世纪以来，在中非双方领导人共同关心和亲自推动下，中非关系在传统友好基础上呈现新的全面快速发展的良好势头。2000 年 10 月，中非合作论坛正式成立并召开首届部长级会议，这在中非关系史上具有重要意义，此后论坛逐步发展成为中非集体对话的重要平台和务实合作的有效机制。2004 年和 2006 年，胡锦涛主席两次访问非洲，同非洲领导人就新形势下进一步发展中非关系深入交换意见，达成广泛共识。2006 年初，中国政府发表《中国对非洲政策文件》，将"真诚友好，平等相待；互利互惠，共同繁荣；相互支持，密切配合；相互学习，共谋发展"确定为新时期中国对非政策的总体原则和目标，受到非洲国家的普遍赞赏和欢迎。

2006 年 11 月，中非合作论坛北京峰会暨第三届部长级会议成功举行，中非领导人共同确立政治上平等互信、经济上合作共赢、文化上交流互鉴的中非新型战略伙伴关系，胡锦涛主席代表中国政府宣布了加强中非务实合作、支持非洲国家发展的 8 项政策措施，中非关系由此进入新的发展阶段。2007 年初，胡锦涛主席专程访问非洲，全面启动了北京峰会后续行动的落实。2009 年 2 月，胡锦涛主度再次访问非洲，进一步巩固了中非传统友谊，拓展了双方务实合作，有力推动了北京峰会各项成果的全面落实。在短短的 8 年时间里，中非经贸合作取得跨越式发展，中非贸易额从 2000 年首次突破 100 亿美元上升至 2008 年的 1068 亿美元，提前两年实现 1000 亿美元的目标。中非在文化、科技、金融、民航、旅游等领域的合作也取得新的重大进展。

随着中非关系的蓬勃发展，中国社会各界深入了解非洲与中非关系的兴趣和需求逐年上升，这对国内从事非洲问题研究的专家学者提出了新的任务和需求。在此背景下，浙江师范大学非洲研究院主持编撰的大型非洲研究丛书《非洲研究文库》应运而生。《非洲研究文库》由国内外知名专家学者按照"学科建设和社会需求并重"、"学术追求与现实应用兼顾"的原则，遴选非洲研究领域的重点课题，分《非洲高等教育国别研究》、《中非关系研究》、《非洲国际关系研究》、《非洲发展研究》、《非洲研究博士论文》、《非洲专题史》、《非洲国别史》、《非洲研究译丛》等八个系列逐步编撰出版，集学术性和知识性为一体，力求客观地反映非洲历史和现实，是一项学科覆盖面广、具有鲜明特色的非洲基础研究成果。这套丛书致力于为研究非洲问题和中非关系提供详尽的史料和新颖的视角，有利于增进各界对非洲的深入了解和认知。丛书第一本《全球视野下的达尔富尔问题研究》于 2008 年 10 月问世，社会反响良好，该书对全面客观地了解达尔富尔问题和中国对非外交具有积极意义。

《非洲研究文库》的推出离不开浙江师范大学非洲研究院的辛勤工作。浙江师范大学开展对非洲研究工作已有十多年历史，取得不少成果，2007 年 9 月，该校正式成立非洲研究院。这是国内高校中首家综合性非洲研究院，设有非洲政治与国际关系、非洲经济、非洲教育、非洲历史文化 4 个研究所，以及非洲图书资料中心、非洲艺术传媒制作中心和非洲博物馆，是教育部教育援非基地，在喀麦隆建有孔子学院，为推动中国的非洲问题研究、促进中非关系、文化交流和合作发挥了积极作用。

我本人多年从事和主管对非外交，对非洲大陆和非洲人民怀有深厚感情。得知世界知识出版社、中国社会科学出版社与浙江师范大学非洲研究院合作推出《非洲研究文库》系列丛书,甚为欣慰。我为越来越多的国人将通过丛书进一步了解非洲和中非关系,进而为中非友好事业添砖加瓦感到振奋;我也为中国学者在非洲和中非关系研究领域取得具有中国特色的学术成果感到高兴。我相信,《非洲研究文库》系列丛书的出版,将推动国内对非洲和中非关系的研究更上一层楼。谨此作序,以表祝贺。

中华人民共和国外交部部长助理　翟　隽
2009 年 2 月

前　言

　　非洲大陆地域辽阔，文明悠久，民族众多，发展潜力巨大。中国与非洲的友好交往源远流长，尤其在新中国成立后发生了质的飞跃。近年来，随着全球化的推进与中非关系的快速发展，国内各行各业都产生了走进非洲、认知非洲、了解非洲的广泛需要。加强对非洲政治经济、历史文化、科技教育、中非关系各方面的研究，培养相关专业人才，已经显得日益重要。

　　浙江省地处中国东南沿海，经济发达，文化繁荣。改革开放 30 年来，浙江与外部世界的交往日趋紧密，已成为中国对外开放程度最高的省份。早在 20 世纪 80 年代，就有一批批浙江人远赴非洲闯市场，寻商机。如今在广袤非洲大陆的城市与乡村，都可以找到浙江人辛劳创业的身影。与此同时，也有越来越多非洲人来到浙江经商贸易，寻求发展机会。

　　世纪之交，基于主动服务国家外交战略、地方社会经济发展以及学校特色学科建设的需要，浙江师范大学努力发挥自身优势，凝炼办学特色，积极开展对非工作，重点在汉语国际推广、人力资源开发与非洲学术研究三个方面取得了显著成绩，产生了广泛影响。1996 年，受国家教委派遣，我校在喀麦隆雅温得第二大学国际关系学院建立了"喀麦隆汉语教学中心"，十多年来，已有 1000 多人在该中心学习汉语与中国文化，其中外交官和研究生达 500 多名，对象遍及非洲近二十个国家。中心在非洲诸多国家已声名远播，被喀麦隆政府及周边国家赞誉为"体现南南合作精神的典范"。2005 年，为表彰中国教师在传播汉语言文化、发展中喀友谊方面所作的特殊贡献，喀麦隆政府授予我校 3 位教师"喀麦隆金质劳动勋章"。2007 年胡锦涛主席访问喀麦隆期间，中喀两国元首共同做出了合作建设孔子学院的决定。同年 11 月 9 日，中国国家汉语国际推广领导小组副组长陈进玉率团赴喀举行隆重的孔子学院揭牌仪式，由此掀开了中喀文化教育交流新的一页。

从 2002 年开始，我校在中非合作论坛的框架下，在教育部国际司和商务部援外司的具体指导下，积极承担教育部和商务部的人力资源开发项目，邀请非洲各国高级教育官员和大学校长到国内研修。迄今为止，我校已举办了 13 期非洲高级教育官员研修班，有 42 个非洲国家的 240 余名大、中学校长和高级教育官员参加了研修。2004 年，我校成为教育部 4 个教育援外基地之一。2006 年，我校承办国家教育部"首届中非大学校长论坛"，来自 14 个非洲国家的 30 名非洲大学校长、高级教育行政官员以及国内几十所高校的校长、学者和部分教育行政官员参加了论坛。此外，学校还于2009 年 5 月承办了教育部第七次对发展中国家教育援助工作会议。

在积极开展汉语国际推广、人力资源开发的同时，学校审时度势，抢抓机遇，迅速启动非洲研究与学科建设工作。2003 年，我校成立了国内首家专门研究非洲教育及发展的学术机构——非洲教育研究中心，由时任校长的徐辉教授兼任主任。随后，中心承担了国家教育部、国家留学基金委支持的"非洲高等教育国别研究工程"项目，派遣 14 人分赴非洲 7 个国家进行实地调研。几年来，学校还承担了多项国家汉办对非汉语推广研究课题，并向教育部提交了多个有关中非教育合作的政策咨询报告。2007 年9 月 1 日，经多方论证，精心筹划，与中国教育国际交流协会联合共建，成立了国内首家综合性的非洲研究院——浙江师范大学非洲研究院，由时任校长的梅新林教授兼任院长，刘鸿武教授任执行院长，顾建新教授任副院长。期间，学校同时主办了"面向 21 世纪的中非合作：战略与途径"国际学术会议。非洲研究院的成立，标志着我校的对非工作进入了一个汉语国际推广、人力资源开发与非洲学术研究三位一体而重点向非洲学科建设迈进的崭新历史阶段。

浙江师范大学成立非洲研究院的学术宗旨是主动服务国家外交战略、服务地方经济建设、服务学校学科发展。其发展目标是以"非洲情怀、中国特色、全球视野"的治学精神，构建一个开放的学术平台，聚集国内外非洲学者及有志于非洲研究的后起之秀，开展长期而系统的非洲研究工作，通过若干年持续不断的努力，使其成为国内一流、国际有影响的非洲学人才培养基地、学术研究中心、决策咨询中心和信息服务中心，以学术服务国家，为中非关系发展作出贡献。

非洲研究院集学术研究、人才培养、国际交流、政策咨询等为一体，设有非洲政治与国际关系、非洲经济、非洲教育、非洲历史文化 4 个研究所，以及非洲图书资料中心、非洲艺术传媒制作中心与非洲博物馆。现有专职人员 25 人。他们的成果曾获国家领导人嘉奖，有的获全国优秀教师称号、教育部国家级教学成果奖、全国高校优秀教材奖、省政府特殊津贴奖，年轻科研人员多数为毕业于国内名牌大学的博士，受过良好学术训练并有志于非洲研究事业。研究院还聘请了一批国内外知名专家学者担任顾问、客座教授、兼职研究员。

非洲研究院成立一年多来，工作成效显著，获得浙江省政府"钱江学者"特聘教授岗位，组建起了一支以省特聘教授、著名非洲研究专家刘鸿武教授为学科带头人的非洲研究团队，先后承担国家外交部、中联部、教育部、国家社科基金、国务院侨办等部门一系列重要研究课题与调研报告项目，出版发表了包括《全球视野下的达尔富尔问题研究》等一批有学术影响力的成果。2008年，非洲研究院被国家留学基金委列为与非洲国家互换奖学金项目单位后，开始启动"非洲通人才培养计划"，一批青年科研人员与研究生被选派至非洲国家的大学进修学习。2009年，在浙江省与中国社会科学院领导支持下，非洲研究院列入浙江省与中国社科院省院共建重点学科行列，并与该院西亚非洲研究所、世界经济与政治研究所开展了很好的合作，与非洲及欧美国家非洲研究机构的学术交流也日益频繁。

我校的对非工作与非洲研究，得到了国家有关部委、学术组织的充分肯定和大力支持。教育部、中国社会科学院、浙江省委省政府、国家留学基金委、中国教育国际交流协会、中国国际关系学会、中国民间组织国际交流促进会、中国非洲史研究会领导相继莅临视察，指导工作；外交部非洲司、政策规划司，中联部非洲局，教育部社科司、国际司，商务部援外司，国家汉办以及外交学院，中央党校国际战略研究所，北京大学国际关系学院，中国人民大学国际关系学院，上海国际问题研究院等有关领导和专家先后来院指导发展规划、建设思路及科研工作；浙江省委宣传部、省教育厅、省外事办、省社科院、省社科联等部门领导与专家也对研究院给予了多方面的帮助和指导，有力地推动了我校的对非工作与非洲研究的顺利开展。

编纂《非洲研究文库》是浙江师范大学非洲研究院长期开展的一项基础性学术工作，由相关部门领导与著名学者组成编纂委员会，以"学科建设与社会需求并重"、"学术追求与现实应用兼顾"为基本原则，遴选非洲研究重大领域及重点课题，以国别和专题研究之形式，集合为八大系列的大型丛书，分批分期出版，以期形成既有学科覆盖面与系统性，同时又具鲜明特色的基础性、标志性研究成果。值此《文库》即将出版之际，谨向所有给予研究院热忱指导和鼎力支持的有关部门，应邀担任《文库》顾问与编委的领导与专家，为《文库》撰写《总序》的外交部部长助理翟隽先生，以及出版《文库》的中国社会科学出版社、世界知识出版社，一并表示衷心的谢忱！

中国的非洲研究经过几代学者的努力，现在已经有了初步的基础，目前国家高度重视非洲研究和人才培养，国内已经有多所大学建立了非洲研究的学术机构。我们希望在今后的工作中，与各相关单位开展更有效的合作，共同努力，为中国非洲学的发展贡献力量。

浙江师范大学 　党委书记　梅新林
校　　长　吴锋民
2009 年 5 月

序　言

　　现今，非洲的大学面临着各种各样的挑战与机遇，浙江师范大学推出了非洲高等教育的系列研究成果，这正当其时。长期以来，浙江师范大学不仅承担了许多面向非洲大学校长和教育行政官员的人力资源开发合作项目，被中国教育部确定为教育援外基地，而且与非洲许多国家的高等教育机构建立了伙伴关系。2007 年 9 月，浙江师范大学组建了非洲研究院，这更使得该校的非洲研究声名远扬。

　　整个非洲高等教育国别研究系列将涵盖 20 个左右的国家。首期 7 个国家（包括埃及、南非、喀麦隆、尼日利亚、肯尼亚、埃塞俄比亚和坦桑尼亚）的国别研究涉及非洲多样的大学发展经历。难能可贵的是，这些研究并没有将对象局限在撒哈拉以南的非洲，而是覆盖了从北非到南非、从东非到西非的主要代表性国家。这就使得我们有可能对整个非洲大陆有关高等教育的问题进行比较分析。此外，中国擅长通过南南合作来学习他国之长，因此，中国想必也能从这一系列的研究中为自身许多欠发达地区的高等教育发展汲取经验。这些经验包括如何创造性地利用公共和私人资金资助大学入学，如何完善大学的内部治理结构，如何通过与本国有优异传统的高等院校的合作来改善弱势院校的办学（如在南非那样），等等。

　　该系列研究的结构大体相同，主要描述并分析了各国高等教育体系的形成、构成、职能、管理体制与运行机制、发展与变革以及所面临的主要机遇与挑战等。

　　此外，该系列的研究也肯定能加深我们对以下问题的理解：高等教育在非洲国家发展中起着什么样的作用？非洲国家在高等教育本土化方面有什么经历？非洲高等教育在全球化的世界中面临的国际压力是什么？各国如何应对这些压力？大学与政府及市场的关系如何？管理主义对非洲高等教育治理结构有何影响？非洲大学中科学研究是如何发挥作用的？科研活动中高校与私营部门的关系如何？日益增多的私立高等教育机构在非洲高等教育发展中扮演着什么样的角色？

　　该系列研究成果在中国得以出版，表明了中国国内比较教育学界对发展中国家教育研究的兴趣日益浓厚。待其中的部分或全部成果用英语发表之后，国际高等教育学者也将能获得对非洲高等教育的一个全新视角。中国与非洲大学的合作传统与现有的法国模式、英国模式、德国模式、美国模式、加拿大模式以及荷兰模式相比有何不同？这些研究如何帮助处理非洲高等教育多方面的不足？这些研究对非洲大学改革的看法是否没有西方许多学者那样带有明显的价值判断？

　　我们衷心感谢徐辉、顾建新两位教授及其团队所做的研究，感谢他们将非洲主要国家的高等教育系统、完整地呈现在我们面前，供我们讨论和研究。

肯尼思·金

英国爱丁堡大学国际与比较教育荣誉教授、

非洲研究荣誉教授

全球化背景中非洲高等教育的
本土化(代序)

高等教育全球化、国际化、本土化及其与现代化的关系,都是高等教育现代化议题中的重要理论问题。在西方政治、经济、科技、文化占据强势的背景下,高等教育的全球化和国际化不可否认地在很大程度上是高等教育思想、体制、课程、技术的西方化以及西方高等教育的输出。历史上作为西方殖民地的非洲,在高等教育上一贯深受西方影响,至今与西方有着千丝万缕的联系。本文拟探讨的是在这种情况下非洲高等教育本土化的语境和内涵,高校对此的认识和实践,成绩和局限,制约因素,未来发展的趋势和根本点。

一、非洲高等教育本土化的语境

"非洲高等教育本土化"(indigenisation)与"高等教育非洲化"(Africanisation)一般在同一意义上使用。它虽然有意识形态的意味,但更有发展主义意味。非洲知识分子更多的是从非洲综合发展角度要求高等教育本土化的。非洲人认识到,非洲在全球化境遇中已经被边缘化甚至有被进一步边缘化的危险,唯一的出路就是发挥内部的发展潜力。非洲高等教育强调本土化就是这一认识的一个具体体现,主要是为发挥非洲内部发展潜力服务的。

(一) 全球化中非洲的边缘化

一些发达国家能从全球化中获得巨大的利益,而一些不发达国家在其中处处碰壁,步履维艰。非洲是在毫无准备的情况下被卷入全球化的。这一方面反映在南撒哈拉非洲无线电收音机、电视机、电话机、互联网用户比率过低,文盲率过高①;另一方面反映在非洲经济的生产基础薄弱,生

---

① 详见联合国开发计划署各年度《人力发展报告》(*Human Development Report*),http://hdr. undp. org

产力低，经济基础结构不平衡、投资市场不景气。此外，非洲一些国家政治不稳定、债务负担沉重，战乱等社会状况也非常不利于融入全球化经济洪流。国际私人资本完全忽略了非洲；就连非洲出生的大多数人也宁愿把自己的资金投资到其他地区。除资本外流外，人才流失也很严重，削弱了非洲社会的创新能力。"非洲生活的很多方面都存在着高度的外化倾向，而与国内的联系有限。"同过去一样，非洲青年人"努力逃避严酷的社会化经济条件，乐意背井离乡，并准备在任何情况下忍受所在国的侮辱、敌意和排斥"。这样，有人不无极端地说，非洲给人的感觉是"失去了重新创造自我的能力，它没有与世界其他地区同步前进"——撒哈拉以南非洲所占世界贸易总额还不到 2%；"几乎没有一个非洲国家被包括在全球价值创造系列之中"；"世界贸易自由化使非洲大多数国家进一步走向边缘化"①。

（二）发挥非洲"内部发展潜力"以遏制边缘化

虽然非洲不断接受国际援助，但是"国际善举有如杯水车薪，它不像上天赐雨，人人同沐甘露"。要摆脱困境，需要全体非洲人自己的努力，探索更多的根本地解决问题的路子。非洲人认识到"通过发挥内部的发展潜力非洲可以避免进一步边缘化"。这种内部发展潜力不仅包含内部的经济增长方面，而且是着眼于"国家或地区的内部前景"。相应的，"内生的发展"这个概念经常被用作选择性的、自主的发展或自力更生的同义词。在全球化中谋求自力更生、自主发展，对高等教育而言意味着人才培养从思想意识、道德情操到工作能力的培养都密切结合当地发展的需要，教育内容密切联系本土实际。不仅从非洲物质层面也从精神层面的发展要求高等教育本土化。因为在全球化中谋求非洲的自力更生、自主发展需要有强大的内在精神力量支撑。"非洲虽然必须致力于融入全球经济的主流并成为这一新运动的组成部分，但重要的是，要把非洲的遗产作为非洲精神以及非洲特征的重要内容来看待并加以保护。"②

二、非洲高等教育本土化的内涵

"非洲高等教育本土化"（"高等教育非洲化"）与教育全球化、国际化密不可分。没有全球化和国际化也就无所谓本土化。

---

① ［德］赖纳·特茨拉夫：《全球化压力下的世界文化》，江西人民出版社 2001 年版，第 129—171 页。

② 同上书，第 132—163 页。

在非洲，与本土化、非洲化相关的概念还有内生化。虽然"本土的"（indigenous）和"内生的"（endogenous）两词在植物学领域的使用有明显区别①，但在非洲社科研究发展协会（CODESRIA）出版的《21 世纪非洲大学》一书中，高等教育的"本土化"、"非洲化"和"内生化"被交替使用，指的是高等教育融入背景或"背景化"的过程（a process of contextualisation），也就是使高等教育在组织结构和课程上适应非洲背景。它们不仅意味着非洲高等教育不受制于对世界的支配性解释（dominant narratives）及其方法论，而且意味着通过相对自治的研究和教育机构、独立的方法论、观点和主题的选择而拥有原创的和批判性的智力产品的能力。该书假设，"内生化指的是非洲大学及其生产过程的发展所遵循的路线与它们所从属的或它们所服务的人民的文化方向和物质条件（它们本身在持续变化）相一致。这样，它被理解为：高等教育机构的发展方向和组织结构形式可能在物质和学术上相对独立（但绝不孤立）于全球教育形式（forms）"②。

在该协会一名负责人的文章中，高等教育的非洲化则意味着要冲破西方传统认识论的桎梏，要摒弃由过去西方殖民统治和现实的西方文化霸权造成的非洲教育的"外向性"（extraversion），因为它从外部导致非洲教育发展历程中充满"无能感"（sense of inadequacy），并使这种感觉内化，贬低了非洲人的"创造性、作用和价值体系"，导致非洲人对自己文化的疏远；这种疏远又强化了非洲人的"自我贬低和自我厌恶"，强化了他们深深的"自卑感"。因此，他强调非洲高等教育要"在非洲和（或）为非洲"；非洲大学和学者在国际舞台上，要"根据自己的条件和主张行事，把普通非洲人的利益和关切作为指导原则"。③ 还有学者认为，"高等教育非洲化要反对的是长此以往会导致永久奴化非洲人的种族主义优越心理和哲学；是被外人强迫接受的、常常离间与本土联系的、并非符合非洲主要利益的外国的行为模式和大学"④。

---

① 在那里，"本土的"主要是指在某一特定地形学（topography）上物种是土产的、本地的；而"内生的"指的是一种植物"基于自身的资源而发展"的能力，或者"生长或起源于内部"的能力——*Concise Oxford Dictionary*. 9th Ed。

② Peter Crossman. Perceptions of "africanisation" or "endogenisation" at African universities：Issues and recommendations. In Paul Tiyambe Zeleza and Adebayo Olukoshi. *African Universities：in the Twenty-first Century*. Volume II：Knowledge and Society. Dakar：Council for the Development of Social Science Research in Africa. 2004，pp. 325—326.

③ Francis B. Nyamnjoh. A Relevant Education for African Development：Some Epistemological Considerations. *Africa Development*. Vol. XXIX，No. 1，2004，pp. 161—184.

④ K. MacGregor, "Getting to Grips with Africanization," *New Nation*, May 17, 1996, vii. http：// www. bc. edu/bc_org/avp/soe/cihe/newsletter/News12/text9. html. 2007—07—27

可见，高等教育非洲化的内涵大致可分为两个相互联系的方面：一是高等教育非洲化目的层面。高等教育非洲化就是非洲高等教育要为非洲服务，密切联系非洲实际，从非洲的利益出发培养热爱非洲、扎根非洲、能创造性地建设非洲的人才；二是高等教育非洲化的途径层面。为了达到上述目的，非洲高等教育要摆脱西方高等教育模式的束缚，不局限于西方认识论，克服外向性，驱散自卑阴霾，从而独立认识和自主建设符合非洲实际的自己的高等教育组织结构、课程体系。

三、高等教育非洲化：认识与实践

（一）非洲教师对高等教育非洲化的观点和态度

就观念层面而言，非洲大学教师对高等教育非洲化的观点分为三种情况[①]。第一种情况是大多数教师表明接受甚至需要非洲化；他们把它置于发展主义框架内，强调非洲化和发展之间的联系；不过在面临严酷的物质环境或全球化压力时采取听天由命的态度。发展主义倾向导致了"发展大学"的创建——最早的是苏丹朱巴（Juba）大学、最近的是加纳发展大学（Ghana's University for Development）——而且这些大学创建了重在发展研究（development studies）的系科。第二种情况是许多教师带着浓重的怀疑觉得"非洲化必须具备基本条件"。虽然他们同意非洲化原则，但他们认为非洲化在目前的实践中是不可能的。由于缺乏出自非洲的课程大纲、课本和研究成果，大多数教师和研究人员仍然更多地依靠出自非洲大陆之外的文献，这些文献反映的观点大体上与非洲大陆无关。例如当下仍在使用的社会学教材的重点在于欧洲或美国的城市或乡村环境。学校灌输的关于全面而系统的西方科学的预设。很明显，致力于课程非洲化或为课程非洲化的任何独立的学术，都要求有一种对任何全球的和占统治地位的解释或意识形态进行批判的基本能力。第三种情况是少数大学教师完全反对非洲化的观点。第一层次的反对源自这样一个假设，即只可能有一种形式的科学，就是通过殖民历史和西方教育系统的灌输而被接受的"统一的"传统。这种观点可视为内生知识基本条件的对立面。第二层次的反对折射了对合理理由的严肃思考，试图把学术从妨碍人们掌握事物联系性的"统一"科学的束缚中解脱

---

① Peter Crossman. Perceptions of "africanisation" or "endogenisation" at African universities: Issues and recommendations. In Paul Tiyambe Zeleza and Adebayo Olukoshi. *African Universities: in the Twenty-first Century*. Volume II: Knowledge and Society. Dakar: Council for the Development of Social Science Research in Africa. 2004, pp. 326—330.

出来，也从妨碍人们获得批判性、原创性思维的小民族的机械联想中解脱出来。

（二）高等教育非洲化在南非的实践

就行动层面而言，调查发现，只有少量非洲学者完全以非洲化本身的优势和理由而接受非洲化的观念并以某种具体的行动予以促进。"至少在南非之外几乎没有什么大学支持非洲化的迹象；而且非洲化支持者大多是孤立无援的。"查文杜卡（Chavunduka）教授的个人史就是一个例子：他在创造性促进传统医学方面声名卓著，但在争取副校长职位以便改革所在大学课程时却没能成功。还好非洲化的主题至少在某种形式上在南非得到重视。南非的本土知识观念（IKS）在 20 世纪 90 年代被纳入学术讨论，现在成为一个主要研究主题得到国家科研基金资助，每年的科研经费达到近百万美元。

关于为何出现这种反差，比利时学者彼得·克罗斯曼（Peter Crossman）认为："南非历史上在殖民控制和种族隔离制度下比其他任何国家经历了更强、更广泛和更长时间的与自己的文化之根特别是与自己的传统地域（traditional lands）的疏离……取代和剥夺的影响在南非最深远。加剧的被剥夺感更易于催生在意识形态上的身份追求；非洲化就是这种追求的一种表达。"在 1994 年南非民主选举之后的过渡时期，这一概念被一些最重要的黑人政治家引入公共领域，而且明确地与"非洲复兴"等意识形态系统相联系。艺术、文化、语言、科学和技术部长莱昂内尔·穆察里（Lionel Mtshali）在 1998 年的一次讲话中说道："本土知识系统和本土技术的新生是我们非洲复兴经验的一个重要方面。"这种观点被视为泛非主义学派和黑人意识学派的继承。与这些宣言相伴随的是呼吁大学承担"恢复"和调动非洲本土知识并真正把它引入课程的任务。在政府资助下一些大学的系（部）逐渐实施了这一方向的研究计划。

值得注意的是，最近受科研资助来源的影响，南非关于本土知识的研究实际上从对它的意识形态的理解转向它对环境、农业和当地经济等问题中去了。科学和工业研究学会（CSIR）资助的全国"本土技术摸查工程"（Indigenous Technologies Audit Project）明显地把研究重点放在各种工农业技术、有发展或商业潜力的工艺和民间传说等项目上。但该工程的首次研讨会明确呼吁把 IKS 纳入大学课程。全球贸易相关因素迫使国家就知识产权和贸易相关问题的立法，也有助于这一观念进入大众议题。随着世界贸易组织的建立，这一问题不仅成为人们关注的中心，而且南非已经向世界透露了其开发南非多样化生物系统巨大本草疗法潜力的制药学意图。①

四、几点思考

（一）非洲高等教育本土化的成绩与局限

非洲高等教育本土化从思想观念到客观条件都面临巨大困难，但也取得了一些进展，产生了一些作用，比如：在内涵上进行了澄清，消除了一些误解；既从民族意识、民族精神、民族自尊等意识形态层面着眼，也从经济振兴、科技发展需要出发；南非关于本土知识的讨论已"引起一定范围内的知识分子对按西方范式所培训的那些东西的不安"。不过，这种进展和作用不能掩盖非洲高等教育本土化水平很低的现实。如前所述，非洲学者对非洲高等教育本土化大多持消极甚至怀疑态度，非洲高等教育本土化还只有零星的研究和实践；"高等教育本土化在非洲大多数国家高等学校中被忽略"。②

（二）非洲高等教育本土化的制约因素

影响非洲高等教育本土化的因素比较多。这里重点讨论三个方面：

1. 西方殖民教育传统养成的非洲高校的"外化倾向"。这种倾向即非洲高等教育对西方全方位崇拜抑或不得已而为之的单向依赖，从组织的设立和管理、教学的内容和方法、教师和教学的评价标准、科研的评价标准到教科书和教师培训等莫不如此。更重要的是，这导致对摆脱这种依赖的可能性的怀疑。这不仅表现在教育上，也表现在整个社会科学，甚至体现在非洲整个政治、经济和社会生活之中。"非洲教育是西方认识论输出的牺牲品。这种输出使科学充当了意识形态和霸权的工具。在这种认识论输出下，在非洲和（或）为非洲人的教育一直像是在面向西方知识分子的理想朝圣。非洲教育……成为贬低或灭绝非洲人创造性、行为力（agency）和价值体系的帮凶。"结果，学生们了解欧洲的情况比了解本国的更多；"非洲生产的研究者和教育者在自己生长的周围社区不能起作用，但能得心应手地工作于任何工业化国家的任何机构"。有时候，"图书馆塞得满满的图书在观点和内容上也许与非洲大陆的急迫问题和特异性没有任何关联"。③

---

① Peter Crossman. Perceptions of "africanisation" or "endogenisation" at African universities: Issues and recommendations. In Paul Tiyambe Zeleza and Adebayo Olukoshi. *African Universities: in the Twenty-first Century.* Volume II: Knowledge and Society. Dakar: Council for the Development of Social Science Research in Africa. 2004, pp. 331—333.

② Ibid. , pp. 331—334.

③ Francis B. Nyamnjoh. A Relevant Education for African Development: Some Epistemological Considerations. *Africa Development.* Vol. XXIX, No. 1, 2004, pp. 161—184.

2. 非洲民族国家的发展历程。非洲高等教育本土化面临的挑战之一是民族国家身份认同问题。这与非洲许多"民族国家"的发展历程有关。非洲大多数国家都曾经是欧洲人的殖民地。许多殖民地政府的边界是通过欧洲随意达成的协议划分的，并没有考虑人们的经济、文化或种族差别。结果，这些殖民地独立时，很难形成一种民族意识和民族归属感。"在非洲一些地区还没有充分形成国家与民族国家"① 是独立后一些国家不断受到内部对抗甚至内战的威胁的重要原因之一。这大大限制了高等教育本土化的底蕴和基础。

3. 本土语言的待遇。与殖民教育传统、民族意识缺乏或民族国家政府权威偏弱相关，目前"只有少数国家采取政策鼓励用非洲语言进行教学"，而且这些国家已经倾向于把当地语言的教学和使用限制在小学和中学而不涵盖大学。马拉维的卡马祖学院（Kamuzu Academy）的许多做法体现了极端的媚外，不切实际。该校教师会毫不犹豫地对"被逮到讲母语"的学生进行体罚。这些惯例使非洲语言在非洲学生眼中"成为次等语言"。除了坦桑尼亚外，没有任何南撒哈拉非洲大学"用某一非洲语言作为主要教学语言提供完整的文凭课程计划（a full diploma programme）"。② 民族语言与民族意识和民族情感密切相关，进而与民族国家的政治、经济和文化建设相关。严重影响非洲大学师资和物质设施的非洲人才外流和资本外逃，虽说与非洲大陆的生存和投资环境恶劣有关，但无疑也与包括语言政策在内的民族虚无主义有关。

（三）非洲高等教育本土化何去何从

虽然任何一个国家或地区要达成现代化，都要"逐步形成国际上大多数国家尤其是现代化先行者采用的制度化教育模式、民主化的办学道路、反映科学知识的教学内容、先进的教学手段等"，但从理论上讲，高等教育本土化作为教育本土化的一部分是"教育现代化过程中必经的阶段；而且本土化也可看做是现代化发展的一个结果或者说一种表现形式"③。没有教育的本土化便没有真正的教育现代化。虽然高等教育本土化对非洲来说的确需要时间和一定的客观条件，但高等教育本土化本身的价值是不容置疑的。因此，非洲高等教育本土化对广大非洲大学和教师来说，不是是否

① ［英］安东尼·吉登斯：《社会学》，北京大学出版社 2003 年版，第 563 页。

② Francis B. Nyamnjoh. A Relevant Education for African Development: Some Epistemological Considerations. *Africa Development*. Vol. XXIX, No. 1, 2004, pp. 161—184。

③ 郑金洲：《教育现代化与教育本土化》，《华东师范大学学报》（教育科学版）1997 年第 3 期。

同意、是否可能的问题,而是必须去促进、去落实、去加强的问题,正如非洲学者自己所言,"非洲高等教育的未来只有通过谨慎而创造性的文化回归和本土化过程才能有希望"①。

那么,非洲高等教育本土化未来发展的根本点是什么? 非洲学者曾提出"让非洲大学在非洲土壤上扎根",指出了非洲高等教育本土化的根本方向。为此,非洲高等教育界要仔细反思非洲人的利益和优先任务,明确致力于"非洲大陆及其人民多方面的真正解放的使命"②。目前,非洲高教本土化,首先,要逐渐摆脱西方中心倾向,立足非洲需要。因为西方的办学理念和制度、教材、语言、知识体系、评价标准等等,无不充斥着非洲高等教育;大学教师也具有强大的西方留学的背景。对于非洲高等教育机构而言,不适应非洲需要的东西太多了。政府可采取措施鼓励本土急需的应用知识的教学和科研。非洲高等教育机构不妨大力加强与非西方的高等教育机构的合作。其次,要强化非洲民族意识培养和民族使命感教育。非洲高等教育本土化最艰巨的任务,也许是加强非洲传统文化、非洲历史和非洲当前形势和任务的教育。为此,课程设置和教学内容选择上要更多地涉及本土的知识,更多地致力于本土问题的解决,而不是让西方的文化、西方性的问题挤占本土文化、本土性问题的空间。此外,还须重视民族语言的教学,甚至在一些专业以民族语言为教学语言。

徐　辉　万秀兰

2008 年 8 月 8 日

---

① Francis B. Nyamnjoh. A Relevant Education for African Development: Some Epistemological Considerations. *Africa Development*. Vol. XXIX, No. 1, 2004, pp. 161—184.

② Ibid. .

目　录

导　言

　　位于西非中部、大西洋东海岸的喀麦隆被誉为"小非洲"，这是因为无论从地理、人口、经济的角度，还是从历史、文化的角度，它都可以被视为非洲的缩影。当然，喀麦隆也有不同于其他非洲国家的社会文化特点，其中之一就是二元文化体系。

　　喀麦隆的二元文化体系是殖民主义者的遗产。在喀麦隆独立前的四十多年的时间里，今天的喀麦隆曾被法国和英国分割而治。四十多年的殖民统治给喀麦隆留下了两种文化系统——法语文化和英语（盎格鲁—撒克逊）文化，当然本土的传统文化系统依然存在。两种文化的差异既体现在语言、司法、政治和教育体系等显性的方面，也体现在价值观、行为模式等隐性的方面。独立后的喀麦隆，两种不同的文化依然并存发展。今天的喀麦隆既是法语国家组织的成员，又是英联邦的成员，这种双重属性以及它所实行的官方双语主义就是二元文化特性的反映。但是，对于喀麦隆来说，二元文化既意味着可资利用的丰富的文化资源，也意味着它必须应对因为文化的差异和文化的平衡问题而导致的冲突与矛盾。

　　独立后的喀麦隆保持了政治上的稳定，这与非洲许多国家在摆脱殖民统治后频繁出现政治动荡形成了鲜明的对比。这在某种程度上得益于喀麦隆在独立后不久就实行了一党制的、中央集权的政治体制。以阿希乔为代表的第一代领导人和以比亚为代表的第二代领导人依靠这样一种体制，领导着喀麦隆人民，努力消除殖民主义的影响，推进民族国家的形成和社会经济的建设，取得了令人瞩目的成就。当然，这种体制也存在弊端，例如缺乏民主，容易滋生腐败。也正是因为各种弊端的存在，所以在 20 世纪 90 年代初期，喀麦隆在政治上进行民主制改革，重新实行多党制，同时扩大公民的自由，试图以此来加强对公共权力的监督，减少腐败现象。

　　喀麦隆政治上的稳定还得益于社会经济的平稳发展。喀麦隆自然资源丰富，有着良好的农业生产条件。20 世纪 70 年代初在近海开采石油成功之后，更是为经济的发展注入了强大的推动力。80 年代初，喀麦隆一度跻身于世界中等发达国家之列。凭借国民经济的良好发展，喀麦隆政府不断加大教育、卫生等社会公共事业的投入，改善喀麦隆人民的生活，喀麦隆的人口因此不断增长。不过，80 年代中后期世界市场的变化给喀麦隆结构不尽合理的经济造成了极大的冲击。经济危机同时引发了社会和政治的不稳定。正是在这样一种全面的危机之中,喀麦隆经历了一次独立之后规模最大、范围最广的改革。它包括经济领域的结构调整、政治领域的民主化改革以及高等教育领域的改革等。这些在外力推动下的改革不是独立的,而是相互联系的,其中的指导性理念就是新自由主义,主要的推动力是国际货币基金组织和世界银行。

喀麦隆的教育正是在这样的历史、文化、政治和经济背景下发展起来的。喀麦隆国内外的学者对喀麦隆的教育做了一些深入的研究。例如,S. N. 格维和雅戈布·伊希姆研究过喀麦隆独立前的教育发展状况,其中格维将研究的视野一直延伸到了喀麦隆沦为殖民地之前的教育发展状况,伊希姆则主要从教育管理的视角,探讨了在德国、法国和英国殖民统治下的喀麦隆教育的发展。[①] 由特瑞萨·M. 恩东科和雷克·I. 塔姆波主编的《喀麦隆教育的发展:问题与远景》是一本由 18 篇文章构成的文集,它全面地勾勒了 1961—1999 年间喀麦隆教育各个领域的进步、存在的问题以及未来的发展趋势。[②] 有关喀麦隆教育最新的著述是 2007 年出版的《喀麦隆教育史:1844—2004》。[③] 作者是雅温德第一大学的教授乔治·艾帕·方肯。他在这本书中全面梳理了自殖民地时期与后殖民地时期各个阶段喀麦隆教育发展的历史,其中涉及教育发展的政策争论、国家发展观以及国际环境的影响因素等。

至于喀麦隆的高等教育,做过深入研究的有两部博士毕业论文:一是 M. I. 阿德·摩布佛的《喀麦隆高等教育的使命:以雅温德大学为个案》,[④] 一部是 P. E. 拿内的《喀麦隆高等教育的平等与费用:以雅温德大学为个案》。[⑤] 但这两部博士毕业论文均是专题研究和个案研究,而且没有涉及 1990 年以后这段喀麦隆高等教育变化最大的时期。

① Gwei, S. N.. Education in Cameroon: Western pre-colonial and colonial antecedents and the development of higher education. Ph. D. dissertation, University of Michigan, 1975. Jacob A. Ihims, A Century of Western Education in Cameroon: A Study of Its History and Administration (1844—1961), Unique Printers, 2003.

② Theresa M. Ndongko and Leke I. Tambo (edited). Educational Development in Cameroon (1961—1999): Issues and Perspectives, Nkemnji Global Tech, 2000.

③ Fonkeng, George Epah. The History of Education in Cameroon, 1844—2004, Edwin Mellen Press Ltd, 2007.

④ Ade-Mobufor, M. I. (1989). The mission of higher education in Cameroon: A case study of Yaounde University from 1962 to 1975. Ph. D. dissertation, Northwestern University.

⑤ Nnane, P. E.. Equity in access to and costs of higher education in Cameroon: the case of the University of Yaounde. Ed. D. dissertation, State University of New York at Albany, 1988.

除上述这些已经出版的专著以及没有刊印的博士毕业论文，还有一些学者，特别是喀麦隆国内学者撰写了一批有关喀麦隆教育的研究论文。此外，世界银行、联合国教科文组织、非洲大学联合会等国际性组织也曾在各个时期就喀麦隆的教育做过一些专题性的研究报告。这些报告为我们研究喀麦隆的教育体系提供了重要的资料。但总的来看，有关喀麦隆教育，特别是有关喀麦隆高等教育的研究数量相对较少。这主要是由于喀麦隆国内学者学术生产力相对落后。

而从中国国内来看，学者对喀麦隆的教育鲜有涉足，成果寥寥，主要有陈和平的《喀麦隆的教育乡村化改革及其启示》（《比较教育研究》1992年第6期）；顾建新和张三花的《喀麦隆高等教育的发展与改革——历程、政策与经验》（《西亚非洲》2005年第6期）；郑崧的《喀麦隆高等教育能力建设现状及分析》（《教育发展研究》2007年第9A期）。这说明，国内对喀麦隆教育，特别是喀麦隆高等教育的研究是薄弱的。

本课题是浙江师范大学承担的教育部课题——"非洲高等教育国家研究工程"的一个子课题。由于长期以来，国内对非洲教育的关注和研究比较少，因此资料的积累也相对匮乏。为完成本课题的研究，本书的作者和另一位研究伙伴何曙荣先生于2007年4月到喀麦隆做了一次实地调研。在喀麦隆期间，二人访问了三所大学，走访了高等教育部，与一些学者进行了交流，并在大学的图书馆以及城市的书店中，搜集所需的研究资料。位于喀麦隆首都雅温德的国际关系学院有一个汉语培训中心（2007年11月，这个中心被升格为孔子学院），这是1996年由浙江师范大学与雅温德第二大学共建的。何曙荣先生曾在这个中心工作近四年，因此在雅温德结交了许多喀麦隆朋友。依靠这些友人的帮忙，调研活动的效率大为提高。

20天的调研时间对于这样一项研究来说，犹如走马观花，确实太短，特别是对于我这样第一次踏入非洲大陆和喀麦隆土地的人来说。不过，我们还是取得了两方面的重要收获：第一，对喀麦隆的社会经济状况以及高等教育现状有了一个比较直观的感性认识；第二，收集了一批国内没有的资料。这些收获在后来的研究与写作过程中，都显得非常珍贵。

本书的主题有两个，一是喀麦隆高等教育体系的能力建设，二是喀麦隆二元文化的高等教育体系的协调。之所以只选择这样两个主题，而没有全面地对喀麦隆的高等教育进行介绍，是因为第一个主题反映了发展中国家高等教育发展过程中所经历的一个普遍性问题，即如何不断加强自身的发展，在国家的人力资源培训与社会经济发展中发挥自身更大的作用；而第二个主题则反映了喀麦隆高等教育发展的特殊性，即在二元文化的殖民主义遗产基础上，如何实现两个高等教育子系统的协调发展。

　　本书一共 9 章，第 1—3 章介绍了喀麦隆高等教育发展的历史、政治、经济、社会和基础教育背景。第 4—7 章是谈喀麦隆高等教育能力建设的历史、现状以及存在的问题。第 8、9 章则主要从语言和体制两个角度谈高等教育两个子系统的冲突与协调问题。

第一章

喀麦隆的地理、社会与历史

"喀麦隆"一词来自葡萄牙语 Camarões。大约在 1472 年,沿着非洲东海岸南下的葡萄牙人来到喀麦隆武里河的入海口,发现河中有许多龙虾,遂称这条河为"喀麦隆河"(Rio dos Camaroes,葡语"虾河"之意)。喀麦隆由此得名。

第一节 "小非洲"的地理与社会

喀麦隆全称喀麦隆共和国,面积 475650 平方公里。喀麦隆位于中部非洲与西部非洲之间的过渡地带,南和赤道几内亚、加蓬、刚果接壤,东与中非、乍得毗邻,西北连尼日利亚。整个版图就像一个不规则的楔子,由大西洋的几内亚湾向东北一直延伸到乍得湖。从地理、人口、经济、历史和文化角度来看,喀麦隆在非洲都极具代表性。正是因为如此,它被称为"小非洲"。

从地理上看,位于北纬 2°—12°,东经 9°—16°的喀麦隆连接着多雨的非洲和干燥的非洲。境内地势起伏,气候多样。大部分地区为高原,平原仅占国土的 12%。近海处的喀麦隆火山海拔 4070 米,是全国、西非地区的最高峰,也是喀麦隆的象征。西部沿海和南部地区为典型的热带雨林气候,终年湿热,往北逐渐过渡到热带草原气候,最北部靠近乍得湖,处于撒哈拉沙漠边缘的地区属热带半干旱气候。多样的地形与气候培育了类型丰富的植被。

就人种来说,一些人种学者相信,喀麦隆曾经是非洲人会聚的地方。在那里,居住着在非洲大陆其他地方生活的大多数族群,比如南部的班图人,北部的富拉尼人、苏丹人和阿拉伯人。如果进一步细分,喀麦隆人可以分为约 250 个民族,他们构成了五大地域性文化族群。其中有分布于西北部的巴米累克族、巴茅族以及其他一些少数民族(约占总人口的 38%),有分布在西南沿海热带森林的巴沙族、杜阿拉族等(约占总人口的 12%),有生活于南部热带森林里的贝蒂族、芳族、俾格米族等(约占总人口的

18%），有住在北部半干旱地区以及中央高地的穆斯林（主要有富尔贝族，约占总人口的14%），以及分布于北部沙漠地区和中央高地的非穆斯林科第族（约占总人口的18%）。

在非洲，喀麦隆连接着英语区和法语区，而其本身既属于法语国家组织，又是英联邦的成员。法语和英语是喀麦隆的官方语言（民间还使用着25种非洲主要语言），小学与中学同时开设法语与英语课。为了有效地推行官方双语，喀麦隆在全国设立了语言中心，以鼓励所有的喀麦隆人同时掌握法语和英语的读写。然而，官方双语主义就像是把双刃剑，它既成为喀麦隆维系国家统一的最大希望，也成为喀麦隆教育体系的最大问题。①喀麦隆在1884年沦为德国殖民地之前，虽然有200多种民族语言，但并没有成熟通行的文字。一战后，国联将喀麦隆一分为二，分别将它们委任给法国与英国统治，二战后，联合国继续将它交由法国与英国托管。这种实质上的殖民统治一直延续到20世纪60年代初。法国和英国对喀麦隆四十多年的分割统治使得喀麦隆形成法语区与英语区，并且有了盎格鲁—撒克逊型和欧洲大陆型或法国型两种教育体系和法律制度。在喀麦隆十个省中，西北省和西南省属于英语区，教育与法律都沿袭了英国的制度。其余八个省属于法语区，那里流行的是法国式的教育制度，法律体系建立在欧洲大陆成文法的基础上。喀麦隆独立和重新统一之后，一直试图调和与统一两种教育和司法制度，通过学校教育，共同的历史、节日、象征以及对足球的热爱来培育国家认同感，促进民族融合，维护国家的政治统一，但结果一直不是很理想，民族、种族与文化的区别依然存在，特别是在英语区与法语区之间。今天，大约有71%的喀麦隆人讲法语，29%的喀麦隆人使用英语。尽管喀麦隆实行官方双语主义，但是由于法语区在人口上占绝对优势，法语区在喀麦隆的政治生活和社会生活中都具有更为强大的影响力，所以英语区有被边缘化和被兼并同化之感，从而导致了英语区与法语区之间关系的紧张，以及英语区民族主义思潮与争取独立运动的兴起。20世纪90年代实行多党制后，两个地区的紧张关系一度又有所加剧。

喀麦隆实行宗教信仰自由和政教分离的政策。南部及沿海曾受西方文化影响最深的地区信奉天主教和基督教新教（人口约占全国总人口的40%）；内地及边远地区信奉拜物教，即非洲原始宗教（人口约占全国总人口的40%）；富尔贝族和西北部一些部族信奉伊斯兰教（人口约占全国人口的20%）。喀麦隆没有官方宗教，各种宗教信仰享有平等的地位，并

---

① Jikong Stephen Yeriwa, Official Bilingualism in Cameroon: A Double-Edged Sword. http://pagesperso-orange.fr/oracle974/text/74c21e88 – 308. html

对其他宗教信仰抱一种宽容的态度。值得注意的是，喀麦隆不存在在许多国家经常出现的宗教仇恨现象，大多数喀麦隆人共享各种宗教节日。许多喀麦隆人在信仰基督教或伊斯兰教的同时，还保留着对非洲传统宗教的执著。因此，相对于其他文化元素来说，传统的宗教仪式常常成为将不同阶层、民族和教派凝聚在一起的文化基础。

从经济的角度来看，独立后的喀麦隆曾经历过一个快速发展的时期，一度跻身于中等收入国家的行列。但与许多非洲国家一样，由于自身经济结构的问题和世界经济的变化，喀麦隆在 1986 年以后陷入了经济衰退，在十多年的时间里一直未能摆脱这种状况，以至于沦为了一个低收入国家。这次经济衰退对喀麦隆社会生活所造成的影响是深刻和持久的，尽管在 20 世纪 90 年代中期，喀麦隆的经济走出了低谷，但人均收入等许多社会发展指数一直没有恢复到经济衰退之前的水平。2000 年，生活在贫困线以下的人口仍占总人口的 40.2%，[1] 消除贫困对于喀麦隆来说依然任重而道远。2005 年，喀麦隆外债总额 95 亿美元，相当于国民生产总值的 61.5%，属于高债务贫穷国家。农业、林业和畜牧业仍是这个国家主要的经济活动。工业并不发达，手工业相对繁荣。不过就资源而言，喀麦隆具有很大的经济发展潜力。例如，青壮年人口占有很大的比重，矿产和林业资源丰富，有着可观的能源储备。由于有丰富的石油资源，所以喀麦隆又是南部非洲第五大产油国。原油生产是国民经济的重要支柱之一。刚果盆地是仅次于亚马逊盆地的世界第二大热带雨林区，喀麦隆是构成刚果盆地的六个国家之一，木材出口是其继原油出口之后的第二大出口产品。此外，喀麦隆的农业生产条件也相当不错。

2006 年，喀麦隆全国共有人口 1734 万。人口增长率为 2.01%，出生率为 33.9‰，死亡率为 13.8‰。由于艾滋病的传播和婴儿的高死亡率（63.5‰），全国人口预期寿命仅为 51 岁。喀麦隆的生育率很高，为每一妇女 4.4 胎，因此青少年在总人口中占有很大的比例。

2006 年，0—14 岁的儿童占到喀麦隆总人口的 41.2%，而 65 岁以上的人口仅占 3.2%。[2] 再加上 15—20 岁的人口，占喀麦隆总人口近一半的青少年给喀麦隆的教育和就业带来了极大压力。2001 年，喀麦隆的文盲率为 23%，其中男性为 17%，女性为 29%。[3]

---

① Martin Tsounkeu, The Millennium Development Goals (MDGs) in Cameroon: How Far From the Target in 2005? Commonwealth Foundation, 2005, p. 4.

② 有关数据参见 https://www.cia.gov/cia/publications/factbook/index.html

③ The World Bank, African Development Indicators, 2003, p. 322.

　　根据喀麦隆国家统计局的统计，喀麦隆的城市人口呈迅速增长趋势。2001 年城市人口占喀麦隆总人口的 49.7%（1990 年为 40.3%，1990—2001 年城市人口年均增长为 4.5%）①。喀麦隆划分为 10 个省（极北省、北部省、阿达马瓦省、东部省、中部省、南部省、滨海省、西部省、西南省、西北省），58 个州，268 个区，54 个县。由于社会经济发展水平更高，所以南部及沿海省份的城市化程度也更高。首都雅温德有人口 160 万（2004 年），是全国第二大城市和政治、交通、文化、教育的中心。喀麦隆的第一所大学就诞生在这里，现有雅温德第一大学、雅温德第二大学、天主教大学等多所著名大学，以及专门培养政府官员的国家司法行政学校和在非洲法语国家中颇具名声的多科陆军学校、国际关系学校等。喀麦隆最大的城市是杜阿拉，它位于西部滨海省，面积 150 平方公里，人口约有 200 万。杜阿拉素有喀麦隆的"经济首都"之称，在喀麦隆的经济生活中占有举足轻重的地位。它是全国最大的港口，工商业发达。喀麦隆 75% 的工业品产于该市，近 95% 的进出口商品在这里成交，全市生产总值占全国国内生产总值的 40%。杜阿拉也具有较好的文化教育事业基础，杜阿拉大学是当地最负盛名的高等学府。

　　目前，喀麦隆所面临的最严峻的社会问题之一是艾滋病的流行。1990—2000 年期间，在 15—24 岁喀麦隆怀孕女性中，艾滋病病毒携带者的比例从 2% 上升到了 11%。根据 2004 年官方公布的最新调查结果，在 15—45 岁的人口中，艾滋病病毒感染率为 5.5%，其中女性为 6.8%，男性为 4.1%。艾滋病的流行让喀麦隆付出了极大的经济和社会成本。2003 年，艾滋病病人占据了杜阿拉拉奎第尼医院 30% 的病床床位，雅温德医院 50% 的床位。为了抑制艾滋病传染的速度，喀麦隆政府最近几年每年拿出 5% 的财政预算，这相当于政府每年在农业上的投入。② 为了防止艾滋病的蔓延，包括大学在内的各类学校都加入了有关艾滋病的宣传教育活动。

第二节　1961 年独立前的喀麦隆

　　喀麦隆的历史告诉人们，它的文化根植于黑非洲，黑色是这片土地上最深层的颜色。在西方殖民者到来之前，喀麦隆地区已经产生了自己的本

---

①　The World Bank, African Development Indicators, 2003, p. 312.

②　Martin Tsounkeu, The Millennium Development Goals（MDGs）in Cameroon: How Far From the Target in 2005? Commonwealth Foundation, 2005, pp. 4、13.

土文化，该地区的土著居民已经创造出自己的文明，各部族也相继进入到奴隶社会或封建社会。但是，喀麦隆现代民族国家的形成却是西方国家殖民统治的结果。

一、前殖民地时期

喀麦隆的古代文明最早出现于北部乍得湖沿岸地区和南部的沿海地区。根据考古资料，早在 5 万年前，喀麦隆北部就有人类活动，在一些规模不大的游牧群落中，人们过着狩猎和采集生活。约自公元 1 世纪起，居住在喀麦隆高原的班图人陆续向外迁移。公元 5 世纪起，喀麦隆境内先后形成一些部落王国和部落联盟的国家。8—9 世纪，喀麦隆北部靠近乍得湖一带曾一度为萨奥人居住。以赤陶雕塑和冶铁术为特征的萨奥文化对这一带有较大影响。后来，柏柏尔人和阿拉伯人的游牧部落先后迁入，并在乍得湖东南部地区建立库奈姆王国。库奈姆王国与北部的穆斯林国家以及穆斯林商人建立了政治和经济上的联系，在 12、13 世纪相当强盛，一度征服和统治了喀麦隆北部地区。也就是在库奈姆王国统治时期，喀麦隆的北部地区逐渐实现了伊斯兰化。15 世纪，喀麦隆北部出现了曼达拉王国。16 世纪，曼达拉王国沦为博尔努王国藩属。19 世纪，信仰伊斯兰教的富拉尼人在喀麦隆北部建立阿达马瓦王国。在穆斯林政权的统治下，阿拉伯—穆斯林文明，包括阿拉伯书法、等级森严的社会、半封建的制度、古兰经学校等特征都刻写在了北喀麦隆的社会和文化中。

在喀麦隆南部，主要居民为班图人。他们分成许多小的部族，通常组织成自治的村寨。班图人以农业为主，兼及狩猎和采集。17 世纪以后，这里陆续出现一些酋长国，其中较大的是建立在姆巴姆河西部的巴蒙王国。

但是，随着西方殖民者的到来并最终在喀麦隆建立殖民统治，喀麦隆的文化被打上了深深的西方文化的烙印。1472 年，一支由费尔南多·波（Fernando Po）率领的葡萄牙探险队登上了喀麦隆海岸，这是出现在喀麦隆的最早的欧洲人。他们来到杜阿拉，并沿武里河而上进行探险和贸易。从 16 世纪开始，继葡萄牙之后，荷兰、英国、法国和德国等贩卖奴隶的欧洲商人先后来到喀麦隆，喀麦隆沿海及武里河口，特别是杜阿拉很快成为殖民者掠夺奴隶的中心。17 世纪中叶，荷兰人在武里河口建立了一个贸易站。18 世纪，英国人取代了荷兰人，成为喀麦隆沿海地区主要的欧洲贸易商。通过他们的影响，西方的法律和习俗传到了杜阿拉。到 19 世纪初期，杜阿拉、比姆比亚和里奥德雷成了贩卖奴隶的重要港口。在此期间，由于殖民者的挑拨离间，喀麦隆的部落战争连绵不断，致使自然经济发展受到严重阻碍。1820 年之后，英国人就废除以人献祭、迷信和奴隶贸易等事宜与喀麦隆地方酋长谈判，并在 19 世纪 40 年代取得了成果。1830 年和 1870 年英、法两国先后与当地酋长签订协议，在喀麦隆沿岸建立起若干"合法的"贸易站。19 世纪下半叶，随着奴隶贸易被禁止，棕榈油、橡胶、象牙、黄金成为从喀麦隆输出的主要商品。

与此同时，西方的传教士把基督教传入了喀麦隆。1845 年，在一名喀麦隆出生的英国人——阿尔弗雷德·萨克（Alfred Saker）的领导下，阿克瓦镇（Akwa Town）即现在的杜阿拉建立了一个浸信会传教中心。1858 年，萨克又在维多利亚（现在的林贝）建立了一个更大的传教中心。1871 年，美国长老会开始在喀麦隆从事传教活动。此后，罗马天主教等教派的传教团也进入了喀麦隆。西方传教士建立了一所又一所传教团学校（mission school），将它作为传教的另一种手段和培养喀麦隆本土传教士的场所。正是通过这些传教团学校，西方教育传入了喀麦隆。

二、德国的殖民统治

尽管英国和法国在喀麦隆势力较大，但是德国殖民者后来居上，抢在英、法之前于 1884 年吞并了杜阿拉一带的沿海地区，宣布喀麦隆为德国保护国。之后，德国的势力范围逐步且快速地向内陆地区扩大，到 1902 年，它吞并了喀麦隆全境，并一直统治到 1916 年。一般认为，喀麦隆近代史是从 1884 年开始的，因为现代喀麦隆的版图是在德国殖民统治时期基本确立的。在此之前，喀麦隆既不是一个政治统一体，也不是一个文化统一体。

德国的殖民统治受到了喀麦隆人民的怀疑和反抗。沿海的喀麦隆人原本希望保护国能给他们带来和平，保护他们不受外部力量和猎奴者的袭扰，同时他们希望继续垄断与内地高利润的贸易。但是承担着地方行政管理之责的德国商业公司却千方百计地侵占喀麦隆人的土地，强掳喀麦隆人充当劳力，攫取喀麦隆人的商业利益，再加上文化同化政策而导致的西方文化的入侵，所有这一切引起了喀麦隆人的强烈愤慨。1911 年、1912 年、1913 年，杜阿拉人多次发动反抗斗争，但是在殖民当局的血腥镇压下均告失败。殖民者掠夺到土地后进行大量开垦，并引进咖啡、可可、橡胶、香蕉、烟草等经济作物，建立起种植园。由于这些初级农产品生产的发展，喀麦隆被逐步地纳入到了世界市场经济体系中。今天，喀麦隆仍然以盛产可可、咖啡、橡胶、木材和棕榈产品等初级农产品而闻名世界。与此同时，德国还采取强迫当地人民服劳役的方式修筑公路、铁路和港口。由于德国殖民者强占大量肥沃的土地，并且以强制手段迫使当地农民进入种植园劳动，同时种植园主还征用了大批家用奴隶，因此，喀麦隆传统的农业遭到严重破坏，而殖民地种植园经济却以此为代价发展起来。

不过，在德国殖民统治时期，喀麦隆的社会经济还是获得了一定的发展。铁路、学校、医院等基础设施出现在喀麦隆的土地上，杜阿拉发展成为一座城市。1912 年，喀麦隆人口增长到 260 万。但是对于后来的喀麦隆历史来说，德国殖民统治留下的最大遗产之一是"喀麦隆信念"，即喀麦隆人被凝集成了一个有着自身特性的政治文化统一体。正是因为如此，所以 1961 年分别摆脱了法国和英国数十年殖民统治的东喀麦隆和西喀麦隆选择重新走向统一。

三、法国与英国的殖民统治

第一次世界大战爆发后，德国占领下的喀麦隆又被协约国占领下的殖民地所包围，西部有英国统治下的尼日利亚，东部和南部有法国统治下的赤道非洲。欧洲的战火不可避免地燃烧到列强在非洲的殖民地。1916 年，英、法殖民者乘德国战事不利之机，派出军队联手占领了喀麦隆。1919 年7 月，根据《米尔纳—西门协定》，协约国瓜分了喀麦隆：法国占领东部领土，约占总面积的 4/5；英国占领了西部，约占总面积的 1/5。1922 年，国际联盟将东、西喀麦隆分别交由法、英委任统治。第二次世界大战后，1946 年 12 月，联合国大会决定将东、西喀麦隆继续交由法、英托管。占全喀麦隆土地 5/6、人口 4/5 的东喀麦隆为法属托管地，成为法属赤道非洲的一部分；面积占 1/6、人口占 1/5 的西喀麦隆则为英属托管地。

法国在东喀麦隆委派相当于总督的专员进行直接统治。其在喀麦隆的殖民政策以同化喀麦隆人、使之成为法国公民为主要目的。为了巩固法国在喀麦隆的殖民统治，法属喀麦隆人不得不学习法国各个方面的文化。与此同时，法国谋求在喀麦隆经济利益的最大化。可可、咖啡、香蕉、棕榈、棉花、烟叶、花生等出口型农产品种植业都有所发展。在政治上，法属喀麦隆的政治自由受到严格限制。但在 1944 年后，法属喀麦隆人在法国的政治生活中开始有了一定的发言权。例如，在 1945 年的法国国会选举中，四名法属喀麦隆人当选为议员。而根据 1946 年的法国宪法，法属喀麦隆人除了有权选举法国国会议员之外，在法国政务会、法语国家联合会以及法国经济委员会等重要机构中均拥有自己的代表。《联合国宪章》第 76条指出，托管政策的最终目标是实现托管地的自治和独立。根据这一精神，法属喀麦隆的国民大会在 1952 年转变成地区议会，在 50 名议员中，土著喀麦隆人占 32 名，居住在喀麦隆的法国公民占 18 名。尽管法国不愿意放弃对喀麦隆的殖民统治，但是喀麦隆的民主化进程仍是不可阻挡的。在托管统治时期，工会、政党等社会和政治团体都在法属喀麦隆孕育而生。1948 年，喀麦隆第一个本土政党——喀麦隆人民联盟（UPC）成立，并且逐渐发展成为推动喀麦隆独立的重要力量。相对而言，法属喀麦隆的社会经济、政治以及文化教育都发展得更快些，在人均国民生产总值、教育水平、卫生保健、基础设施等方面都走在英属喀麦隆的前面。

英国占领下的西喀麦隆又分为互不接壤的北喀麦隆和南喀麦隆，其中北喀麦隆在行政上隶属于英国殖民地——尼日利亚的北尼日利亚区，南喀麦隆则属于尼日利亚东区的一个省。可以说，在独立之前，英属喀麦隆在行政上一直划归英属尼日利亚管辖。因此，有人称之为"一块殖民地中的殖民地"。英国殖民当局在西喀麦隆实行间接统治，在地方行政管理中，保留和利用了传统的政治体制和部落酋长等"天然的统治者"，当然也做了一些调整，以适应英国的利益和管理。在这样一种间接统治的政策下，英国政府减少了自己在殖民地日常行政管理的开支，也减轻了自己在殖民地社会经济发展中的直接责任。换言之，英国政府在英属喀麦隆社会经济建设中的直接投入并不大，提供卫生和教育服务成为地方政府的职责，而地方卫生和教育的发达程度则很大程度上取决于地方经济的发展水平。由于英属喀麦隆特殊的政治地位以及英国所执行的间接统治的殖民政策，所以相对而言，英属喀麦隆的社会发展水平要落后于法属喀麦隆和英属尼日利亚。以教育为例，英属喀麦隆人在完成初等教育之后，几乎只能到尼日利亚接受中等教育。英国政府对英属喀麦隆的统治政策引起了英属喀麦隆人，特别是南喀麦隆人的不满，这导致了在殖民统治后期民族主义思潮在南喀麦隆蓬勃兴起。而在英国教育制度下成长起来的知识精英，包括在英国和尼日利亚求学的英属喀麦隆学生成为这种民族主义思潮的主要阐述者和民族主义运动的重要组织者和参与者。

四、独立与统一

德国、法国和英国殖民当局的统治政策不断激起喀麦隆人民的反抗。第二次世界大战后，在亚非殖民地半殖民地国家民族主义高涨的背景下，喀麦隆人民也开始了争取民族独立的斗争。1948 年，在法属喀麦隆，鲁本·恩·尼奥贝（Ruben Un Nyobe）、菲利克斯·毛米博士（Dr. Felix Moumie）、厄内斯特·欧安代（Ernest Ouandie）以及商会领导人建立了喀麦隆人民联盟，并提出了三大纲领：在政治上，立即实现民族独立与统一，断绝与法国的联系；在社会上，反对种族隔离，发展没有任何歧视性的中等教育；在经济上，反对对初级产品的价格歧视。1955 年 4 月，法属喀麦隆各党派发表联合宣言，要求结束托管制度，建立主权国家。1956 年夏季，受到法国殖民当局打击的喀麦隆人民联盟在东喀麦隆发动武装斗争，但是遭到法国殖民当局的镇压。

在英属喀麦隆，诞生了喀麦隆青年联合会、喀麦隆民族联盟、喀麦隆联合民族大会、喀麦隆民族大会、喀麦隆人民党、喀麦隆民族民主党等重要的政治组织。其中喀麦隆联合民族大会（KUNC）创建于 1950 年，它主张：统一英属喀麦隆和法属喀麦隆；在英属喀麦隆学校中教授法语，在法属喀麦隆学校中教授英语；废除边界控制；创建喀麦隆议会；终结英国对英属喀麦隆的漠视。由丰查（John Ngu Foncha）于 1953 年创建的喀麦隆民族民主党（KNDP）也主张英属喀麦隆脱离尼日利亚，逐步实现与法属喀麦隆的统一。

面对喀麦隆人民日益高涨的民族独立运动，法国和英国殖民当局不得不做出让步。1957 年 4 月，法属喀麦隆根据新的法律，成立东喀麦隆自治政府。1958 年 2 月，A. 阿希乔任自治政府总理。同年 5 月，阿希乔创立喀麦隆联盟。阿希乔和喀麦隆联盟承诺发展资本主义经济，与法国保持紧密联系。1960 年 1 月 1 日，喀麦隆法国托管区结束托管，宣布独立，成立喀麦隆共和国。喀麦隆联盟在东喀麦隆立法院的选举中获得了多数（在100 席中占据了 59 席），它的领导人阿希乔被立法院推选为总统。而在1959 年，丰查领导的喀麦隆民族民主党在南喀麦隆赢得了大选，丰查出任南喀麦隆政府首脑。

之后，阿希乔积极谋求喀麦隆的统一。1960 年，他与丰查多次会面，讨论统一之后喀麦隆的国家制度安排。1961 年 2 月，根据第 14 届联合国大会决议，在喀麦隆英国托管区的北部和南部分别举行公民投票。结果，北喀麦隆人选择与尼日利亚合并；南喀麦隆人则选择与喀麦隆共和国合并，成立喀麦隆联邦共和国。根据联邦政府宪法，喀麦隆联邦共和国由西喀麦隆和东喀麦隆两个国家组成，总统和副总统从上述两国选举产生，但不能产生于同一国。这种体制安排旨在维持二元文化。根据宪法第 38 条，东喀麦隆和西喀麦隆各有自己的总理和立法机构。根据宪法，喀麦隆联邦共和国召开了第一届联邦国民会议，代表名额按照人口比例产生，共 50 名，其中 40 名来自东喀麦隆，10 名来自西喀麦隆。阿希乔和丰查分别被联邦国民会议推举为总统和副总统。

从 1884 年沦为德国的殖民地，到 1960—1961 年摆脱法、英两国的殖民统治，喀麦隆经历了近 80 年的殖民统治历史。从政治的角度来说，这段历史孕育了现代喀麦隆，喀麦隆作为一个国家，作为一个政治共同体出现在了世界政治舞台上。从文化的角度来说，这段历史在喀麦隆文化的非洲元素中，添加了西方的元素。特别是独立前被法国和英国两个国家分割统治 45 年的经历，使得法语和英语文化在喀麦隆深深地扎下了根，为喀麦隆留下了两种语言、法律、政治和教育体系。这两种外来文化，特别是法语文化甚至超越了喀麦隆固有的非洲本土文化而成为喀麦隆独立之后的主流文化。而法语文化与英语文化的并存又使得独立后的喀麦隆面临着如何和谐地维持两种文化，吸收两种文化的优点这样一个艰难的课题，因为它直接涉及独立后喀麦隆的政治统一能否维系和巩固这一重要问题。

第三节　1961—1982 年的喀麦隆

　　独立后重新走向统一的喀麦隆在政治上的统一并不牢固。尽管在德国殖民统治时期，喀麦隆已经生成了某种政治和文化上的认同意识，但对于这个新生的国家来说，人民对这个新生的国家和民族的认同并未普遍形成，仍需努力培育，因为这种认同对于新生的民族国家来说至关重要。因此，如何维系政治的统一和推进民族的融合便成为建国者和民族主义者所关心的首要问题。

　　阿希乔政府努力推进人民对统一的喀麦隆联邦共和国的认同，消除残余的部族忠诚，弥合东西喀麦隆的发展差距，增进法语区喀麦隆和英语区喀麦隆的团结和融合。1962 年创办的喀麦隆联邦大学同样被寄予了这样的期望。但是东喀麦隆与西喀麦隆的统一是在阿希乔及法语区喀麦隆的强势主导下实现的，因此统一之后所建立的喀麦隆联邦共和国的政治体制并没有真正体现出喀麦隆的二元文化所应具有的平等特征，也并非真正有利于上述目标的实现。阿希乔领导下的总统制政府在领导喀麦隆实现国家统一和民族团结时，对东、西喀麦隆由于法国和英国四十多年的统治而形成的二元政治和文化传统的历史与现实没有予以足够的重视，也没有采取有效的措施保证二元文化的平等，以至于阿希乔政府执政时期，西喀麦隆人并未感受到尊重，相反逐渐产生被边缘化和被法语区同化的心理。

　　在东、西喀麦隆之间的关系上，1962 年联邦宪法所确定的政治权力架构明显有利于东喀麦隆，体现了东喀麦隆政治精英的愿望。因为在这样的架构下，总统肯定是来自东喀麦隆，身为国家元首、政府首脑和军队统帅的总统拥有解散国会、任命法官和组建内阁的权力。他与主要由东喀麦隆政治精英构成的中央政府掌握了国家的主要权力，而来自于西喀麦隆的副总统以及西喀麦隆的总理在国家政治中并不具有特殊的职能。正像学者所指出的，联邦制一体化权力结构体现的实用性和强制性多于代表性。[①]

联邦宪法明文规定了联邦政府的权力。宪法第 5 条则规定了即刻由联邦政府管辖的事务，包括联邦的行政管理、货币、外交、国籍、国防等。宪法第 6 条规定了"过渡"期后由联邦政府管辖的事务，包括了中等教育、土地法、公共自由和地方立法组织等。

以在喀麦隆的历史上曾引发激烈讨论的中等教育为例，它不仅涉及课程的内容，更重要的是涉及学校的教学语言和喀麦隆教育体制的逐渐整合问题。由于东喀麦隆人在人数上占绝对优势，所以许多喀麦隆人接受过良好的法语教育，对于他们来说，官方双语主义并不是他们所追求的目标，它是针对讲英语的西喀麦隆人而言的。实际上，在重新统一之后的第四年（1965 年），从首都雅温德发往西喀麦隆的联邦通信和公告就只使用法语了。东喀麦隆的总理查尔斯·阿萨勒从 1963 年开始就提出以东喀麦隆为模板，重建西喀麦隆的教育体制。在他看来，与调和两种教育体制相比，这样的过程涉及的学校较少，成本较低。

当然，很多西喀麦隆人并不这样认为。伯纳德·N. 冯龙（Bernard N. Fonlon）博士是当时教育程度最高、最受尊敬的西喀麦隆人，也是学术成就最高的喀麦隆人。他精通法语文化和英语文化，但他反对强制推行法语和英语。相反，他支持三语政策，即除了法语和英语外，还要保护非洲本土语言。冯龙也许是唯一将喀麦隆的联邦政策与更为广泛的非洲统一问题联系在一起的喀麦隆人，他对喀麦隆以及西喀麦隆的看法为喀麦隆及其领导人指出了方向。但当时喀麦隆的政治家们对他的期许只是客气地表示欣赏，而不愿意将他的意见吸收到政策之中。

西喀麦隆人是在联邦制的原则下接受统一的，但阿希乔及其东喀麦隆的政治精英并不是联邦主义者，因为在法国的政治文化中并不存在联邦制这个概念。他们在统一时接受联邦制，更多地是把它作为权益之计或过渡政策。他们的政治计划（"阿希乔计划"）是要把西喀麦隆纳入东喀麦隆的管理模式中。正是本着这样的计划，所以喀麦隆联邦共和国成立后不久，阿希乔就开始着手建立更为集中和统一的制度。

阿希乔的计划是废除多党制，实行一党制，进而建立一元的国家。在阿希乔看来，喀麦隆独立和统一后所实行的多党制与国家发展目标是

---

①　Greg O. Asuagbor, Democratization and Modernization in a Multilingual Cameroon, The Edwin Mellen Press, 1998, p. 98.

不一致的，它导致分裂而无助于团结，会引发更多的冲突而不利于和平，为自私自利提供了一个平台而牺牲了国家的利益。因此，他提出在解散所有政党的同时，建立一个全国性的政党，在这个政党中，实行少数服从多数的原则。主要政党经过近四年的谈判和协商，于 1966 年宣布合并，成立了单一的执政党——喀麦隆民族联盟。一党制的建立暂时缓和了阿希乔以及其他西喀麦隆政治精英对东喀麦隆可能脱离联邦共和国的担忧，同时为政治权力的进一步集中和一元体制的建立铺平了道路。作为喀麦隆民族联盟的领袖，阿希乔在之后的总统选举中连选连任，一直到 1982 年他辞职为止。

一党制的推行为改变国体，修改宪法，建立一元体制扫除了障碍。1972 年 5 月 20 日，喀麦隆制定了新的宪法。根据新宪法，联邦制被取消，取而代之的是一元的喀麦隆联合共和国。阿希乔曾在国会批评联邦制，认为联邦制造成地区主义和部落主义，阻碍了经济的发展，增加了国家管理的成本。在一元体制下，地方的立法权以及副总统的职位被废除。根据 1972 年宪法，在强有力的中央集权体制下，总统有权任命和解除内阁成员、法官、将军、省长、各部门高级行政官员、国有企业负责人以及大学校长的职务，有权决定财政开支，批准或否决政府的规章条例，有权宣布紧急状态，决定国有企业利润的使用。司法权隶属于政府中的司法部。由 180 名议员组成的国民大会享有审议和批准由行政部门提交的法案的权力。

在一元体制下，西喀麦隆所有可能导致分离的基础设施都被废除了。提科和林贝的海港被关闭，西喀麦隆的电力公司被国家电力公司所取代，所有交易委员会与东喀麦隆的交易委员会合并。除了省长，地方行政长官也由总统直接任命。这样，国家权力集中于首都雅温德总统领导下的中央政府，西喀麦隆则丧失了平等分享政治和经济权力的条件。

尽管建立一元化体制旨在增进喀麦隆人对国家的认同，提高国家管理的效率，但权力的过于集中也导致了裙带主义、贿赂等腐败现象，从而为20 世纪 80 年代的民主化运动埋下了伏笔。而从文化的角度来说，这样的体制有利于在喀麦隆占主导地位的法语区文化，而不利于英语区文化，从而与既定的二元文化政策背道而驰。

在阿希乔总统领导下，独立后的喀麦隆制定了经济发展的基本原则，即在统一的前提下，在维持和加强与原宗主国的经济联系的同时，逐步改造殖民统治遗留下来的畸形经济结构，致力于民族经济的发展。为此，喀麦隆政府在统一东、西喀麦隆的同时，制定了优先发展农业和创建民族工业的基本国策，并通过贯彻地区平衡、喀麦隆化、有计划的自由主义等具体政策来保证实施。在阿希乔政府执政时期，喀麦隆的经济保持了快速增长，经济繁荣的景象甚至一直持续到了比亚总统执政初期。

阿希乔政府强调农业为国民经济基础，并且制定了在保证经济作物生产的前提下实现作物多样化和粮食自给的政策。通过不懈的"绿色革命"，喀麦隆粮食自给的目标基本实现，并部分地改造了农业生产的畸形结构，从而为国民经济的整体发展提供了支持。在 1963—1977 年期间，喀麦隆GDP 实际年均增长率为 4.6%，其中农业、林业与渔业贡献很大。这些生产部门不仅吸收了大部分劳动力，而且其产品是国家主要出口商品，其中可可与咖啡的出口就占到出口总值的 70%。

在传统的劳动密集型手工业的基础上，喀麦隆也注重发展现代工业，特别是在 20 世纪 70 年代以后。喀麦隆政府组建了全国最大的工业中心——喀麦隆工业工会（SYNDUSTRICAM）。该组织拥有员工 14500 余名，其经济活动涉及纺织、食品加工、印刷、能源生产和化工等。喀麦隆是撒哈拉沙漠以南非洲法语国家中最大的电力生产国，水电提供了 97% 的能源。1975 年，喀麦隆在近海发现了可以开采的石油资源，并在 1978 年实现了石油出口，这给喀麦隆的经济发展注入了强大的动力。在 1980—1984 年，石油收入在 GDP 中所占的比例从 4.3% 上升到了 14%。在五年时间里，石油出口在国家总出口收入中所占的比例从 1/5 提高到 2/3。石油收入成为喀麦隆政府的重要收入来源，为政府增加其他产业的投资，举办各种公共事业提供了财政上的保障。在 80 年代，依靠石油收入，喀麦隆开工建设杜阿拉—雅温德、雅温德—巴弗萨姆的公路和巴门达、贾鲁瓦和巴弗萨姆的机场等重要基础设施。

总的来说，在阿希乔执政时期，喀麦隆的经济获得了较快发展。在1960—1970 年，喀麦隆保持了 3.7% 的增长率，1970—1980 年提高到5.6%。20 世纪 80 年代经济危机爆发前，由于石油工业的发展，喀麦隆的经济发展速度达到了年均 7%。1981 年，人均国民生产总值达 881 美元，1988 年经济危机爆发前人均国民生产总值为 1187 美元。根据世界银行的发展指标，当时的喀麦隆已属于中等收入的发展中国家，一度是非洲最为繁荣的国家之一。经济的发展使得教育、卫生和交通事业的发展成为可能。在阿希乔执政时期，喀麦隆的小学入学率达到了 70%，并且实行了免费的高等教育。

不过，阿希乔政府在经济发展中也付出了一些学费。特别是在石油工业兴起之后，对石油工业的过度依赖导致了对农业生产以及其他经济部门发展的忽视，以至于后来的喀麦隆深受"荷兰病"①的折磨。同时，许多经济政策和建设项目由于规划不合理，管理不善，无法实现预定目标，从而造成原本就不充裕的资金浪费。例如，在绿色革命中，阿希乔政府建立了农村信贷社，目的是为农民提供低息贷款，发展农业。但是在农村信贷社实际运行过程中，资金大多流向了居住在城市里的农场主以及非农业活动，违背了这个机构建立的宗旨。阿希乔执政后期，外债急剧增加。1977年，喀麦隆外债总额为 5.44 亿美元，1982 年急剧上升到 20 亿美元。因此到 20 世纪 80 年代前期，在石油工业支撑起的繁荣中，已经出现了潜在危机爆发的迹象。

第四节　1982 年至今的喀麦隆

1982 年 11 月阿希乔辞职，保罗·比亚（Paul Biya）继任总统。但权力的移交并不是和平的，在经过包括未遂军事政变在内的政治斗争之后，比亚决心开始一个新的历史时期。1984 年，喀麦隆修订了宪法，将国名由喀麦隆联合共和国改为喀麦隆共和国（法属喀麦隆独立之初的国名），执政的喀麦隆民族联盟也改名为喀麦隆人民民主联盟（RDPC，简称人民盟）。在 1988 年 4 月总统大选中，比亚总统蝉联。

比亚总统执政以来，对内实行"民族复兴"纲领，主张"民主化和民族融合"，经济上实行有领导的"自由主义"政策；对外奉行独立、不结盟和广泛国际合作政策。

执政之初，比亚保留了一党制。对此，他解释说："在我国历史上的这一阶段，需要一党制，因此需要暂时拒绝多党制，这对于真正关心国家未来的每一名喀麦隆人的爱国主义情感来说，是必要的。"与阿希乔一样，比亚认为喀麦隆的统一仍然是"脆弱的"，因此必须实现真正的融合。20世纪 80 年代后期，随着喀麦隆社会经济陷入低迷状态，再加上比亚执政之初所承诺的开放思想与出版自由没有兑现，因此喀麦隆全国各地发生了反腐败和支持民主政治的游行示威活动，乃至流血冲突。在这个过程中，社会民主前线（SDF）等反对党团组织以宪法为武器，积极推动多党制。在国际形势与国内反对力量的压力之下，以比亚为领袖的执政党被迫放弃存在了二十多年的一党制。

---

① "荷兰病"一词是用以描述在经济生活中，快速发展的部门与发展缓慢的部门并存的状况，这种状况导致制造业的相对衰落。

　　根据 1990 年 12 月 19 日颁布的第 90—56 号法令，组建政党成为合法行为，这也就意味着多党制取代了一党制。不过，该法令依然禁止建立基于地区和种族的政党，禁止政党从国外接受活动经费。1992 年举行多党立法选举和总统选举，比亚再次当选总统。但是出乎意料的是，无论是人民盟还是比亚都没有在选举中获得绝对的多数。人民盟在国会选举中仅仅获得 180 席中的 88 席，比亚的得票率也仅为 39.97%。通过组建五党联合政府，人民盟保持了执政党的地位。

　　对于喀麦隆来说，20 世纪 80 年代后期 90 年代初期的政治民主化运动的成果不限于此。在此期间，喀麦隆人还获得了出版自由和集会自由。许多私营报纸和杂志开始发行，国有的电视台和电台也开始播出批评政府的意见，民主政治文化开始在喀麦隆生根发芽。全国各地的喀麦隆人，包括雅温德大学在内的师生积极参与了这一运动，推动了政治、社会、教育等各个领域的民主化进程。当然，在此期间所发生的抗议活动，特别是那些暴力活动也带来了一些消极影响，例如喀麦隆长期以来所保持的平静、稳定的社会局面被打破，政府收入减少，造成政府与反对派之间的对抗氛围等。政治生活的民主化促进了市民社会和非政府组织的发展。在消除贫困、推进社会平等、消除腐败等领域，市民社会运动和非政府组织发挥了积极的作用。

　　与此同时，英语区喀麦隆问题又一次浮现出来。西喀麦隆提出恢复联邦制的要求，为此掀起了 "All Anglophone Movement"（简称 AAM）。AMM 向所有出生于西南省和西北省的讲英语的喀麦隆人开放。它的兴起是对执政党和反对党忽视喀麦隆英语区所面临的问题的一种反应。1993 年 4 月 2—3 日，AAM 在布亚组织召开了第一次大会，与会者约有 5000 人。大会提出了英语区喀麦隆人所经历的被占人口多数的讲法语的喀麦隆人边缘化的问题，这种边缘化不仅反映在政治上，同时还反映在经济、教育和文化方面。以语言为例，尽管英语也是官方语言，但政府规定 "法文版的官方文本一定是可信的"。由于文化的同化，英语区的教育、文化甚至社会生活都发生了改变。例如，竞争性的公务员考试、技术教育证书考试和公益服务的公告都使用法语，然后才随意地翻译成英语。阿希乔和比亚执政时期，英语区的发展不仅被忽视，而且原有的发展项目也被撤销。如西喀麦隆的电力公司、生产销售委员会、银行以及其他机构被关闭。天然的深水港林被放弃，西喀麦隆的农产品出口只能通过杜阿拉，这增加了运输成本。在政治上，自从重新统一以来，没有一名出自英语区的喀麦隆人担任过总统、教育部长、国防部长、外交部长、财政部长等政府要职。为了解决西喀麦隆问题，AAM 提出恢复联邦制。尽管恢复联邦制的支持者宣告"联邦制不是分离","联邦制是保护少数派的权利",但比亚总统担心西喀麦隆走向独立而拒绝了这一要求。

1995 年,喀麦隆国会通过一系列宪法修正案,对高度集权的 1972 年宪法进行了修改,并于 1996 年颁布实施。修正案要求建立由 100 名议员组成的上议院,作为两院制国会的一部分;建立地方议会;将总统任期定为 7 年,可连任一次;上议院的 1/3 的议员由总统任命,其余 2/3 间接选举产生。改革之后,所有地方政府官员由中央政府任命,地方政府则从中央政府获得大部分预算。1997 年 10 月,比亚以 92.57% 的得票再度蝉联总统。近年来,比亚总统加强政权建设,推行"良政",加大反腐力度,强化社会治安,取得了一定成效,喀麦隆政局继续保持相对稳定。2004 年 10 月 11 日,比亚以 70.92% 的得票率第五次蝉联总统。

表 1 - 1 　1970—1991 年喀麦隆的 GDP 和各经济部门对 GDP 的贡献 (%)

年份	GDP 年增长率	农业	工业	国内投资
1970	2.9	1.8	-0.2	16.0
1971	3.8	0.5	2.0	16.6
1972	2.3	2.1	-0.6	18.2
1973	5.5	1.5	0.7	19.9
1974	10.7	1.8	0.9	17.1
1975	-0.8	0.4	0.6	20.0
1976	4.3	0.5	1.3	17.6
1977	8.5	0.5	3.1	21.8
1978	14.7	1.2	1.9	22.7
1979	13.3	4.4	7.7	21.7
1980	15.6	2.5	7.5	18.9
1981	12.9	3.7	7.9	24.7
1982	2.6	1.1	4.9	23.4
1983	7.8	-2.1	7.0	24.4
1984	5.8	2.1	1.6	20.8
1985	7.6	-2.8	-2.7	24.9
1986	8.0	3.0	3.3	30.8
1987	-6.5	1.2	-6.2	24.1
1988	-7.7	-0.8	-2.3	15.7
1989	-3.4	-0.5	5.6	18.5
1990	-2.5	0.5	-1.9	16.5
1991	-0.7	0.0	-0.8	9.0

资料来源:世界银行,1992 年①。

---

① 转引自 Greg O. Asuagbor, Democratization and Modernization in a Multilingual Cameroon, p. 157.

尽管喀麦隆在独立后经济获得了很大的发展，但是仍面临着重重困难。除了人口膨胀、干旱、法郎贬值等原因外，长期影响其经济发展的是世界市场对初级产品的需求及价格的变化。20世纪80年代初，喀麦隆外汇收入的60%和国家预算收入的30%来源于初级产品。但是，在1985—1987年间，喀麦隆的主要出口商品价格在国际市场上的价格都急剧下降，其中原油价格下降65%，可可下降24%，咖啡下降11%，橡胶下降20%。结果，喀麦隆的国际贸易总额减少47%。1984—1985年，进出口贸易结余额占GDP的4%，而到1986—1987年，入超相当于GDP的9%。[①] 这一切严重影响了喀麦隆的财政收入。财政收入的下降又影响到了国内投资，致使国内生产总值连年下降。1989—1990年，喀麦隆国内生产总值为32870亿非洲法郎，1992—1993年下降到27380亿非洲法郎。

经济衰退导致了财政危机。在人口保持3%的年均增长率的情况下，人均收入在1987—1993年间下降了42%。同一时期，预算收入减少了60%，财政赤字占到GDP的7%。这一切给社会和经济发展造成了极大的不良影响。在1985—1986财政年度与1992—1993财政年度期间，国内投资下降了70%，人均消费下降了40%。[②] 经济与财政危机又诱发了政治和社会危机。例如，经济不景气导致失业率急剧上升；由于预算的减少，教育与卫生事业服务质量严重滑坡；暴力事件与罢工活动不断发生；政治反对派提出了政治民主化的要求。

表1－2　　1983—1993年间喀麦隆不同教育层次的人口的失业率[③]

（单位:%）

年份	未接受过教育	初等教育	中等教育	高等教育	总计
1983	9.4	8.4	5.2	1.5	7.3
1987	9.4	14.9	16.5	9.4	14.7
1993	6.5	23.8	26.7	30.9	24.6

数据来源：世界银行。

---

① Agbor Dorothy Nkogko, Cameroon in International Comparisons of Taxation in Developing Countries（2002 Research Papers）, p. 113. http：//www. ic. keio. ac. jp/en/download/jjwbgsp/2002/2002_Cameroon. pdf

② Keio University, Faculty of Business and Commerce, International Comparisons of Taxation in Developing Countries, 2002, p. 110. http：//www. ic. keio. ac. jp/en/download/jjwbgsp/2002/2002 _ Introduction. pdf

③ 转引自 Agbor Dorothy Nkogko, Cameroon in International Comparisons of Taxation in Developing Countries（2002 Research Papers）, p. 131.

为克服困难，喀麦隆政府采取了一系列紧缩措施，并于 1988 年接受国际货币基金组织和世界银行提出的结构调整的建议，进行经济改革与社会改革，其中包括：提高税率，减少财政赤字；削减公务员的工资以及对公共事业的补助；对公共企事业进行重组等。1991 年，喀麦隆政府冻结公共部门的人事（1988 年，喀麦隆共有 18 万名公务员，在非洲国家中居于第三位），减少行政开支和公务员的住房、水电补贴及基本工资。自 1989 年 9 月至 1995 年 9 月，喀麦隆先后同国际货币基金组织签署了 4 期结构调整计划，但由于种种原因，都未能实现预定目标。1993 年，喀麦隆公务员的工资被削减 2/3，而且没有按时领到他们 6 月—8 月的工资，这在喀麦隆的历史上是第一次。1994 年 1 月 12 日，喀麦隆货币——非洲法郎又贬值了 50%。

主导结构调整政策的是新自由主义经济理论，其主旨是尽可能地用市场代替国家，使资源的配置和使用获得更大的成本收益。世界银行的结构调整贷款附加了很多条件，就教育而言，它常常要求借贷国彻底重组教育体系，包括减少国家的公共教育支出，特别是在第三级教育上的支出；在各级教育中实行收费制度，以回收成本；等等。尽管国际货币基金组织和世界银行的初衷是帮助陷于经济危机的国家减少贫困，走出危机，但是它的新自由主义经济政策和结构调整计划是基于经济的逻辑，着眼于短期的成本收益。因此，当结构调整计划延伸到教育、卫生等公益部门的时候，结果事与愿违，导致了这些部门所提供的服务在数量和质量上的下降。例如，为了控制公共部门的薪酬总额，世界银行要求借贷国冻结或减少教师的招募，削减教师的薪酬。其结果，就是在发展中国家致力于普及和提高教育的过程中，严重缺乏各个层次的教师，特别是训练有素的教师，喀麦隆就是这样的国家之一。

在经过一次次的阵痛之后，从 1995 年开始，喀麦隆经济止住了衰退的趋势，出现了转机。但是，喀麦隆在此后的几年里仍未完全摆脱经济危机的阴影，经济发展内动力不足。与此同时，经济结构调整也造成了通货膨胀，失业人口增加，人民生活困难。据世界银行 1998—1999 年发展报告，1997 年喀麦隆人均收入为 650 美元，居世界第 90 位。20 世纪的最后几年，喀麦隆经济面临的主要问题是：国内投资不振，储蓄率低；教育和卫生保健质量下降；经济和社会基础设施遭受破坏；内外债务沉重；金融形势困难，外汇储备严重不足。

1997 年 8 月，喀麦隆政府同国际货币基金组织经过近两年的谈判，就喀麦隆第五个结构调整计划（1997—1998 年度至 1999—2000 年度）达成一致，国际货币基金组织批准在"加强结构调整基金"框架内，向喀麦隆提供 1. 621 亿美元的特别提款权优惠贷款援助。喀麦隆政府在新的结构调整计划中确定的经济和社会中期发展战略是：逐步实现国家宏观经济和财政平衡，使国民经济走上持续增长和协调发展道路，改善人民生活条件。就具体的政策措施而言，它包括重组和缩小公共服务，国有企业私有化，银行重组，价格与利率放开等。这些改革对于喀麦隆经济的稳定起到了一定的积极作用。

　　1994—1995 年度，喀麦隆经济走出长期负增长的阴影，此后宏观经济指标不断改善。在 1997 年之后的几年里，通货膨胀率年均为 2%—3%，财政赤字维持在 3.2% 的水平。1987—1993 年，GDP 实际年均增长率为负 4%，1996—2000 年则为 5%。[1] 公共财政状况继续改善，国内需求增长，储蓄率和投资率呈上升趋势。2000 年底，世界货币基金组织又批准喀麦隆政府的第二个"减贫促增长"三年计划，向喀麦隆提供美元贷款，并连年进行考察，评估喀麦隆执行"减贫促增长"计划和"重债穷国"改革计划情况，对喀麦隆经济取得的进展总体表示满意。2002 年，喀麦隆经济总量列非洲法郎区 15 国之首。

　　但是值得注意的是，在进入 21 世纪以后，喀麦隆的经济增长速度并不乐观。在 2000—2003 年 GDP 实际增长率都保持在 4%—4.5% 的情况下，2004 年下降为 3.7%，2005 年又进一步下降为 2.8%。尽管 2006 年恢复为 3.8%，但从整体状况来看，社会发展缺乏足够的活力。同时，经济改革与复苏并没有带来明显的边际效应，特别是对穷人来说。2000 年，生活在贫困线之下的喀麦隆人仍占到全国人口的 40.2%。[2] 因此对于喀麦隆来说，减少贫困人口，实现联合国《千年发展目标》中所确定的目标，仍任重而道远。

---

[1]　Keio University, Faculty of Business and Commerce, International Comparisons of Taxation in Developing Countries, 2002, p. 111.

[2]　Martin Tsounkeu, The Millennium Development Goals (MDGs) in Cameroon: How Far From the Target in 2005, p. 4.

第二章

1960 年前的喀麦隆教育

喀麦隆的教育史可以划分为三个阶段：前殖民地时期、殖民地时期和后殖民地时期。根据时间的顺序回顾喀麦隆的教育发展，是理解喀麦隆正规教育如何发展的最好方式，但这并不意味着喀麦隆的教育史是一个线性的过程。

第一节　前殖民地时期的教育（1844 年以前）

1884 年，喀麦隆沦为德国的殖民地。一般认为，在 1884 年以前，喀麦隆并不存在任何正规的教育体制，因为除了北部的阿拉伯语地区外，喀麦隆没有其他的文字。儿童从父母、长辈、哥哥、姐姐以及同伴那里获得生活知识。通过学习，他们通晓本民族的文化样式，会说一种或数种方言，掌握生存和帮助家庭、部族所需的技能，包括贸易技能。

前殖民地时期的喀麦隆儿童生活在不同的王国和部族里。在民族的文化样式和实践中，保留了不同族群的历史。儿童通过观察和模仿学会了从社会和文化的角度来说适宜的行为。通过同辈和长辈的言行举止，他们掌握了语言技能、传统与习俗，熟悉了本民族的历史和信仰。在某些社会团体中，成年礼是这种非正规教育的"顶点"。那些通过成年礼的年轻人因此而成为社会中正式的一员。通过这种传统的非正规教育，前殖民地时期的喀麦隆人成为了"社会的生产者"。即使在正规教育产生之后，传统的非正规教育在喀麦隆社会中依然存在，因为一些难以承受正规教育费用的家庭必须通过这种非正规的方式教育自己的子女。

在前殖民地时期，喀麦隆北部地区存在着一种正规教育，这就是伊斯兰学校教育。早在公元八九世纪，伊斯兰教就随着阿拉伯商队传播到了西非。1715 年，领土向南延伸到喀麦隆中部和西部沿海（杜阿拉）的曼达拉（Mandara）王国皈依了伊斯兰教。18 世纪，位于西部草原地带的努索（Nso）王国等也接受了伊斯兰教。19 世纪，信仰伊斯兰教的游牧民族——富兰尼人（Fulani）侵入喀麦隆北部地区。随着伊斯兰教在喀麦隆的传播，产生了传授《古兰经》的需要,于是伊斯兰世界传统的古兰经学校诞生在了喀麦隆的土地上。穆斯林儿童在古兰经学校中学会了读、背、写,学校的老师精通教学和《古兰经》,地方的行政官员会指派专人监督儿童的教育。

伊斯兰学校教育无疑是一种正规的学校教育,因为那里有学校这样一个环境,有作为教科书的《古兰经》,使用阿拉伯语进行教学。今天,这种学校教育在喀麦隆北部依然存在。在沦为西方国家的殖民地后,穆斯林团体因为担心异教的传播而一直抵制在他们身边建立传教教育和殖民教育。因而,喀麦隆的伊斯兰学校教育并没有因为喀麦隆沦为殖民地而中断。

在前殖民地时期,喀麦隆教育的另一个重要组成部分是由西方传教士带来的正规的学校教育。从第一个传教团出现在喀麦隆到喀麦隆正式沦为德国的殖民地期间(1840—1884 年),主要有三个传教团在喀麦隆从事教育活动,它们是英国的浸信会、美国的长老会和德国的天主教会。

1844 年,约瑟夫·梅里克(Joseph Merrick),一名出生于牙买加的伦敦浸信会传教士,在获得地方首领的允许之后,在沿海的比姆比亚(Bimbia)镇开办了一所小学,这是喀麦隆第一所西式学校。1845 年,英国浸信会传教士阿尔弗雷德·萨克(Alfred Saker)在杜阿拉的阿克瓦镇开办了第二所小学。为了培养本土教师,萨克送三名喀麦隆女子到塞拉里昂的教师培训中心接受教育,1856 年,其中一名回国任教。与此同时,萨克还亲自训练当地的年轻人担任学校的教师。萨克对于教育活动有着极大的热情,在他看来,教育是帮助喀麦隆人在建立一个永久性的浸信会传教团的最佳方式。当浸信会为培养学校教师和传教士而创办学校时,许多喀麦隆人逐渐意识到西方教育的益处。他们送自己的儿子到浸信会创办的学校接受训练。一些酋长邀请浸信会到他们的村庄开办学校。在 1884 年以前,浸信会还在维多利亚、贝尔和希克里等地开办了十余所初级传教团学校。而维多利亚的传教团学校因为学生人数的增加而于 1880 年一分为二,其中男子学校有 130 名学生,女子学校有 80 名学生。萨克于 1876 年退休,他在喀麦隆从事传教和教育活动长达 32 年,就这一时期喀麦隆的教育发展而言,萨克所作出的贡献是卓越的。正如与他同时期的南非传教士——大卫·利文斯通所说:"在我看来,在非洲沿海地区,阿尔弗雷德·萨克在喀麦隆和维多利亚的工作是最为出色的。"①

---

① Jacob A. Ihims, A Century of Western Education in Cameroon: A Study of Its History and Administration (1844—1961), Unique Printers, 2003, p. 7.

　　早期来到喀麦隆的欧洲人主要是为了贸易和传播基督教。传教士把教育作为传播福音的主要工具，他们办教育首先是出于宗教目的，使当地人皈依基督教；其次是传播西方文化，使当地人文明开化。在教育内容上，传教团学校以宗教性内容为主，辅之以基本的文化知识教育，有的传教团学校还加入了一些职业性内容。在教学语言上，有些传教团学校还注重使用当地语言。可以说，传教团学校是喀麦隆近代教育的开拓者。1884 年当德国吞并喀麦隆时，喀麦隆已经有了 15 所小学和 368 名小学生。

第二节　德国殖民统治下的教育

　　与其他殖民政府一样，从财政的角度考虑，德国政府不愿意过多地参与非洲殖民地的教育，它更愿意在这一事务中与自愿组织建立合作关系。这就解释了为什么在一战爆发前，德国非洲殖民地 95% 的小学由传教团管理，为什么它在兼并喀麦隆之后的四年，未直接创办过一所学校。

　　德国殖民政府将德语定为喀麦隆的官方语言，要求所有学校传授德语。由于这一原因以及其他德国殖民政府设置的障碍，英国浸信会不得不撤出喀麦隆。1886 年，瑞士巴塞尔传教团接手了浸信会在喀麦隆的传教和教育活动。1902 年，巴塞尔传教团在巴里建立了自己在喀麦隆的第一个传教团，他们学习当地的巴里语，并将巴里语用于教学和传教。

　　美国的长老会教友是继浸信会之后来到喀麦隆的第二组传教士。他们在 19 世纪 80 年代后期来到喀麦隆，并在巴坦加（Batanga）居住下来。美国的长老会传教士与布鲁人（Bulu）和巴萨人（Bassa）生活在一起，他们创制了书面的布鲁语，并在布鲁人和巴萨人中传授英语。1890 年，在德国政府的允许下，他们开始将自己的活动扩展到喀麦隆内地。

　　德国的天主教传教士来得最晚。1889 年，德国的帕罗丁（Pallotin）神父在位于埃迪（Edea）附近的萨那加河（Sanaga）河口的马里恩堡（Marienberg）定居下来。亨里希（Heinrich）主教视察了这个传教团，并从德国商人阿道夫·沃尔曼那里获得了支持。德国的天主教传教士随后在喀麦隆中部雅温德地区的贝蒂人（Beti）中展开传教工作，同时他们向贝蒂人学习方言——伊沃多语（Ewondo）。

　　到 1914 年，各个传教团在喀麦隆共开办了 625 所学校，招收了 40061 名学生（见表 2 - 1）。

表 2 - 1 　　　　　　　各教派创办的学校及在校生招生人数①

传教团名称	学校数	学生数
巴塞尔传教团	319	17833
天主教传教团	151	12532
美国长老会传教团	97	6545
德国浸信会传教团	57	3151
Gossner 传教团	1	N. A.
合计	625	40061

传教团学校常常是传教站的一个组成部分，除了学校之外，传教站还有一所房子、一个小礼拜堂和一个工作室。传教团学校的课程包括了《圣经》和基督教教义的教学，此外它们还传授读、写、算以及建筑、农耕、木工、制砖等技能。德国天主教会的修女还在贝蒂人中教女孩有关家政和保健等方面的知识。到德国在喀麦隆的殖民统治结束前，许多年轻的喀麦隆人在传教团学校接受了或正在接受教育。与伊斯兰教育或传统教育相比较，传教团学校教育更为正规。它们由海外的传教团集中监管。传教团学校的毕业生活跃在宗教、行政、教育和商业等领域。

显而易见，传教团在喀麦隆办学的主要目的是为了让喀麦隆人皈依基督教。但是在德国殖民地，它们同时还承担着传播德国文化和德语的职能。为鼓励基督教传教团继续从事教育活动，德国殖民政府在喀麦隆引入了一项制度，即为传教团学校，特别是那些按照官方规定的课程组织教学，传授德语的学校提供财政补助。为此，专门创立了"德语教学基金"。此外，传教团学校还安排了通识教育和实用技能教育。

为了更好地维系殖民统治，德国殖民政府逐渐地直接涉足学校教育，开始为喀麦隆人创办世俗学校。这些学校在教育目标、教学方法以及代表的权威等方面都不同于传教团学校。这在喀麦隆的教育发展史上具有里程碑的意义。不过，德国殖民政府对教育直接涉入一直是有限的。

1886年，阿道夫·沃尔曼，一名在喀麦隆从事商业活动的德国人，提出了一个教育方案。沃尔曼向当时的德国首相奥特·冯·俾斯麦建议，应该向学生传授算术、德语的读写、基督教教义、农艺等方面的知识。沃尔曼的设想符合在喀麦隆的德国商人的需要，因为他们在开展商业和农业活动时，需要得到受过教育、会说德语的喀麦隆人的协助。此外，在德国殖

---

① Jacob A. Ihims, A Century of Western Education in Cameroon: A Study of Its History and Administration (1844—1961), p. 19.

民统治时期，喀麦隆的行政管理在很大程度上是由德国商人承担的。因此，在这方面同样需要培养这样的喀麦隆人。

在像阿道夫·沃尔曼这样的德国商人的推动下，行政当局在杜阿拉（1888 年）、维多利亚（1897 年）、雅温德（1904 年）和加罗瓦（1906 年）等地相继开办了学校。到 1912 年，四所学校共有 833 名学生。这批学校从本质上来说具有实验性质，德语课的教学计划在很大程度上不符合喀麦隆的状况。除了德语的读写外，课程还包括计算、宗教教育和农艺。

德国殖民当局对职业技术教育表现出一定的兴趣。1910 年，殖民政府在维多利亚，即现在的林贝创办了一所农业学校，其目的是向毕业于公立和教会小学的学生传授农艺。入校的学生必须与政府签订协议，在校学习两年，毕业后为政府服务五年。如果学生中途辍学，必须向政府补偿性地支付每年 200 马克的费用。之后，德昌和雅温德也相继开办了农业学校。1913 年，又在布亚建立了技工工场，为国有和德国人的种植园培养熟练技术工人。而在维多利亚和杜阿拉，则开办了两所商业学校。此外，在维多利亚和布亚分别有一所提供学制为七年，为政府和商业机构培养合格文书的文书学校。

为了推进德国在喀麦隆的殖民政策，殖民当局还选送喀麦隆人到德国接受教育。这些前往德国深造的年轻的喀麦隆人大部分来自喀麦隆南部，特别是杜阿拉的特权阶层。无论是对于学生的家长，还是对于殖民当局来说，这种继续教育是有益的。家长希望他们的孩子在学成归来之后能在行政机构中谋得一个重要的职位，从而享有更高的社会声望。而殖民当局希望这些年轻的喀麦隆人能帮助它促进殖民政策的推行。结果令殖民当局感到失望，因为大多数在德国接受了教育的喀麦隆人最终成为反德国殖民统治者。

到了 20 世纪初，德国政府开始试图建立一个官方的教育体系。1907 年，在总督塞兹（Seitz）的主持下，在杜阿拉召开了第一次教育会议。会议的主要目标是制定喀麦隆的教育政策，拟定标准课程。会议讨论了很多问题，最后决定在学校中减少杜阿拉语的使用，加强德语的教学与应用；建立一个考试委员会，确保所有学校的德语教学达到一定的标准；加强算术、喀麦隆地理以及与儿童的生活环境相关的学科教学。此外，会议还提出了一个学制为五年的初等教育方案，并就课程、纪律、入学资格提出了要求。

1910 年 4 月 25 日，塞兹颁布了一个重要的教育法令，重申和坚持1907 年教育会议所提出的教育原则。其中主要涉及以下四个方面的内容：

（1）德语是学校唯一的教学语言；（2）在小学教学计划中规定要求掌握的最低限度的知识；（3）初等教育为义务教育，学制五年；（4）向传教团学校提供补助金，条件是它们教授德语和德国文化。

但是，1910 年教育法在传教团学校的推行中存在相当大的困难。这主要是由于许多传教团学校没有制定德语教学计划，而像巴塞尔传教团开办的学校则普遍采用方言作为教学语言。1911 年，殖民当局修订了发放补助金的条件，改为按照通过官方组织的德语考试的学生人数来发放补助。

1913 年 4 月 25 日，塞兹又颁布了一个重组公立和私立学校的法令。法令规定，初等教育为义务、收费和学制为五年的教育，获得初级毕业证书的小学毕业生有资格受雇于公共和私营经济部门。

在 1913 年，德国殖民政府还计划在埃迪、克雷比（Kribi）和恩孔萨巴（Nkongsamba）分别创办一所新的学校。1914 年，殖民政府当局为创办六所新的小学和一所中学制定了预算。可惜，所有这些计划都被第一次世界大战的爆发而打断了。

显然，德国殖民统治时期的教育体系是为在喀麦隆的德国商人和殖民当局服务的。为学校提供财政支持和雇佣毕业生是殖民政府控制教育和施恩于殖民地受过教育的年轻人的主要手段。强调德语的教学是其教育政策的主要特点之一。根据 1913 年的教育法令，学校德语的教学时间是每周 20—35 学时。德国殖民当局希望通过德语的教学来培育喀麦隆人对德国的文化和政治认同。鼓励职业教育，特别是农业和商业教育是其教育政策的另一特点。德国殖民统治者希望通过职业教育，使喀麦隆人学会如何"正确地运用手、手臂和眼睛"。

第三节　法国殖民统治下的教育

在一战期间，喀麦隆的教育一度中断。第一次世界大战后，法国和英国统治了今天的喀麦隆，其中英国统治了毗邻尼日利亚的西喀麦隆地区，法国则统治了占喀麦隆总面积五分之四的东喀麦隆地区。

1925 年 5 月，法属赤道非洲总督安托内蒂（Antonetti）发布了"第 8 号公告"，清晰地阐述了法国在非洲殖民地的教育政策。这个公告的主旨是重组法国赤道非洲殖民地的教育，使之层次分明，每一层次的教育都有明确规定的内容和职能，以改变随意、混乱的状况。1944 年，在布拉柴维尔会议上，法国具体讨论了教育在赤道非洲殖民地的作用，勾画了它的基本政策：大众教育与精英教育相结合；男子教育与女子教育并重；以法语作为所有学校的教学语言，禁止使用方言进行教学；普通教育与职业技术教育并重。二战结束后不久，法国设立了海外殖民地经济和社会发展投资基金。随着这个基金的设立，教育的重要性再次被强调。1948 年，法国海外殖民地现代化委员会发表了第一个教育报告——"法国海外殖民地教育总体规划"。规划提出教育的发展要适应经济的发展，要重视教育的普及和实用技术的教育，重视本土师资的培养，加强中等教育和高等教育的发展。规划连同上述两个文件为法国赤道非洲殖民地，包括喀麦隆教育的发展奠定了基础。

尽管法国非洲殖民地的教育政策在不同的时期有所不同，但是四个主要特征在整个殖民统治时期是保持不变的。第一，在殖民地的所有学校中，普遍使用法语作为教学语言。第二，并不期望培养一个没有工作的、受过良好教育的精英阶层。第三，在小学中极为重视农业和职业训练。第四，以法国国内同等的标准选拔接受学术性中等教育的学生。

法国在非洲的殖民教育政策的主要目标是传播法国的语言、文化和文明，喀麦隆也不例外。在委任统治和托管时期（1916—1960 年），法属喀麦隆教育方面的规章制度都是由殖民政府的最高首脑——法属喀麦隆专员发布实施的。1938 年 11 月 2 日颁布的第 168 号专员公告是其中最为全面的。这一公告就校舍的选址、建设和维护，学区负责人的职责、法语的教学以及公共教育计划其他方面的内容做出了明确的规定。在托管统治时期（1946—1960 年），法国在喀麦隆教育政策的主要目标是：第一，为所有学龄儿童提供初等教育；第二，为实现教育的普及，加快教师的培训；第三，选拔最优秀的小学生接受中等普通教育和技术教育；第四，选拔少数最有教养的喀麦隆人接受继续教育，以改变他们的传统生活方式，并向自己的人民传播所获得的文明和文化；第五，在公立学校中实施免费的初等教育。为实现上述目标，法国殖民政府从 20 世纪 50 年代初开始加大了对教育的投入。例如，1958 年，教育预算占总预算的 14%，1960 年占 16%。在 1960 年的财政预算中，公共教育管理预算为 700 万非郎，公共教育补助 70 万非郎，私立教育补助 18.7 万非郎。

同化政策趋向于建立高度中央集权的行政管理体制。法属喀麦隆的教育一方面直接受宗主国的控制，另一方面以宗主国的教育管理体制为模本建立了高度集权的教育管理体制。1921 年，根据有关命令，法属喀麦隆实行学区制，全国被划分为若干个学区（1921 年为 4 个，1938 年为 10 个）。同一年，法属喀麦隆设立了在一名教育督察领导下的独立的教育部。它负责控制整个公共教育系统，并监管所有私立教育机构。这是喀麦隆教育发展的重要一步。经过 1947 年和 1953 年的两次重组，教育部内部的结构和组织变得更为完善，分工变得更为细致。在 20 世纪四五十年代，又设立了技术教育巡视员、北喀麦隆教育巡视员等职位和专门负责教学服务和教育统计的办公室，以及喀麦隆教育常设委员会和高级教育咨询委员会等机构。教育行政管理机构的完善，使得殖民政府对喀麦隆教育的控制变得更为严密。1957 年 4 月 16 日，法国总统签署喀麦隆实现自治的法令。这在喀麦隆政治史上具有里程碑的意义，对于喀麦隆教育来说，同样具有重要意义。此后，喀麦隆自治政府和立法议会开始自行负责教育事务。1957 年 5 月，建立了国民教育部，文森特·阿恩达（Vinsent Ahanda）出任部长。

加强法语的教学是法国在喀麦隆的教育政策的首要目标之一，其目的是使受教育者能用法语进行思考，接受法国的文明。早在 1916 年 8 月 29 日，法属喀麦隆殖民政府就提出了一个法语教育方案，强调法语口语的教育。1917 年 9 月 8 日，又发布了一个命令，这个命令规定了私立小学学生考试的内容，以确保这些学校的法语教学。法语考试的成绩成为政府资助传教团学校的重要依据。由于战争，这些教育方案和命令的执行受到了影响，但是其基本精神在战后被延续下来。1924 年，法语成为法属喀麦隆唯一的教学语言，方言被禁止使用。1938 年的第 168 号专员公告重申法语的教学是"最重要的教学目标"。

在法属喀麦隆，传教团学校同样是整个教育体系中重要的组成部分。法国从德国那里接手喀麦隆的统治后，法国传教团也接管了德国传教团在喀麦隆的教育和宗教活动。对于传教团在喀麦隆的教育活动，一名法国专家说："总的看来，当缺乏官方的、清晰组织起来的教育机构时，传教团起了重要的辅佐作用（也就是有益的辅助作用）。它们能够继续提供重要的服务。"[1] 传教团学校的首要教育目标是传播基督教，而使用喀麦隆方言比使用法语更容易达到这一目标。在殖民政府看来，这与传播法国语言、文化的根本教育目标不完全一致。因此，殖民政府加强了对传教团学校的管理，规定未经政府的批准，传教团不得开办学校；传教团学校除非用法语教学，才能得到政府的正式批准；所有的私立学校必须遵守政府有关课程设置和入学年龄的规定；私立学校教师，无论是白人教师还是本土教师都必须具有政府规定的资格证明；

---

[1] 转引自 Jacob A. Ihims, A Century of Western Education in Cameroon: A Study of Its History and Administration (1844—1961), p. 115。

要求所有传教团学校建立教育控制体系；要求传教团学校校长严格控制学生的就学；传教团学校校长的任命需经法属喀麦隆共和国专员的批准。为了进一步加强对喀麦隆教育的全面控制，殖民政府要求所有学校必须参加由政府组织的考试，所有考试使用法语。为了加强传教团与政府之间的合作，1924 年，又建立了一个由官方代表和各传教团代表组成的学校委员会。尽管政府为控制传教团学校制定了许多规定，但是在法属喀麦隆，获得官方批准的传教团学校始终数量有限。例如，1932 年，获得官方认可的传教团学校有 70 所，而未获得认可的有 900 所。1938 年，这两个数字分别为 85 所和 300 所。[①] 究其原因，主要是因为大多数传教团学校法语教师匮乏，因此难以达到官方的要求。对于未达到官方要求的传教团学校，殖民政府持宽容甚至合作的态度，因为这些分布在城乡中的学校可以成为传播法国语言、文化和文明的良好渠道。为了尽可能达到官方的要求，达到政府资助的标准，美国长老会传教团、法国新教传教团等开办了自己的教师培训机构，以解决师资这个"瓶颈"。

　　法国殖民政府继承了德国的殖民教育政策，继续给予传教团学校资助。最初只有获得政府认可的传教团学校可以得到资助，而在 1920 年以后，调整为按照通过政府组织的小学毕业统考（the First School Leaving Certificate Examination）的成绩进行资助，资助标准是每名学生 150 法郎（合 15000 非郎）。通过这一资助政策的调整，所有的学校，包括未获得政府认可的传教团学校都享有了资助的可能。1924 年，政府又实施了两项新的资助政策。一项是对传教团学校以每 20 名学生 150 法郎的标准予以资助，条件是学校要有一名合格的教师从事法语教学；另一项是传教团学校学生如果考入雅温德师范学校，每名资助 300 法郎。此外，在 1926—1928 年间，天主教传教团、法国新教传教团和美国长老会传教团每年从政府那里分别获得 8000 法郎、6000 法郎和 6000 法郎的资助。之后，每个传教团按照获得政府认可的学校的数量获得官方的资助。在托管统治时期，殖民政府继续实施资助政策，但资助项目调整为四类：一是资助学校设备的更新和维修；二是每月为具有官方要求的任职资格的小教师提供工资补助；三是资助校舍建设；四是给获得官方认可的私立小学和中学的校长提供津贴补助。总的来说，政府对传教团学校的资助数额有了很大的增长。1937 年，传教团学校每年获得的官方资助为 116000 法郎（合 11600000 非郎）。

---

① Jacob A. Ihims, A Century of Western Education in Cameroon: A Study of Its History and Administration (1844—1961), p. 117.

1947 年，官方补助总额达 75000000 非郎，1957 年为 335300000 非郎。[①]

法属喀麦隆有三种类型的学校教育：初等教育、中等教育和技术教育。初等教育具有两个功能，一是为接受中等教育做准备，二是提供基础教育。根据这两种功能，法属喀麦隆的初等教育提供两种课程，一种是适应城市生活的课程，一种是适应喀麦隆人生活背景，即农村生活的课程。从 1916 年开始，初等教育的教育年限延长，到 1945 年初等教育的教育年限为 6 年。在初等教育阶段，学生复读不能超过两次。所有课程集中于法国对文明的贡献。小学可以分为几个层次，其中第一层次的小学面向农村，不颁发任何证书。1953 年制定的法属喀麦隆第二个 4 年发展计划，提出扩大实施免费初等教育以提高入学率。1957 年，国民教育部将提高教育质量，扩大教育机会，特别是女童和喀麦隆北部地区的教育机会作为自己的目标。在独立前夕，法属喀麦隆共有 977 所由政府开办的小学，这些学校共招收了 151635 名学生（见表 2 - 2）。

表 2 - 2　　　　　　　法属喀麦隆公立初等教育的发展[②]

年份	学校数	班级数	学生总注册人数	教师人数	
				欧洲教师	本土教师
1947	137	326	18600	49	320
1948	157	353	19077	43	322
1949	168	385	21332	59	419
1950	181	467	26682	129	419
1951	181	533	28594	97	443
1952	203	738	40181	118	606
1953	364	946	48258	146	907
1954	429	1190	60127	150	1082
1955	520	1331	69254	170	1415
1956	583	1430	79363	120	1506
1957	649	1659	89309	N. A.	N. A.
1958	728	1933	103077	N. A.	N. A.
1959	821	2177	112562	N. A.	N. A.
1960	910	2621	137054	N. A.	N. A.
1961	977	2888	151635	N. A.	N. A.

① Jacob A. Ihims, A Century of Western Education in Cameroon: A Study of Its History and Administration (1844—1961), pp. 120、144.

② 转引自 Jacob A. Ihims, A Century of Western Education in Cameroon: A Study of Its History and Administration (1844—1961), p. 134。

　　在法国殖民统治下的喀麦隆，中学数量可谓寥寥无几（见表2-3）。第一所真正意义上的中学——古典与现代中学创办于1945年的雅温德。在1945—1946学年，创办了杜阿拉女子现代中学和恩孔萨巴现代中学。此后在1952、1953年分别创办了杜阿拉古典与现代中学和加鲁瓦中学。中等教育的教学计划和结构都移植了法国的模式。课程内容宽泛，有一些直到今天还保留了下来。中学学制6—7年，毕业考试分为A、B、C、D和E五个系列，每个系列有不同的考试科目，毕业考试结果放在法国波尔多统一评分。从表2-3中可以看出，在独立前夕，中等教育机构增长显著。这在一定程度上反映出刚刚实行自治的喀麦隆民族为其年轻人扩大教育机会的决心，同时表明喀麦隆人逐渐意识到了教育的解放作用。

表2-3　　　　　　　　法属喀麦隆中学学生注册人数①

年份	学校数	学生注册人数
1947	3	704
1951	3	908
1956	5	1479
1961	20	4742

　　从学龄儿童的入学率来看，法属喀麦隆的教育水平在非洲法语国家中属于前列。在1946—1960年间，喀麦隆小学、中学和职业学校的在校学生人数增加了两倍。不过，在地区和性别之间存在明显的不平衡。1960年，在法属喀麦隆的南部，男孩的小学入学率几乎达到了100%，而女童实际入学率只有27%。南部较高的入学率与这一地区经济相对发达有关。在经济落后的北部穆斯林地区，男童和女童的入学率分别为36%和2%。②

表2-4　　　　　　1946—1960年东喀麦隆在校学生人数③

年份	总在校学生人数	女生比例（%）	学龄儿童入学率（%）
1946	114722	14.7	
1951	159485	14.0	26

　　① Therese Mungah Tchombe, Structural Reforms in Education in Cameroon, p. 8. http：//www. unifr. ch/ipg/ecodoc/conferences/DocuPDF_Conf_Inter/Tchombe. pdf

　　② Helen Kitchen ed., The Educated African：A Country-by-Country Survey of Educational Development in Africa, Frederick A. Praeger, 1963, p. 522.

　　③ 转引自 Helen Kitchen ed., The Educated African：A Country-by-Country Survey of Educational Development in Africa, pp. 521—522。

年份	总在校学生人数	女生比例（%）	学龄儿童入学率（%）
1954	180006	24.4	39
1957	278889	27.3	58.9
1958	303966	28.6	64
1960	342813	30.0	63

入学率的提高离不开对教师教育的发展。在 1956 年前，法属喀麦隆共有 6 所公立教师培训学院，以及由志愿组织（主要是传教团）开办的 5 个师范班和 2 所私立教师培训学院。此外，从 1955 年开始，政府还每年派遣政府奖学金获得者到法国接受教师培训。尽管如此，面对教育需求的不断高涨，师资在数量和质量上的不足问题不断恶化。独立之初，公立学校大约 72% 的教师是小老师。私立学校的状况更为糟糕。例如，1962 年，原法属喀麦隆的 82% 的私立学校教师只有初级毕业证书。1963 年，根据联合国教科文组织规划代表团的报告，原法属喀麦隆 76.4% 的公立学校教师没有接受过专业训练。[①] 此外，在独立前，法属喀麦隆没有一所中学师资培养机构，几乎所有的合格中学师资都是来自国外，主要是法国。

法国统治下的喀麦隆没有高等教育。学生要想接受高等教育，只能到海外，特别是法国求学，其中优秀的学生可以获得留学法国的奖学金。1961 年，有 504 名喀麦隆人获得了留学法国的奖学金。在 1957—1959 年，喀麦隆是非洲国家中获得法国奖学金最多的国家。对于喀麦隆国内缺乏高等教育的机会，法国统治者不以为然，他们并不认为有必要在喀麦隆提供这样的机会。此外，他们也不想将方言纳入学校的教学活动中。在他们看来，法语和法国文化具有统一的力量和广泛的适用性。毫不奇怪，留学法国的喀麦隆人回国后自然成为社会精英阶层中的一员。

在法国殖民统治时期，喀麦隆所有的教学计划和相关的考试都与法国本土一致。殖民政府的理由是，"要想培养出与欧洲相同类型和层次的非洲干部，必须让他们接受相同的训练"。法属喀麦隆的考试制度采用了与法国本土相同的标准，20 分制的评分法甚至沿用至今。

---

① Jacob A. Ihims, A Century of Western Education in Cameroon: A Study of Its History and Administration (1844—1961), p.141.

第四节　英国殖民统治下的教育

英属喀麦隆与尼日利亚（同样属于英国殖民地）接壤，为便于行政管理，英国将自己的喀麦隆殖民地直接纳入到尼日利亚殖民当局的管理之下。同时，又将英属喀麦隆划分为北喀麦隆和南喀麦隆，前者直接隶属于尼日利亚的北方省。因此，英属喀麦隆的教育历史与行政管理和尼日利亚的教育历史与行政管理紧密地交织在一起。这种状况一直持续到1961年经过全民公决，南喀麦隆与原法属喀麦隆合并为止。

1925年、1935年、1944年和1948年，英国政府曾先后提出过四个备忘录，清晰、全面地阐述了英属非洲殖民地的教育政策。1925年提出的备忘录——《英国热带非洲教育政策》被视为英国热带非洲殖民地西式教育的"基石"，而1935年的《非洲社区教育备忘录》、1944年的《非洲社会民众教育》和1948年的《公民教育》这三个备忘录则强调了不同的方面。在《英国热带非洲教育政策》这一文件中，英国政府提出鼓励教育志愿组织的活动，同时加强对它们的控制，确保它们遵守政府的相关政策和规章制度；政府密切与其他教育机构的合作；教育要适应教育对象的要求；重视宗教和道德教育；为传教团学校提供财政补助；鼓励方言和教科书的研究；培养当地的教师；建议实施家庭访问教师制度；加强对教育体系的监管；重视技术培训和职业教育；关注女童教育。上述这些文件和政策对于英属喀麦隆的教育活动来说同样具有指导意义。

从1924年开始，英国殖民政府试图在喀麦隆建立统一的教育制度，为此就教科书、课程、课程表、学校的开办等制定了相应的规章。特别是在二战之后，英国政府加强了对包括喀麦隆在内的非洲殖民地教育的直接干预。比如在南喀麦隆，在20世纪50年代先后建立了南喀麦隆教育委员会、教师教育和工艺训练咨询委员会及其下属的专业委员会以及家长教师协会等机构和组织，从而使政府对教育事务的监管、指导大大加强。但是，总的来说，英国殖民政府并没有为喀麦隆提供充足的资金，以实现自己所提出的教育目标。相反，它竭力将教育责任推卸给传教团、地方政府和学生家长。

在喀麦隆，英国最初延续了德国的政策，将教育的事务主要交给传教团来办理。因此，一战期间一度离去的传教团又重返喀麦隆，重建学校。它们的活动集中在维多利亚、库姆巴、马费、巴门达、乌姆、恩卡姆贝等城镇。其中巴塞尔、天主教和浸信会传教士的活动最为活跃（见表 2 – 5）。随着学校数量和学生人数的不断增长，传教团学校设备简陋，师资不足，组织随意的问题逐渐暴露出来。那些达到政府相关要求的传教团学校得到政府的财政补助，政府拨给传教团学校的补助从 1926 年的 185 英镑增加到 1938 年的 2260 英镑。获得补助的传教团学校必须接受政府的监管，但对于那些资金不足的传教团学校来说，政府的补助是它们得以维持学校有效运转的重要资源。

表 2 – 5　　南喀麦隆各教派创办学校和招收学生的数量（1928—1937 年）

年份	巴塞尔传教团		罗马天主教		浸信会传教团	
	学校数	学生数	学校数	学生数	学校数	学生数
1928	255	5845	4	310	18	294
1929	193	4801	6	625	2	101
1930	160	4266	6	690	15	379
1932	153	3490	8	756	15	459
1933	117	3390	7	944	14	558
1934	124	3717	8	987	16	807
1935	136	4369	15	1389	15	647
1936	154	4929	39	2327	17	751
1937	161	6067	46	2589	20	884

资料来源：英国给国联的年度报告①。

在二战后，英国殖民政府试图在"控制、效率和社会有效性原则"的基础上建立新的补助制度。通过对合法志愿机构的重新界定，政府加强了对传教团学校以及其他世俗志愿机构创办的私立学校的控制，确保这些学校达到一定的效率和社会有效性的标准，保护公众的教育利益。随着政府对教育事务直接干预力度的加强，教育补助金的总额也不断增加。1952 年，教育补助金总额为 66300 英镑，1959 年提高到 277600 英镑。

在英属喀麦隆，除了传教团学校之外，还有为数不多的，由殖民政府间接或直接管理的学校。1922 年，在南喀麦隆创办了第一所由地方管理的学校（Native Administration School，简称 N. A. 学校）。这种学校的管理模式是从尼日利亚输入的，是英国在非洲殖民地所实行的间接统治制度的一个组成部分。到 1937 年，英属喀麦隆共建立了 19 所此类学校。殖民当局

① 转引自 Jacob A. Ihims，A Century of Western Education in Cameroon：A Study of Its History and Administration（1844—1961），p. 3。

发展此类学校的目的是为了满足人们对学校的迫切需求，但是由于 N. A. 学校的课程缺乏对儿童的需要和生活环境的考虑，主要面向幼儿，同时缺乏合格的师资，教学质量不高，再加上语言问题和学费问题，使得民众对 N. A. 学校的兴趣逐渐消退，以至于其发展速度未能达到殖民当局的预期。尽管存在这些问题，英国殖民当局仍竭力推动开办更多的 N. A. 学校，为此采取了一系列的措施，例如，建议地方行政当局在 N. A. 学校中开设初级班，任命当地的人担任学校校长，使用方言作为教学用语，为购买教科书和教学设备提供经费，定期视察学校等。尽管这些措施没能使 N. A. 学校的招生人数增加，但使学校的基础设施和组织管理得到了显著的改善。

此外，英国殖民政府还在南喀麦隆开办国立小学。1919 年，一度达到 10 所。但是在 1922 年之后，殖民政府试图将国立小学建设成示范学校，于是将建设重点从数量转移到质量上。结果，国立小学的数量在 1923 年下降到 6 所，1934 年进一步下降到 5 所。由于政府的支持，国立小学在基础设施和师资等方面都优于传教团学校和 N. A. 学校。

在英属喀麦隆教育发展过程中，不仅面临着财政上的困难，同时还面临着合格师资严重不足的问题。英属喀麦隆早期的师资主要来自尼日利亚和西方国家。在两次世界大战期间，师资问题尤为尖锐。在 1925 年的备忘录——《英国热带非洲教育政策》中，曾明确提出"一个完好的教育体制取决于教师的培训，这个问题应该引起重视"。同一年，维多利亚（即现在的林贝）出现了一个附属于国立小学的师范班，首批学生包括 8 名男生和 2 名女生。1927 年，其中两名学生顺利完成学业，成为南喀麦隆最早自己培养的小学教师。师范班的成功鼓励了政府采取完全在本土培养小学教师的政策。1932 年，在师范班的基础上，殖民政府在卡科（Kake）创办了小学教师培训中心，学制 3 年。1935 年，又创办实习学校。与师范班相比，教师培训中心的规模更大，而且它将自己的教育目标定位为使本土的非洲教师更好地适应农村生活。但是小学教师培训中心培养教师的能力仍然有限（培养能力每年为 12 名，共 36 名），而且由于要求高，所以并不是所有的学生在毕业后都能获得教师资格。例如，1935 年的第一届毕业生中只有 5 人获得小学教师资格证书，5 人获得单科任教资格。传教团学校师资需求最大，但它们从小学教师培训中心接收的师资数量却最少。面对这种情况，巴塞尔传教团、罗马天主教传教团和浸信会传教团在 20 世纪 40 年代以后开办了各自的师资培训机构，以解决这个教育发展的瓶颈问题。

英属喀麦隆的初等教育获得了平稳发展，特别是二战之后（见表

2-6）。与传教团学校的教育一样，英属喀麦隆初等教育的最初两年使用方言教学，此后逐渐输入英语，并最终在政府开办的学校中禁止使用方言教学。英国殖民政府延续了德国统治时期教育非免费的政策，学生缴纳的学费是教育财政的重要来源之一。此外，英国殖民政府在 1949 年开始征收教育税。通过学费和教育税制度，英国殖民政府将教育的财政负担分解到地方和学生家长，从而减轻了自己的直接责任。在英国殖民统治时期，英国的考试制度也被移植到喀麦隆。在小学教育的每个阶段都会通过考试来决定是否允许学生进入下一个教育阶段。小学学制 8 年，学生在结业前要参加初级毕业证书考试（the First School Leaving Certificate，简称 F. S. L. C.）。这个证书是在公共和私营部门就业的最低条件，也是接受中学教育和教师教育的晋身之阶。

表 2-6　　　　　　　　　英属喀麦隆初等教育的发展①

年份	学校数	学生注册人数
1947	229	25200
1951	266	28960
1956	385	46754
1961	499	86257

在统治喀麦隆的 40 年里，尽管许多地区要求开办中等教育的呼声很高，但是英国殖民政府没有在喀麦隆创办过一所中学。这可以说是英国喀麦隆教育政策的一个黑点。在 1939 年之前，英属喀麦隆没有一所中学。大多数学生前往尼日利亚接受中等教育。1939 年，天主教传教团在维多利亚开办了英属喀麦隆的第一所中学——圣约瑟夫学院。1949 年，巴塞尔传教团在巴里（Bali）开办了第二所中学，这是一所全部招收男生的新教学校。1957 年，天主教传教团又率先在马费（Mamfe）的奥克永（Okoyong）开办了第一所女子中学——玫瑰女王学院。以上三所学校是英属喀麦隆仅有的三所中学，直到独立与原法属喀麦隆合并以后，这一地区的中等教育才有了新的发展（见表 2-7）。这些中学都围绕剑桥学校证书和西非学校证书考试确定的课程提纲进行教学。中学和教师教育学院学制 5 年，职业学校学制为 4 年。

---

① Therese Mungah Tchombe, Structural Reforms in Education in Cameroon, p. 9. http：// www. unifr. ch/ipg/ecodoc/conferences/DocuPDF_Conf_Inter/Tchombe. pdf

表 2 - 7　　　　　　　　　　**英属喀麦隆中等教育的发展状况①**

年份	学校数	学生注册数	教师数
1947	1	130	9
1951	2	322	21
1956	3	468	28
1961	6	903	不详

英属喀麦隆没有高等教育机构。不过，英属喀麦隆的学生可以进入尼日利亚的高等教育机构接受文科、理科和工科的教育。获得政府资助的英属喀麦隆学者可以进入英国、美国等国的大学进行深造。大多数在国外接受高等教育的西喀麦隆人得到了尼日利亚、英国和美国政府的资助。

法国和英国统治下的喀麦隆教育有很多不同。英国的教育体系强调专业教育，而法国的教育体系重视普通教育。在法国统治下的地区，对教育事务实行中央集权控制，而英国统治下的喀麦隆的教育则控制在尼日利亚政府手中，并重视吸收传教团等社会团体以及地方政府参与学校教育的发展。然而，无论是在法属喀麦隆还是在英属喀麦隆，传教士在教育中都继续扮演着重要的角色，他们的教育活动极大地减轻了政府在学校教育事业中所承担的财政和师资方面的压力。例如在法属东喀麦隆，传教团学校吸纳了三分之二的学生。而在西喀麦隆，传教士的作用更为突出。不过，他们开办的学校在课程设置等方面也必须遵守殖民当局的相关政策。

总的来说，英属西喀麦隆的教育是由志愿机构和政府开办的学校的混合物。其中政府和传教团的利益达到了某种平衡，也就是说，学校教育既服务于官方的目的，也服务于传教团的目的。政府规定学校教育的最低标准和核心课程，传教团拥有传播宗教的自由。

第五节　殖民主义教育的遗产

德国、法国与英国在喀麦隆所实施的殖民教育有着殖民教育的普遍特征，它们的主要目的有三点：同化、强化殖民者的优势意识和培养一个作

---

①　参见 Jacob A. Ihims, A Century of Western Education in Cameroon: A Study of Its History and Administration (1844—1961), p. 74。

为统治者及被统治者之间的中间阶层。①

　　到喀麦隆开办学校的西方传教士是带着一种对黑人先入为主的成见和西方文明的优越感来的。在他们看来，非洲人是野蛮的、不信奉基督教的、原始的、落后的，因此不同于欧洲人。"对于殖民主义来说，这个辽阔的大陆到处是原始人，一个充斥着迷信和狂热的国家注定遭人蔑视，饱受上帝的诅咒。"殖民地的行政官员同样带着种族主义的偏见。在小学和中学里，大量讲授西方文明的辉煌，而非洲人则被贴上野蛮人的标签，非洲大陆被描述为一个将被文明的车轮碾过的地方，因此任何有关非洲的知识没有一点值得学习。西方列强在非洲的殖民教育体系试图摧毁非洲的文化，以往的暴行，如奴隶贸易、欧洲各国对非洲的征服，被殖民地的教师描绘成是正当的。年青一代的非洲人对海外非洲人的生活和贡献知之甚少。

　　与其他非洲国家一样，在殖民统治时期，喀麦隆的学校重视西方语言、西方文化、历史、地理以及基督教的教学。死记硬背是唯一的学习方法，学生不知道如何发展批判和分析能力。对于殖民地时期的非洲教育，一名学者是这样评论的："在殖民教育的内容与非洲的现实之间，有一些矛盾是不可调和的。在一些位于热带的非洲学校中，在炎热的下午，一班长得黑黝黝的学生聆听着他们的地理课——春、夏、秋、冬。他们学习有关阿尔卑斯山和莱茵河的知识，而对北非的阿特拉斯山或赞比西河一无所知。如果是英国殖民地的学生，他们要忠实地书写'我们在 1588 年打败了西班牙的无敌舰队'——而就在这一年，霍尔金斯正在偷猎非洲人，并因此被伊丽莎白女王封为爵士"。② 像这名学者一样，喀麦隆小说家蒙哥·贝蒂（Mongo Beti）也对殖民地时期学校的教学内容提出了批评："摆在他们（学生）面前的书所呈现的世界与他们所知的世界没有任何共同之处，他们不断地与这个未知的世界展开斗争，惊讶、绝望、害怕。"③

　　殖民教育体系鼓励精英政治，它不是为教育民众而设计的，它关注的只是少数通过选拔的喀麦隆人。成功的学生经过教育会成为殖民政府的一名职员。对于非洲殖民教育所存在的问题，约翰·马拉（John K. Marah）写道："非洲的西方教育不仅令非洲的年轻人对他们的非洲英雄人物一无所知，而且令他们脱离了他们的农业背景。在学校，当他们受到惩罚时，

---

　　① John Southard, What is colonial education? 1997 fall. http：//www. dns-tvind. dk/sis/what_is_colonial_education. htm

　　② Walter Rodney, How Europe Underdeveloped Africa, Howard University Press, 1982, pp. 246—247.

　　③ 转引自 Julius A. Amin, The Peace Corps in Cameroon, Kent State University Press, 1992, p. 122。

就会被派去到学校的花园挖土，捡校园里的垃圾⋯⋯这让非洲学生认识到，耕作和体力劳动是一种惩罚形式，是用以惩罚那些违反规定的人，而不是农业社会中必然存在的事情。而且，教师总是穿西式的服饰，打领带，双手光滑，显示生活悠闲。非洲学生因此将西方教育等同于一种未来的闲暇生活。此外，欧洲的殖民地官员首先是办公室的职员，他们常常成为模仿和从外表上效仿的对象，非洲的学生因此将自己视为未来某个现代化城镇或城市中的一名办公室职员。"①

对于殖民主义对前殖民地教育的影响，P. G. 阿尔特巴赫曾做过这样的概括：（一）导致本土传统的教育模式受到破坏，本土的文化受到忽视；（二）殖民教育强调人文学科的学习，特别是宗主国语言的学习，很少重视技术教育，即使有，也是为殖民统治官僚体制服务的；（三）殖民教育政策大多是精英式的，只有极少数人能够接受高等教育；（四）殖民政府建立学校的速度大多相当缓慢，许多殖民宗主国都限制高等教育的发展；（五）在大多数的发展中国家，即使已经获得政治独立，但是在教育方面的改革仍然相当缓慢，与殖民者建立的教育制度仍有着紧密的关系；（六）在许多发展中国家，仍然使用西方语言，这可以说是殖民教育影响最为重要的层面。特别是在精英阶层中，西方语言的影响尤其大，他们在智识方面与宗主国联系密切。殖民主义的这些影响在独立前与独立后的喀麦隆教育中同样存在。

当然，殖民教育的性质是双重的。就像马克思 1853 年在《不列颠在印度统治的未来结果》一文中所提出的殖民主义"双重使命"一样，殖民教育具有"破坏性"与"建设性"的双重属性。对于殖民地来说，殖民教育既是一种奴化教育，又是一种现代教育。它提高了殖民地人民的识字率，它培养了领导殖民地走向独立的精英阶层，等等。这些都是殖民教育现代性的表现。

对于喀麦隆来说，殖民教育的另一大遗产是，法国和英国对喀麦隆为期四十多年的分治为它留下了两套不同的教育体系。在这二元文化的体系中，有两种不同的教学语言，两种不同的学制，两种不同的课程体系和两套不同的考试制度和评价体系。这种二元体制就像是一把双刃剑，不仅成为独立后喀麦隆教育的特色，也给独立后试图走向全面统一的喀麦隆埋下了一颗麻烦的种子。

① John K. Marah, Pan-Africa Education: The Last Stage of Education Development in Africa, The Edin Mellen Press, 1989, pp. 114—115.

第三章

后殖民地时期的喀麦隆教育

独立和重新统一后，喀麦隆面临着维护和建设民族国家的艰巨任务。喀麦隆人民认识到高质量的教育对个人发展以及对国民发展的重大意义，因此把国民教育作为国家发展优先考虑的事务，并从每年的国家预算中为教育拨出了最大的份额。据联合国教科文组织统计，1961—1967 年间，喀麦隆每年都把国家预算的 20% 用于教育。经过十年的教育复兴与发展，到20 世纪 70 年代，喀麦隆已经形成了一个包括初等教育、中等教育、技术教育和高等教育在内的初具规模的教育体系。但八十余年三个西方国家殖民统治的经历给喀麦隆的教育留下了一份最持久的、最痛苦的遗产。[①] 在维护国家统一，增进民族融合，加强社会凝聚力的过程中，喀麦隆人不得不面对如何调和继承下来的多元教育体制和教育哲学问题，不得不对多元的教育体制与统一的民族国家的建设是否存在矛盾这样一个根本性的问题做出回答。为发展国民教育，喀麦隆的改革者采取了不同的策略。这些改革的本质是重建初等、中等和高等教育，重新解释喀麦隆的教育政策，消除殖民统治遗产的负面影响，以适应后殖民时代民族国家发展的需要以及应对日新月异的世界的挑战。

第一节　初等教育

像世界上的大多数国家一样，喀麦隆致力于确保所有的公民得到基本的教育。1996 年宪法规定，初等教育为义务教育。2000 年，喀麦隆共和国的总统又重申了这一政策，并且宣布初等教育是强制性的、免费的。这一政策的目的是保证每一名喀麦隆人实现自我和发展。具体地说，它的教育体制基于以下这些基本目标：个体的进步与自我发展、教育的民主化、社会的发展、双语主义、文化传统的宣扬、民族特性的认知以及促进民族的统一与团结。

---

① Julius A. Amin, Continuity and Change in Cameroon's Education: the Case of West Cameroon. *Journal of Asian and African Studies.* Vol. 29（1994）, pp. 248—259.

　　根据 1961 年制定的联邦宪法，高等教育、科学研究、外国的技术与财政援助以及中等教育由联邦政府负责管理。这也就意味着，初等教育由联邦制下的两个国家——东喀麦隆和西喀麦隆政府自行管理。二者在 1963 年分别制定了有关初等教育的法令。根据这两个法令以及联邦宪法，公立初等教育应该是免费的、平等的。由于实行地方管理，所以独立后喀麦隆的初等教育并没有实现统一，而是延续了殖民统治时期的体制。例如，法语区的初等教育学制一般为 6 年，英语区为 7 年。一直到 1998 年的教育法颁布后，法语区与英语区的初等教育学制才统一为 6 年。还有，二者的考试制度也不一样。英语区的初等教育有初级学校结业证书考试（the First School Leaving Certificate Examination），而法语区有相应的初等教育结业证书考试（Certificat Etude Primaires Elementaires，简称 CEPE）。考试制度的不同又影响了每个学校的教学内容和教学方法。

　　为了推动初等教育的发展，满足不断增长的人口对教育的基本需求，喀麦隆政府一方面争取世界银行、联合国教科文组织、美国国际开发署、联合国开发计划署、联合国儿童基金会等国际组织的支持，另一方面强调挖掘人力、物力和财力，依靠自身的力量实现初等教育的发展目标。经过努力，在独立之初的十年里，喀麦隆的初等教育有了很大的发展。以西喀麦隆为例，在 1972/1973 学年，共有 691 所小学，在校生 188974 人，入学率 60.3%，分别比 1961 年增加了 38.5%、119.1% 和 19.8%。[1] 从全国来看，1972 年，喀麦隆共有 2242 所小学，在校生 511789 人。[2] 之后，喀麦隆的初等教育继续保持稳步发展。

表 3-1　　　　　　　　　　　小学学生注册人数[3]

年份	学校数	学生注册人数
1970	1889	411537
1971	2178	485482
1972	2242	511789
1974	2383	594914
1976	2676	662519
1978	3078	798680

　　① C. Courade, G. Courade, Education in Anglophone Cameroon (1915—1975), National Geographic Centre, pp. 75、76.

　　② Therese Mungah Tchombe, Structural Reforms in Education in Cameroon, p. 10. http：// www. unifr. ch/ipg/ecodoc/conferences/DocuPDF_Conf_Inter/Tchombe. pdf

　　③ Ibid. , pp. 10 、12.

年份	学校数	学生注册人数
1980	3366	878686
1984	4102	1077340

　　世界银行的统计数据表明，喀麦隆的初等教育入学率从 1980 年的 98% 上升到 1987 年的 105%（喀麦隆小学入学年龄为 6—11 岁，但实际上有许多年龄低于 6 岁或高于 11 岁的儿童在小学就读，因此毛入学率与学龄儿童的净入学率实际相差很大）。而后由于经济危机的影响，毛入学率下降到了 1996 年的 86%。[1] 经济危机过后，随着经济状况的好转，初等教育入学率又平稳回升，在校生人数从 1995 年的 1873361 人增加到 2000 年的 2686052 人，也就是增加了 43.5%。[2] 但这种增长在很大程度上是由于这一时期人口的增加，因为小学净入学率在 1990—2001 年间仅仅提高了 1.6%（从 73.6% 上升到 75.2%）。[3] 1999 年喀麦隆政府取消初等教育的学费，实行免费教育。2000 年，又颁布了"教育发展策略"，决定加强极北省、北部省、阿达马瓦省等边远省份教育的发展。[4] 这些措施对于初等教育的普及起了积极的作用。喀麦隆初等教育毛入学率因此从 1999 年的 74% 提高到了 2006 年的 107%。[5] 根据当前的发展趋势，人们对喀麦隆于 2015 年实现《千年发展目标》中所确定的普及初等教育这个目标持乐观的态度。

　　一个国家教育的进步是由多方面因素促成的。从国家的角度来说，它离不开国家发展教育的意志与政策。从社会的角度来说，教育需求的扩大是教育发展的潜在推力，而其中人口增加又是导致教育需求扩大的重要因素之一。同时，教育发展的变动趋势还是一个国家经济状况的反映。喀麦隆独立之后最初二十年社会经济的稳步发展为初等教育的普及奠定了基

---

　　[1]　转引自 SAGA, Access to Schooling and Employment in Cameroon: New Inequalities and Opportunities, SAGA Working Paper, April 2004, p. 10。

　　[2]　SAGA, Access to Schooling and Employment in Cameroon: New Inequalities and Opportunities, p. 11.

　　[3]　Martin Tsounkeu, The Millennium Development Goals (MDGs) in Cameroon: How Far from the Target in 2005, p. 3. http: //www. commonwealthfoundation. com/uploads/documents/mdg_cameroon. pdf

　　[4]　这三个省是喀麦隆文盲率最高的省份。2001 年，喀麦隆 15—24 岁青少年非文盲率为 82.3%，而这三个省份分别为 41.3%、46.9% 和 57.3%。引自 Martin Tsounkeu, The Millennium Development Goals (MDGs) in Cameroon: How Far from the Target in 2005, p. 3。

　　[5]　UNESCO, Overcoming Inequality: Why Governance Matters? EFA Global Monitoring Report 2009, p. 305.

础。而 1987—1995 年所发生的经济危机期间喀麦隆初等教育的衰退也证明了二者之间的联系。再加上失业率的上升和教育回报率的下降，所有这一切对于喀麦隆初等教育的普及产生了消极的影响。

例如，在经济危机期间，为了减少财政支出，喀麦隆政府关闭了师范学校（1990—1995 年），冻结了教师的人事编制，削减了教师的工资，结果造成 20 世纪 90 年代中后期小学教师严重不足。1995 年，幼儿园、小学教师缺编 14000 人，2000—2001 学年，仍缺少 12040 名教师。[①] 在国家财政依然不充裕的情况下，为解决师资不足，政府临时招聘了大量的代课教师。这些教师的待遇与具有正式编制的教师的相差很大，但是往往缺乏教师教育方面的正规训练，不具备教师资格，教学质量难以保证。2004 年，这样的教师占小学教师总数的 31.5%。尽管工资很低，但是政府仍然时常拖欠工资。再加上政府迟迟没有制定让他们转正的政策，因此满怀失望的代课教师们在 2004 年举行了多次罢课活动。

对于发展中国家来说，在教育资源不足的情况下，提高教育系统内部的效率显得尤为重要。尽管喀麦隆小学入学率提高了，在校生人数不断增加，但其小学教育中所存在的高复读率和高辍学率显示了小学教育的效率和质量难以令人满意。尽管最近几年小学阶段复读率有了明显下降，但在 2004 年，它仍然超过南部非洲国家的平均水平，高达 25.1%。[②] 其中北部地区、农村地区和女童的复读率更为惊人。造成复读率居高不下的原因是多方面的，其中包括有些家长和教师存在复读可以提高学生个人表现这样的片面看法，同时也包括教育质量本身存在问题的因素。但无论是什么原因，复读都造成了教育系统成本的提高和资源的严重浪费，以至于降低系统的效率。

第二节　中等教育

与初等教育一样，独立与统一后的喀麦隆长期保留了法语区与英语区两种不同的中等教育体系。两种体系有着不同的学制、考试制度以及管理制度。法语区的普通中等教育学制 7 年，其中初中 4 年，高中 3 年。英语

---

① Martin Tsounkeu, The Millennium Development Goals（MDGs）in Cameroon: How Far From the Target in 2005, p. 10.

② 喀麦隆教育数据，见 http://www.childinfo.org/areas/education/pdfs/WCAR_Cameroon.pdf。同一个材料显示，2004 年喀麦隆小学生读完 6 年的仅占 63.3%，这意味着辍学率高达 36.7%。

区也为 7 年，不同的是初中 5 年，高中 2 年。职业技术中学的学制则均为
4—3 制（也就是说初级 4 年，高级 3 年）。法语区普通中学在四年级、六
年级和七年级的时候，分别组织初级学校结业证书考试、能力测试和中学
毕业考试（高中毕业会考文凭考试）。而英语区的普通中学则在初中和高
中阶段结束时有初中普通教育结业证书考试（GCEO-level）和高中普通教
育结业证书考试（GCEA-level）。对于英语区和法语区的中等技术教育来
说，则有一个共同的结业证书考试——职业能力证书考试（CPA）。在喀
麦隆，整个教育体系是以考试为导向的。因此，这些考试对中学阶段的教
学活动产生了极大的影响，并成为评价教学结果的主要标准。

　　独立之初，喀麦隆的中等教育有着两大目的：一是为百废待兴的国家
培养中层干部，用喀麦隆人取代原先的西方殖民统治者，实现国家的"非
洲化"；二是为大学升学做准备。当然，随着时间的推移，特别是高等教
育的发展，培养各个领域的干部和专业人才的职能越来越多地从中等教育
机构转移到了高等教育机构。独立前，喀麦隆的中等教育主要是由传教团
主办的私立学校承担。独立后，喀麦隆政府在每个地区的中心城市都建立
了中等教育机构。再加上私立中等教育机构的发展，中等教育无论是学校
数量还是在校生人数都稳步增长（见表 3 - 2、3 - 3）。

表 3 - 2　　　　　　　　　　1964—1972 年中等教育的发展①

| 学年 | 公立中学 | | 合计（包括私立中学 |
	学生人数	%	在校生人数）
1964—1965	7438	29.1	25599
1965—1966	10494	27.6	37978
1966—1967	11841	28.4	41634
1967—1968	13943	28.8	48423
1968—1969	15905	30.1	52822
1969—1970	18965	29.7	63913
1970—1971	22513	32.6	73431
1971—1972	26707	31.6	84604
1972—1973	30758	31.7	97111

　　①　转引自 Theresa M. Ndongko and Leke I. Tambo, Educational Development in Cameroon (1961—
1999): Issues and Perspectives, Nkemnji Global Tech, 2000, p. 74。

表 3 - 3 　　　　　　　　　**1973—1988 年中等教育的发展①**

学年	公立中学			公立和私立中学		
	学生数	年增长率	技术中学学生所占比例	学生总数	年增长率	私立中学学生所占比例
1973—1974	35076	21.9	12.71	106557	14	67.08
1974—1975	42757	22.1	12.04	121458	13.1	64.8
1975—1976	52207	24.3	12.06	136401	14.0	62.0
1976—1977	64917	11.42	12.21	156655	12.3	58.56
1977—1978	72332	22.49	13.25	175894	9.43	55.47
1978—1979	88602	6.18	12.8	192485	6.6	53.97
1979—1980	94075	10.06	13.51	205179	10.0	54.15
1980—1981	103540	10.97	12.69	225605	6.2	54.11
1981—1982	114901	14.01	14.77	239538	10.0	52.07
1982—1983	130994	5.38	14.37	263558	2.7	50.33
1983—1984	138039	7.48	14.16	270726	16.6	49.01
1984—1985	148362	4.0	15.11	315630	7.6	53.94
1985—1986	154310	11.87	14.64	339672	7.06	54.57
1986—1987	172630	9.16	13.91	382508	7.55	54.87
1987—1988	188451		12.63	411417		54.19

从上述两表中可以看出，独立后喀麦隆的中等教育的发展尽管从绝对数量上来看不如初等教育，但从增长速度来看，它比初等教育的发展要快得多。而私立中等教育机构在这其中扮演了重要的角色。尽管在喀麦隆政府的努力下，公立中等教育机构在独立后的三十年有了可喜的发展，但私立中等教育机构一直在中等教育中占据着主导地位。

相对而言，20 世纪 80 年代的经济危机对中等教育的冲击并不像初等教育那么大。值得注意的是，在此期间，由于经济的萧条和私立中学较高的费用，致使公立中等教育与私立中等教育的地位发生了转变，前者开始在喀麦隆的中等教育中发挥主导作用。私立中学在校生人数在学生总数中所占的比例从 1985 年的 48.6% 下降到了 2000 年的 33.7%，而后又有所提高，2005 年为 39.6%。② 经济危机过后，喀麦隆的中等教育又恢复了发展的趋势（见表 3 - 4）。

---

① 转引自 Theresa M. Ndongko and Leke I. Tambo, Educational Development in Cameroon (1961—1999): Issues and Perspectives, p. 76。

② 世界银行统计数据。http：//devdata. worldbank. org/edstats/SummaryEducation Profiles/CountryData/GetShowData. asp？sCtry = CMR，CAMEROON

表 3 - 4　　　　　　　　1995—2000 年喀麦隆中等教育的发展①

年份	普通中学在校生人数			职业技术中学在校生人数			合计
	总计	公立	私立	合计	公立	私立	
1995	341442	138748	480190	68071	40991	109062	589252
1996	308882	134769	443651	66552	41468	108020	551671
1997	347804	130191	477995	70137	40007	110144	588139
1998	363335	144073	507408	76578	42067	118645	626053
1999	391364	163466	554830	82757	61082	143839	698669
2000	436028	248555	684583	83675	62494	146469	831052

　　1996 年，喀麦隆实施了教育成本分担政策，规定普通中学学生每年缴纳 7500—10000 非朗费用，职业技术中学学生每年缴纳 10000—15000 非朗的费用。这一政策对喀麦隆的中等教育的冲击是短暂的。在校生人数经过两年的减少之后，很快又快速增长。这反映了社会对中等教育的需求依然强烈。到 2005 年，喀麦隆中等教育毛入学率为 44.3%，而在 1985 年和 1995 年，毛入学率分别为 22.8% 和 25.6%。②

第三节　私立教育

　　如前所述，在独立之前，西方殖民者对喀麦隆的教育关注与投入都是有限的，因此主要由各派传教团创办的私立学校在整个教育体系中占有主导地位。独立后，西喀麦隆政府继续允许传教团开办初等教育，与此同时，传教团还获得了开办教师教育学校和其他中等教育机构的权利。而在东喀麦隆，政府通过创办更多的学校而逐渐控制了初等教育，传教团学校则由于难以招募到合格的教师和支付足够的薪水而处境日益困难。一些传教团学校由于缺少经费而由政府接管。

　　为有效管理私立学校，喀麦隆政府颁布了一系列的法令。1964 年 6 月9 日，联邦政府制定了第 64/COR - 3 号法令，对私立学校做了界定，同时明确国家干预初等教育的政策。这个法令的本质是要求所有的学校实施官

---

　　①　SAGA，Access to Schooling and Employment in Cameroon：New Inequalities and Opportunities，pp. 43、44.

　　②　世界银行统计数据。http：//devdata. worldbank. org/edstats/SummaryEducationProfiles/CountryData/GetShowData. asp？ sCtry = CMR，CAMEROON

方制定的教学计划或教学大纲，要求私立学校开办之前必须获得官方的批准。为此，政府允诺为私立学校提供补助。1968 年 9 月 9 日颁布的第 68 - COR 号法令对政府接管私立学校的条件做出了规定。上述两个法令仅适用于东喀麦隆，而当时的西喀麦隆仍然沿用着 1952 年尼日利亚的第 17 号法令。这些法令对公私立学校做出了界定，陈述了教师与学生的权利与义务，建立了一套有关私立学校补助、教师教育学校和结业证书颁发以及私立学校教师工资结构的制度。在 1976 年前，公立学校与私立学校在喀麦隆并存共荣，政府只是通过补助金制度对私立学校进行干预，两种学校体系并没有实现统一。

1976 年 7 月 8 日，喀麦隆联合共和国制定了第 76/15 号法令。在这个法令中，政府决定对私立学校进行组织和管理。其中涉及这样几个问题：私立学校的界定；私立学校的社会和专业地位；私立学校的管理组织；承认私立教育机构符合公共利益；对私立学校违规行为的处理；对私立学校的其他规定。根据这个法令，政府直接控制了所有的私立学校。政府不仅规定了学校的教学计划，决定了学校的收费和补助金，而且还规定了全国私立学校教师的工资结构。根据这个法令，私立学校的收费水平远远低于它们的教学成本，而且也不如卫生、电力、电话、供水等服务行业的收费。

对私立学校收费的限制直接影响了私立学校的财政状况和教师的工作条件与收入。财政状况的不佳常常导致私立学校的教师不能确定月末能否领到自己这个月的薪水，学校收的学费往往一年只能支付教师三四个月的工资。糟糕的待遇严重挫伤了私立学校教师的工作热情，大批优秀教师离开私立学校，私立学校难以招募到合格的教师，从而导致教学质量的急剧滑坡，这直接反映在私立学校考试的不及格率和辍学率上。而在此之前，私立学校在官方组织的考试中一直表现出色。

表 3 - 5　　　　　　　　1986/1987 学年私立学校及其师生数量[①]

组织	初等教育			中等教育			备　注
	学校数	学生数	教师	学校数	学生数	教师	
天主教	1139	345814	6733	96	48504	985	在 7718 名教师中只有 3862 名获得教育部的批准
新教	644	174293	3578	47	24432	791	在 4369 名教师中只有 3203 名获得批准

① Theresa M. Ndongko and Leke I. Tambo, Educational Development in Cameroon (1961—1999): Issues and Perspectives, p. 29.

续表

	初等教育			中等教育			
组织	学校数	学生数	教师	学校数	学生数	教师	备 注
伊斯兰教	46	9217	299	1	276	-?	在299名小学教师中只有31名获得批准
世俗	97	38321	699	152	140716	3287	在3986名教师中只有1189名获得批准
合计	1926	567645	11309	296	213928	5063	在16372名教师中只有8285名获得批准

小学生/教师 = 51:1，中学生/教师 = 43:1

表 3 - 6　　1986/1987 学年私立幼儿园和初等学校的财务状况①

（单位：非洲法郎）

	天主教	新教	伊斯兰教	世俗	合计
收入					
学费	1617312756	666972910	15297493	1259520000	3559103159
补助	2427340000	1406893000	132337000	233430000	4200000000
合计	4044652756	2073865910	147634493	1492950000	7759103159
支出					
工资	4394693210	1961623050	147783000	1142207000	7646315260
其他	408210742	563535470	32278196	442151000	1446175408
合计	4802903952	2525167520	180061196	1584358000	9092490668
收支差额					
	-758251196	-451301610	-32426703	-91408000	-1333386509

　　在自身无法完全承担国民教育的情况下，喀麦隆政府也不能不正视私立学校的生存危机。1987年12月17日颁布的第87/022号法令为私立学校提供了获得更多财政资源的机会。法令有限制地放宽了私立学校的收费标准，以便学校能够平衡它们的预算，改善教师的教学条件和待遇，从而提高学校的教学质量。可惜，由于经济危机，喀麦隆缺乏法令实施的环境。在经济危机期间，许多私立学校因为财务困难而关闭，或进行了重组，有的学校则因拖欠教师的工资、保险费用等而背上了沉重的历史

---

① Theresa M. Ndongko and Leke I. Tambo, Educational Development in Cameroon (1961—1999): Issues and Perspectives, p. 31.

债务。

经济危机过后,喀麦隆的私立教育恢复了生机。根据教育部的统计,1998—1999 学年,喀麦隆共有各类私立学校 2239 所(不包括未获得政府批准的私立学校),在校生 59 万,占学生总数的 28.6%。其中初等教育阶段占 28.2%,中等教育阶段占 30%。[①] 而在高等教育阶段,其规模相对较小。因为只是在 1993 年以后,喀麦隆政府才放宽了对私立高等教育的限制。根据创办者的不同,私立学校可以分为四类:即天主教学校、新教学校、伊斯兰教学校以及世俗的私立学校。其中天主教学校地位最为突出,它的学生占学生总数的 13.1%,占私立学校学生总数的 45%。[②] 由天主教创办的位于首都雅温德的中非天主教大学是喀麦隆最著名的私立大学,在整个中非地区也享有盛誉。

私立学校教育在喀麦隆教育市场中占有这么大的份额,一个很重要的原因是公立学校在数量和质量上都不能完全满足社会的需要。喀麦隆有些地区公立学校数量不足,更为重要的是公立学校的教学质量难以令人满意。相对而言,私立学校提供了一个更为有利的教学环境。

在发展的过程中,喀麦隆私立教育所面临的最主要的问题是制度问题,表现为:私立学校在管理与资助方面没有得到公平对待;在政府管理私立学校的制度框架中,一些重要的方面很不确定,缺乏透明度;省级官员享有很高的决定权;在行政系统之间,以及在行政系统与私立教育机构的重要利益相关者之间缺乏畅通的信息渠道。现有管理规章制度的缺陷对私立教育机构的运作具有重要的影响。当私立学校设计一种新的管理结构时,在处理国家与学校的关系时,必须考虑这些因素。可以说,在 21 世纪以前,喀麦隆在有关私立教育的立法方面严重滞后于私立教育的发展。例如,在 2000 年之前,喀麦隆没有就私立高等教育进行专门的立法。政府有关私立教育管理的规章制度似乎没有一个清晰一致的政策基础。对于私立教育机构在协助政府实现教育和社会目标方面可以起到的作用,官方缺乏广泛的共识。政策的不明确影响了私营部门参与教育的潜力。

进入 21 世纪以后,喀麦隆政府颁布了一系列有关私立教育的法令,完善了管理的规章制度。其中最为引人注目的是频频出台有关私立高等教育的立法。这些法令涉及私立高等教育的发展方向、私立高等教育全国委员会的组织、私立高等教育机构的创建、责任、学位管理以及入学考试等问

---

① Norman LaRocque and Veronic Jacobsen, Private Education in Cameroon: Executive Summary and Resume, Arthur Anderson 2001, p. 1.

② Ibid., p. 2.

题。这些法令及规章制度对私立高等教育的发展起了积极的促进和规范作用。因此，在 21 世纪的最初几年，喀麦隆的私立高等教育获得了快速发展。1999—2000 学年，喀麦隆共有 6500 名学生在 17 所私立高等教育机构中学习。而到 2006 年，喀麦隆私立高等教育机构的数量增加到了 37 所，在校生 12268 人。[①]

第四节　职业技术教育

职业技术教育是教育系统的重要组成部分。它的有效发展取决于人们对它在社会中的作用、它的根本问题及其改进方式的理解。

与英国相比，法国具有更突出的重视职业技术教育的传统，所以在殖民统治时期，在职业技术教育方面，东喀麦隆比西喀麦隆更为发达。独立时，东喀麦隆共有职业技术学校 71 所，5740 名学生，其中 31 所学校是公立的。而西喀麦隆则只有 1 所职业技术学校——奥姆贝商业培训中心（The Ombe Trade Center）。

独立后，喀麦隆政府承担了职业技术教育的管理职责，包括行政管理与财务管理。职业技术学校，特别是工业技术学校在设备投入，包括设备的购买、更新、维护以及训练材料的配备等方面的投资很大，所以运行成本很高。也正是因为如此，私立职业技术教育大多集中于成本较低的商业教育。目前，喀麦隆已经建立一个包括不同层次、各种类型的职业技术教育体系。喀麦隆的青少年在小学毕业后，除了可以继续就读于普通中学（CES）之外，还可以选择 2 年制的农业技术与家政中心（SAR/SM）和 4 年制的技术学校（CET）。理论上，技术学校的毕业生可以升入国立技术高中（LT），但实际上国立技术高中更适合于普通中学的毕业生。不到 25% 的技术学校的毕业生在国立技术高中可获得继续深造的机会，其余的则结束了教育，进入劳动力市场或家庭生活。普通中学的毕业生可以进入国立普通高中或国立技术高中，当从这两类学校毕业时，他们分别可以获得普通高中毕业会考文凭学位证书和技术高中毕业会考文凭学位证书。农业技术与家政中心是为培养农村手工艺人和农村妇女服务的。但实际上，许多农业技术与家政中心的毕业生进入了技术学校，还有一些人离开了农村，到大城市寻找就业机会。

---

① 参见 Ministry of Higher Education, Cameroon: Statistical Year Book of Higher Education, 2006。

从表 3－7 的有关数据来看，喀麦隆职业技术教育的发展速度令人印象深刻，尽管这些统计数据尚不包括未得到政府批准的私立职业技术教育机构的数据。不过，喀麦隆职业技术教育在发展中也存在一些不足，如工业技术教育不足，教学质量不高，学生毕业率低等。在 1986—1987 学年，只有 15% 的学生在学习工科，而其余的学生都选择与商业有关的科目。而选择商科的学生的毕业率从未超过 50%。[1] 这种职业技术教育的结构与教学质量显然与喀麦隆经济发展计划与需要是不相适应的。

表 3－7　　　　　　　　喀麦隆职业技术教育的发展[2]

年份	教师人数	学生人数	学校数
1985—1986	3070	79219	188
1987—1988	4157	83093	199
1988—1989	4652	89698	217
1991—1992	4993	92877	251
1992—1993	5148	93651	267
1993—1994	5658	92550	273
1994—1995	5745	90226	296

技术学校的课程结构是职业学校和普通初等中学教学计划的一个混合体。这是因为学生需要学会普通初中传授的阅读、计算以及其他技能，这些技能是职业训练计划的工具。因此，一开始就有人担心，技术学校的教学内容过多（在 20 世纪 80 年代后期，工科的有 17 门课，商业类的则多达 23 门课，而且学术性课程占有很大的比重），那些 14—16 岁的学生可能难以掌握和吸收，其结果必然会造成技术学校既不能成为合格的普通初中，也不能成为合格的职业训练机构。技术学校学生毕业考试糟糕的结果证明了人们的这种忧虑。也正是因为如此，所以能进入国立技术高中就读的技术学校毕业生为数不多，进入普通高中的就更少了。即使能进入技术高中和普通高中就读，这些学生也往往感到力不从心，难以应对。

喀麦隆的职业技术教育在发展过程中面临着一系列的问题。问题的根

---

① J. M. Ngundam and S. A. Tanyi, Technical and Vocational Education in Cameroon, in Theresa M. Ndongko and Leke I. Tambo, Educational Development in Cameroon (1961—1999): Issues and Perspectives, p. 112.

② UNESCO, The Development of Technical and Vocational Education in Africa, 1996, p. 45. http://www.eric.ed.gov/ERICDocs/data/ericdocs2sql/content_storage_01/0000019b/80/14/f5/f9.pdf

源在于，喀麦隆职业技术教育体系既不能扩大自身的结构以满足国家发展的需要，又难以在一种有利的环境中开展教学活动。具体地说，问题包括：（1）中央集权的管理体制影响了职业技术学校的领导者做出及时、主动的决策；（2）学校教学设施和设备，包括实验室、工场和操场等严重不足，现有设施和设备老化；（3）师资在数量和质量方面都存在不足；（4）政府的相关政策不明确；（5）资金不足，以至于学生难以正常开展重要的实践教学活动；（6）培训与就业之间缺乏合理的联系，学校缺乏自我创业的教育。

为了让职业技术学校更具有建设性和更吸引公众，喀麦隆政府在职业技术教育中实施了开放日（Open Day）制度。这一制度为公众评判每一所学校的能力以及教学效果提供了机会，同时也使公众对职业技术教育的作用及重要性有了更深刻的认识。同时，政府放宽了对职业技术学校的财务管理，赋予它们更大的自主权，允许学校利用自身的专业知识和技能创收，以填补办学经费的不足。这一做法也为学生提供了一个实践的机会，可谓一举两得。此外，政府在修订学校的教学大纲时，还主动咨询企业界和劳动部门，以便使学校的教学活动适应时代与社会需求的变化。

为应对 21 世纪的挑战，喀麦隆政府在 1995 年召开了全国教育论坛。论坛形成的意见为包括职业技术教育在内的喀麦隆教育发展指出了方向，即学校要保证培养出来的学生具有经济生产力，富有事业心和首创精神，能够创造性地自行适应科学技术的进步。21 世纪的喀麦隆职业技术教育正是朝着这个方向在困难中稳步前进。

第五节　挑战与行动

独立之后，喀麦隆政府以让所有的喀麦隆人获得教育作为自己的目标，在殖民统治遗留下来的特殊教育遗产的基础上，努力建设一个民族化和现代化的教育体系，取得了令人瞩目的成就。在这个过程中，喀麦隆人民获得了更大的教育机会和更为优质的教育。2006 年，小学毛入学率为 107%，其中男性为 117%，女性为 98%；初中毛入学率为 30%，其中男性为 33%，女性为 26%；高中毛入学率为 15%，其中男性为 17%，女性为 13%。[①] 喀麦隆教育的发展与政府对教育事业的重视有着密切的联系。2004 年，公共教育支出

---

① UNESCO, Overcoming Inequality: Why Governance Matters? EFA Global Monitoring Report 2009, pp. 305、329.

在政府总支出中占 17.2%，为 GDP 的 3.8%。[①]

表 3 - 8　　　　　**1989—1999 年喀麦隆政府的教育支出**[②]　（单位：10 亿非郎）

年份	总支出	教育支出	教育支出占总支出的比例（%）
1989	1082.6	240.0	22.2
1990	1051.8	272.4	25.9
1991	940.5	286.5	38.5
1992	847.7	282.3	33.3
1993	680.2	274.9	40.4
1994	658.2	212.8	32.3
1995	737.9	194.3	26.3
1998	1106.9	259.2	23.4
1999	1238.2	274.7	22.2

　　与此同时，喀麦隆的教育也面临着一系列的挑战，这些挑战有的源于殖民统治的后遗症，另一些是由于时代的变化，如政治的自由化、经济的全球化等。双语教育和二元文化教育体系的协调、教育系统内部效率的提高、教育的平衡发展和教育管理体制的改革是其中主要的挑战。

　　（1）二元文化的教育体系的协调。1916 年之后，法国、英国分割统治喀麦隆四十多年的历史为喀麦隆留下了两种文化——法语文化和英语文化。独立后的喀麦隆实施了双语主义，将法语与英语定为官方语言。与此同时，在很大程度上保留了法语区和英语区两种不同的教育体制。这些政策的本质是维持东、西喀麦隆两个不同文化区域的平等地位，维护喀麦隆的统一。对于喀麦隆来说，双语主义与二元文化体制是一把双刃剑。因此在实施过程中，它给喀麦隆人带来的既有机遇，又有挑战。不过，从历史和现实来看，似乎是挑战大于机遇。

　　协调两种教育体系的策略从根本上来说是调和法语区喀麦隆和英语区喀麦隆的教育实践，而并不必然形成一个单一的教育体系。例如，统一法语区和英语区小学的课程内容或教学大纲，但在教学方法和程序上允许不

　　①　喀麦隆教育数据。http：//www.childinfo.org/areas/education/pdfs/WCAR_Cameroon.pdf

　　②　Keio University, Faculty of Business and Commerce, International Comparisons of Taxation in Developing Countries 2002, p. 134. http：//www.ic.keio.ac.jp/en/download/jjwbgsp/2002/2002 _ Introduction.pdf

同。但是，许多不可估计的因素阻碍了协调两种教育体系这一目标的实现。主要的障碍之一是两种体系有着两种不同的考试制度，从而直接影响了学校的教学。同时，两种教育体系在教学科目的顺序以及对教育作为一个人发展的过程的看法也不尽相同。因此有学者认为，长期以来，两种教育体系不是在一种共生的意义上并存，而是在一种相互怀疑的教育氛围中并存。

解决两种教育体系的协调问题既重要又棘手。喀麦隆政府于 1998 年 4 月 14 日颁布了第 98/004 号法令。这个法令的第一章是关于喀麦隆教育体系的组织。其中，第 14 款规定各级教育的组织和管理是国家的职责。第 15 款规定：（1）教育体系应该由两个子系统组成：英语子系统和法语子系统，以此重申对二元文化的选择。（2）上述两个教育子系统将并存，每一个子系统保留自己特定的评价方法和结业证书授予制度。与此同时，法令对两个体系的结构与学制进行了统一。20 世纪 90 年代后期，喀麦隆又建立了两个考试委员会，一个是普通教育证书考试委员会，一个是高中毕业会考文凭学位证书考试委员会，前者是面向英语考试的，后者则面向法语考试。在这方面，关键是协调决策标准和为委员会配备充分的物力、人力和财力，以便他们更为有效地运作。

总之，两种教育体系的协调问题是真实存在的，事实上它也是一个公平与效率的问题。不过，如果两个体系有着相同的价值观和地位的话，政府允许每一种体系独立运作的立场可能是唯一有效的。

（2）教育系统内部效率的改进。喀麦隆教育系统内部的效率并不令人满意，这表现在高复读率、高辍学率和低毕业率、低就业率上。

在喀麦隆，学生的复读率很高。2004 年，小学阶段为 25.1%，其中男生为 25.6%，女生为 24.5%；中学阶段为 10.2%，其中男生为 9.9%，女生为 10.5%。[1] 造成高复读率的原因在于部分学生家长和教师认为，复读有助于提高学生个人的成绩。而对于政府来说，高复读率造成了教育资源高达 30% 的浪费。[2] 高复读率意味着大量学生不能按时毕业，就整体而言，原只需 6 年就能读完的初等教育现在需要 10 年。与此同时，喀麦隆教育系统中还存在高辍学率和低毕业率的情况。2004 年，小学毕业率为 63.3%，其中男生为 68.9%，女生为 57.6%。[3] 一项研究结果显示，在 1000 名小学

---

① 喀麦隆教育数据。http：//www. childinfo. org/areas/education/pdfs/WCAR_Cameroon. pdf
② World Bank, Cameroon-Education Development Capacity Building Project, Project ID：P075964.
③ 喀麦隆教育数据。http：//www. childinfo. org/areas/education/pdfs/WCAR_Cameroon. pdf

生中，大约有 63% 进入初中，有 37% 进入高中，而能读完中学的仅有 19%。[1] 相比较而言，贫困学生、农村学生和女生的辍学率更高。造成辍学的主要原因是经济因素。大约有 1/3 的家庭因为没有能力支付学费和其他费用而被迫让孩子辍学。在经济萧条时期，这一因素影响更大。对于女生来说，早孕是导致辍学的另一个重要因素。[2]

而在那些完成某一阶段教育的学生中，最终能够通过毕业证书考试的比例也不高。在中等教育阶段的普通教育和职业技术教育中，考试不及格的比率大约分别为 70% 和 68%。初等教育和中等教育的毕业率分别为 30% 和 32%。[3] 实际上，毕业率如此之低显然需要教育系统重新思考它的教育目标。它反映出学校的教学计划并不符合这个国家各个层面的地理、社会和历史状况，经过这种学校教育的学生并没有为开始生活做好准备。当然，造成教学质量不佳的原因是多方面的，比如师资不足，合格师资尤缺，教学条件落后等。

喀麦隆教育系统效率不高还体现在毕业生的就业率上。1998 年，小学毕业生的失业率为 12.6%，中学毕业生和大学毕业生的失业率高达 34.4%，而未接受过教育的人群中失业率为 2.9%。[4] 就业率不理想一方面是由于经济大环境，现有的就业市场有限，它的扩展速度慢于毕业生的增长速度；另一方面则反映了学校教育的内容过时，专业设置与喀麦隆的社会经济状况之间适切性不够的问题。以农学专业为例，尽管喀麦隆仍是个农业国家，大部分人口仍生活在农村，但学校中农业技术教育和教育的农村化却不尽如人意，进展缓慢。

对于教育资源紧张的发展中国家来说，提高教育系统内部的效率是十分重要的。高复读率、高辍学率和低毕业率、低就业率意味着教育资源的浪费，家长和国家承担的教育成本的增加。自 2000 年以来，喀麦隆政府采取了一系列措施以提高教育质量，希望以此来降低中小学的复读率。措施包括：修建 3500 间新教室，减缓教室人满为患的状况；为激励教师，大幅度增加他们的工资；以合同制的方式招募新教师，降低师生比；废除国家对出版教科书的垄断，鼓励私营出版公司参与改进教科书的质量和供给；

---

[1] Parfait M. Eloundou-Enyegue et. , Access to Schooling and Employment in Cameroon: New Inequalities and Opportunities, April 2004, p. 2. http: //www. saga. cornell. edu/images/caurepts/eloundou-polrel. pdf

[2] 参见 Parfait M. Eloundou-Enyegue et. , Access to Schooling and Employment in Cameroon: New Inequalities and Opportunities。

[3] Ibid. .

[4] Parfait M. Eloundou-Enyegue et. , Access to Schooling and Employment in Cameroon: New Inequalities and Opportunities, p. 17.

为某些重点地区免费提供教科书；为所有的学校提供最低限度的教学资源。此外，作为辅助性措施，喀麦隆政府还改进了考试和评价程序，加强了对教师和教学督导的培训，并通过宣传以提高公众对复读消极影响的认知。从近些年喀麦隆小学复读率的变化趋势来看，这些措施已起到了一定的作用。但对于喀麦隆来说，提高教育系统内部效率仍然是一个严峻的挑战，教育结构的调整仍然是必要的。

（3）教育的平衡发展。喀麦隆能否如期实现"千年发展目标"所确定的普及基础教育的目标，在很大程度上取决于教育在地区之间、城乡之间与性别之间的平衡发展问题。

由于社会经济发展水平的差异，因此喀麦隆的入学率在地区之间相差很大（见表3－9）。

表3－9　　　　　　　　　1997年各省小学毛入学率（％）①

省份	男童	女童	合计
阿达马瓦省	61.16	44.61	53.27
中部省	116.14	113.52	114.24
东部省	92.83	80.10	86.78
极北省	104.12	48.91	76.78
滨海省	111.52	111.12	111.32
北部省	73.08	41.85	58.30
西北省	73.08	72.94	73.00
西部省	105.21	105.29	105.25
南部省	130.71	129.86	130.30
西南省	79.19	81.06	80.10
喀麦隆	86.85	79.73	83.41

从上表中可以看出，北方三省（阿达马瓦省、北方省和极北省）在初等教育的普及方面远远落后于其他省份。这种空间上的差别还反映在城乡之间。2004年，城市与农村的初等教育净入学率分别为89.8％和70.7％，中等教育净入学率分别为48.5％和15.7％。② 地区和城乡之间的这种差异主要是由社会经济发展水平决定的。2004年，喀麦隆最富裕地区和最贫穷

---

① 转引自 Aloysius Ajab Amin and Wilfred J. AWUNG, Economic Analysis of Private Returns to Investment in Education in Cameroon. http：//www. saga. cornell. edu/saga/educconf/amin. pdf

② 引自喀麦隆教育数据，http：//www. childinfo. org/areas/education/pdfs/WCAR_Cameroon. pdf

地区的初等教育净入学率分别为 94.8% 和 57.8% ，中等教育净入学率分别为 65.3% 和 8.5%。① 这组数据直接反映了社会经济发展水平与教育发展水平之间的关系。

　　喀麦隆教育发展的不平衡还表现在性别上。从历史发展来看，喀麦隆的女子教育获得了快速发展，教育中的性别差异在逐渐缩小（见表 3 - 10）。

表 3 - 10　　　　1990—2001 年初等、中等教育中男女生人数②

年份	初等教育		普通中等教育		中等技术教育	
	男生	女生	男生	女生	男生	女生
1990	1020965	918943				
1991	1034619	929052	240216	169517	52689	37362
1992	1018580	914336	261061	184977	56874	41411
1993	1013760	907225	261365	190051	58277	40851
1994	989078	882187	249593	195073	57302	38396
1995	972879	868116	241547	200484	58935	39444
1996	990484	884389	270568	209622	64930	44131
1997	1039372	891757	242517	201134	65246	42774
1998	1062817	913014	265203	212792	66849	43295
1999	1122381	950885	273279	234129	70803	47842
2000	1213759	1023324	295941	258829	88963	54876
2001	1447881	1241171	365763	315820	90493	55976

　　研究表明，在辍学这个问题上，性别因素的重要性在下降。以初等教育为例，在 20 世纪 70 年代早期，女童的辍学可能性比男童高 30% ，到 80 年代中期，这种可能性差距下降到了近 5%。③ 尽管如此，教育中性别差异在喀麦隆依然存在。2006 年，男女初等教育毛入学率分别为 117% 和 98% ，中等教育毛入学率分别为 26% 和 21% ，GPI 分别为 0.84 和 0.83。④ 在农村和贫困地区，男女之间的这种性别平衡指数（GPI）尤为突出。就

---

① 引自喀麦隆教育数据，http：//www. childinfo. org/areas/education/pdfs/WCAR_Cameroon. pdf

② 转引自 Aloysius Ajab Amin and Wilfred J. AWUNG, Economic Analysis of Private Returns to Investment in Education in Cameroon，p. 4.

③ Parfait M. Eloundou-Enyegue et. , Access to Schooling and Employment in Cameroon：New Inequalities and Opportunities，p. 13.

④ UNESCO, Overcoming Inequality：Why Governance Matters? EFA Global Monitoring Report 2009，pp. 305、329.

中等教育而言，2004 年，城市中的 GPI 为 0.94，农村为 0.80；最富裕地区为 0.95，最贫穷地区为 0.73。[1]

（4）教育管理的分权制改革。教育系统的行政管理水平与效率也是影响喀麦隆教育机构能力建设的一个重要因素。喀麦隆的教育管理体制沿袭了法国的传统，实行中央集权管理。这种模式对于教育机构来说，并不有利于学校根据自身以及学校所处的社区的需要作出及时的反应，进行有效的调整，推进能力的建设，也不利于教育资源的合理配置，因此存在一系列的弊端。[2] 以教师的配置来说，喀麦隆小学教师分配的随意度高达 0.45，也就是说，45% 的小学教师没有在学生最需要他们的地方（比如北部的边远地区）从事教学工作。这一比例在南部非洲国家中排在前列。[3] 从教学资源和教育结果来说，它导致了极大的损失。这种随意性一方面是由于教育系统人力资源管理水平不尽如人意，另一方面是由于教育行政系统中存在的腐败。为了改进教育系统的行政管理水平，喀麦隆政府采取了一系列的行动，比如制定管理指南和手册，严格内部的审计，加强对教育领域腐败行为的监管；重视对行政管理人员的培训，加强信息系统和规划能力的建设，提高人力资源管理水平；增进私立学校公共补助金制度的透明度和效率，推进私立教育的发展，提升私立教育的质量。此外，推进教育管理系统的分权制改革也是其中重要的应对策略之一。

1995 年教育论坛召开之后，喀麦隆启动了教育管理的分权制改革。1998 年颁布的喀麦隆教育结构法为分权制改革确立了法律框架。2001 年出台的"教育发展策略"报告提出了改革的策略。2002 年被正式批准的《EFA 全国行动计划》包括了分权方法以及实施策略。实施教育管理分权制改革的背景是喀麦隆教育供给不足和质量不高的现状。其具体措施包括：将教育责任由中央政府向地方政府转移；推行教育成本的分担制度，建立由利益相关者组成的教育共同体，他们的代表参与学校教育的管理；在公立中小学、幼儿园建立学校委员会，他们有权决定学校的选址、预算及其执行，审议行政报告，批准学校内部的管理章程，监督学区青少年的入学，参与教职员工的招聘。

总的来说，独立后的最初 25 年，由于喀麦隆政府推进国民教育的意志

---

① 转引自 http：//www.childinfo.org/areas/education/pdfs/WCAR_Cameroon.pdf，p.6.

② 参见 Joseph A. Tamukong, Towards Better Management of Public Education in Cameroon: The Case for Decentralisation. *Africa Development*, Vol. XXIX, No.2, 2004.

③ The World Bank, Project Appraisal Document on a Proposed Credit to the Republic of Cameroon for an Education Development Capacity Building Project, 2005, p.5.

和社会经济的持续快速发展，使它在教育方面取得了令人瞩目的进步。但从 20 世纪 80 年代中后期开始的十余年的经济萧条使得喀麦隆的教育经历了停滞和倒退。作为社会经济结构调整的一个有机组成部分，喀麦隆的整个教育体系也在 20 世纪 90 年代进行了重大的改革。改革的方向和内容包括教育的专业化、公共教育分权管理、扩大市民社会对教育的参与、教育成本的分担等。经过改革，喀麦隆的教育又恢复了生机与活力，迎来了又一个大发展时期。其中高等教育是这次改革与调整中变化最大的领域。

第四章

殖民地与后殖民地时期的
喀麦隆高等教育

西方殖民者，无论是德国人、法国人还是英国人在为喀麦隆人提供高等教育方面都表现得非常"吝啬"，他们都没有在喀麦隆本土创办任何高等教育机构。因此，喀麦隆人在争取自治与独立的过程中，就将发展高等教育事业列上了议事日程。可以说，喀麦隆的高等教育是与独立后的喀麦隆一起成长的，承担着建设民族国家的重要使命。因此，新生的喀麦隆对于自己的第一所大学——喀麦隆联邦大学（即后来的雅温德大学）寄予了厚望。

但是，喀麦隆的高等教育在发展过程中，蕴涵着严重的结构性危机。从一开始，国家就赋予高等教育机构为政府、国有企业等公共部门培养管理干部与技术人员的职能，它忽视了高等教育在更为广泛的社会经济领域中的作用，如减少贫困人口的作用。这样的教育目的在喀麦隆社会经济发展过程中日益暴露出它的狭隘性与缺乏适应性。在 20 世纪 80 年代中后期与 90 年代早期的社会经济危机中，喀麦隆高等教育危机也随之爆发。

第一节　殖民地时期的高等教育

在传教士将西方教育传入喀麦隆到喀麦隆独立前的 116 年的时间里，无论是传教士还是德、法、英三国的殖民政府都没有计划在喀麦隆创建高等教育机构。但是早在 1924 年，为喀麦隆人提供高等教育的问题就已提出。在那一年，国联的永久托管委员会要求法国行政当局采取措施，为喀麦隆人提供医学、兽医、技术方面的高等教育。

1946 年 12 月 13 日，联合国与法、英两国签订《国际托管协议》，根据协议，法、英两国获得在喀麦隆的"立法、行政和司法的全权"，同时承担推进喀麦隆政治、经济和社会发展，保证喀麦隆人民参与管理的责任。在教育方面，承诺"继续发展初等、中等和技术教育"，并为合格的喀麦隆人提供接受高等普通或专业教育的机会。1946 年，法国海外殖民地现代化委员会在提交的第一份报告中，建议在喀麦隆建立一所医学校。但是在 1947 年，当联合国托管地委员会向法国行政当局了解它在喀麦隆的主要教育政策和目标时，法国行政当局在其基本教育政策和目标的要点中并没有提及任何建立医学校或其他高等教育机构的计划。在 1947 年给联合国的年度报告中，法国行政当局指出，喀麦隆人的高等教育需求正通过奖学金制度予以满足，这项制度使得那些合格的喀麦隆学生可以在法国或西非达喀尔的医学校接受教育。

1948 年，联合国教科文组织认为，非洲六个托管国（包括喀麦隆）学校数量的增长落后于这些国家学龄儿童人数的增长。在注意到六个托管国缺乏高等教育机构的同时，它要求发展中等教育，以便在这些托管国建立某种形式的高等教育。尽管对改进教育发展的最佳方式意见不一，但是有这样一种共识，即教育是这些托管地实现自治或独立的一个必要前提条件。因此，联合国不遗余力地敦促六个托管国的行政当局改进和扩大教育设施。联合国第四委员会对改进非洲托管国的教育设施进行了广泛的讨论，认为最好的方式是创办一所中央大学，为所有合格的学生提供平等的高等教育机会，以此来推动六国的教育。但参与讨论的英国代表认为中央大学难以满足这些托管地的需要，因为六国语言不同，相距遥远。他认为最佳的方式是先建立地区性大学，以此作为最终在每一个托管国建立自己的大学的一个步骤。法国的代表则坚持，奖学金制度比建立中央大学更能适应各国的要求，因而更可取，因为在他看来，许多非洲人希望到海外接受高等教育，将非洲学生限制在一所非洲大学会导致某种种族隔离。

1948 年 11 月 4 日，联合国第四委员会在 6 人缺席的情况下，以 39 票对 0 票的结果一致通过一项决议，1948 年 11 月 18 日联合国大会又一致批准了此项决议。决议敦促托管国行政当局进一步增加教育设施，实现免费的初等教育，帮助学生不因贫困而丧失高等教育权。决议呼吁托管国行政当局在 1952 年建立和维持一所大学，满足非洲托管国人民的高等教育需求。

决议通过后，为非洲托管国建立一所大学的问题就成为一个紧迫的问题，托管地委员会为此设立了一个高等教育委员会。但是法、英两国的态度依然消极。1949 年 5 月 17 日，比利时、法国和英国三国政府在给联合国秘书长的一个备忘录中说，"由于缺乏潜在的教师和学生"以及语言和财政方面的困难，这个建议是不切实际的。对于法、英两国的非洲托管地，两国政府坚持认为合格的学生可以在宗主国的大学或邻国的高等教育机构接受教育，任何可以获得的教育资源都被用于扩大初等和中等教育设施了。

　　高等教育委员会在研究了各方提供的文件和报告之后，拒绝了初等教育和中等教育设施的充分发展是建立高等教育机构先决条件这样的托词。相反，在高等教育委员会看来，高等教育的建设必然会带动初等和中等教育的发展。因此，它呼吁在非洲托管地同时发展初等、中等和高等教育。它并没有把招生视为一个是否考虑建立高等教育设施的一个决定性因素。更何况，越来越多的学生迫切要求尽快地建立高等教育机构。至于为非洲六个托管国建立一所大学，委员会认为这是不切实际的，因为各个托管国的教育体制和语言都不同，再加上各国之间相距遥远，难以找到一个合适的校址，如果建立一所大学，来自不同教育体系的工作人员不得不进行合并，而且仅仅一所大学难以完全满足各国的特殊的技术和文化需要。

　　1949 年 6 月，高等教育委员会向托管地委员会提出了一个报告，得到托管地委员会的一致通过，并达成决议。决议明确呼吁法国政府在 1952 年前为它的托管地建立高等教育机构，并特别要求法国注意喀麦隆托管地的高等教育需求。1950 年，法国政府对这一决议作出了回应。在给联合国的年度报告中，法属喀麦隆行政当局直截了当地陈述说，实际上在喀麦隆似乎不存在创建一所大学的可能性。事实上，行政当局认为托管地委员会当时提出这样的建议是失策的。在它看来，只有在中等教育充分发展之后，才能考虑创建大学。在此之前，通过奖学金制度，派喀麦隆学生到法国大学深造是现行状况下为喀麦隆人提供高等教育的最佳方式。在报告中，行政当局还抱怨，为到法国求学的喀麦隆人发放奖学金让原本紧张的财政变得窘迫。法国政府根本没有任何计划在喀麦隆建立一所大学，这从它的喀麦隆十年发展计划（1947—1958 年）中就可以看出来。该计划认为，喀麦隆的发展现状会使那些接受过高等教育的人面临英雄无用武之地的境遇。

　　面对法国政府的这种态度，联合国及其专门机构继续劝说法国在喀麦隆创建高等教育机构，强调培养合格的喀麦隆人将极大地促进喀麦隆实现独立。为此，在呼吁法国以及其他托管当局增加奖学金的同时，尽快地在各自的托管地建立高等教育机构。作为回应，法国当局重申，由于缺乏资金、设备和足够数量的合格学生，大学是不可能创建成功的。

　　在 1952 年喀麦隆创建高等教育机构的最后期限到来时，法国政府发布了一个声明："培养高素质的干部（人员）和管理、技术、知识精英是绝对必要的，他们应该积极参与托管地的快速发展。教育部并没有忘掉（或忽视）这个问题，它已经就在喀麦隆创建高等教育机构这一问题进行过研究，因为，为推进学术的进步和提升知性生活的层次，在数年内无疑必须解决这个问题。目前获得高中毕业会考文凭学位的学生数量证明仍不足以创建一所大学，这是考虑到维持下述事项所必需的花费：图书馆、实验室和教师薪水。因此，在一个相当长的时间里，更为明智的选择是继续实施奖学金制度，让年轻人渴望追求更高级的学习活动：1952 年共有 82 人获得了奖学金，而 1951 年为 57 人。"①

1953 年，在给联合国的年度报告中，法国政府再次强调有必要让越来越多的喀麦隆人接受高等教育，这样可以使他们积极参与喀麦隆的发展。但同时，它又强调财政困难是创建高等教育机构的主要障碍。法国政府提出的不在喀麦隆创建高等教育机构的另一个理由是，喀麦隆的知识和政治精英并不非常喜欢在国内接受高等教育，因为他们认为年轻一代的喀麦隆人在宗主国——法国的大学学习会受益更多。

1955 年，托管地委员会向喀麦隆派遣了第三个访问团。访问团向法国当局了解了作为创建一所大学的第一步，他们采取了哪些措施为喀麦隆人提供某些学科的高级课程。得到的答案是，尽管没有开办大学的计划，但计划在雅温德中学开办一个预备班，该班的学生将为进入法国的大学作准备。对于法国行政当局迟迟不愿为 300 万喀麦隆人创办一所大学的消极态度，托管地委员会的一些成员提出了严厉的批评。他们认为高等教育机构的缺失将影响对喀麦隆人的培训，影响喀麦隆政府机构的"喀麦隆化"。尽管支持海外求学的奖学金每年在增加，但批评者认为任何一个国家绝不能无限期地依赖于外国提供的奖学金，而且由于海外求学费用昂贵，因此海外留学生的数量不可能满足国家发展的需要。托管地委员会的这些意见并没有令法国政府改变态度，喀麦隆学生依然只能到法国或达喀尔的医学校（创建于 1921 年）接受高等教育。1949 年，有 37 名奖学金获得者留学法国，1951 年为 57 名，1952 年有 82 名。1953 年，法属喀麦隆建立了奖学金委员会，负责奖学金的申请和推荐工作。它的建立极大地推动了奖学金制度的发展。1953—1954 学年，共有 109 名留学生获得了奖学金，其中有 4 名女生。之后名额每年不断增加，1954 年为 151 名（女生 8 名），1955 年为 183 名（女生 13 名），1956 年为 234 名（女生 11 名），1957 年为 196 名（女生 10 名）。此外，1955 年，还有 110 名男生和 70 名女生获得技术教育的奖学金。②

---

① 转引自 Solomon Nfor Gwei, Education in Cameroon: Western Pre-colonial and Colonial Antecedents and the Development of Higher Education（Doctoral Dissertation, 1975）, p. 278。

② Solomon Nfor Gwei, Education in Cameroon: Western Pre-colonial and Colonial Antecedents and the Development of Higher Education, p. 293.

1957 年 4 月，喀麦隆自治政府成立，政府中设立了国民教育部长一职。新政府面临着人民的认同问题，同时面临着公共服务喀麦隆化问题。这意味着喀麦隆必须为其公共服务寻找或训练所需的人员。1958 年 10 月 18 日，总理阿希乔在立法会说："我们准备逐步用喀麦隆官员代替法国官员……为了推动这一趋势，并赋予它一个合理的基础，喀麦隆政府的主要任务是为喀麦隆的公共服务制定规章制度……最引人注目的法令之一无疑是开办一个公务员班，这个班的学员要求具有高于高中毕业会考文凭的教育程度。这将使我们所拥有的最优秀的人才在国家事务中发挥作用。"①

1958 年，在国民教育部建立后不久，新成立的喀麦隆政府就宣布计划建立一个大学预备班、一所法律学校和一所培养专业人员的学校，所有这些机构将成为未来喀麦隆高等教育的核心。为此，喀麦隆自治政府经过与法国政府的谈判，签订了一个文化协议。根据协议，双方将在教育和文化活动方面进行合作，法国政府将提供所需的师资、管理人员和技术人员，最终帮助喀麦隆建立和发展一所大学。法国政府在协议中还承诺资助奖学金，承认喀麦隆按照法国的标准颁发的学位、文凭和结业证书。

喀麦隆自治政府所采取的另一重要步骤是在 1959 年开始实施一个 20 年的经济和社会发展计划。在计划制订前，自治政府对喀麦隆的人口、经济和社会状况进行了彻底调查。就教育而言，调查发现喀麦隆教育极大地依赖于私立教育。在初等教育领域，公立小学有 728 所，1933 个班，103100 名学生，而私立小学有 2013 所，5228 个班，227900 名学生。在中等教育领域，公、私立学校分别有 1900 名和 1710 名学生。② 研究认为，送学生到海外接受大学教育，费用昂贵。1959 年，喀麦隆政府拨出 142880000 非郎的预算，用作 500 余名留学生的奖学金，平均每名留学生每年花费喀麦隆政府 742000 非郎。由于高等教育的学制一般为 4—6 年，因此每名留学生完成学业一共要花费 300 万—450 万非郎。高等教育奖学金占到政府教育总预算的 12.1%（教育预算占政府总预算的 14.06%。），③ 这对于像喀麦隆这样一个年轻的国家来说，确实是一个极大的财政支出。

---

① 转引自 Solomon Nfor Gwei, Education in Cameroon: Western Pre-colonial and Colonial Antecedents and the Development of Higher Education, p. 284。

② Solomon Nfor Gwei, Education in Cameroon: Western Pre-colonial and Colonial Antecedents and the Development of Higher Education, p. 289.

③ Ibid. .

在迈向完全独立的过程中，喀麦隆政府意识到，培养足够合格的喀麦隆人担任公共服务中的要职成为国家日益迫切的需要，而在法国或其他国家培养这样的人并不能真正解决问题。基于每名留学生的培养成本为300万—450万非郎，再加上某些奖学金获得者毕业之后拒绝回国以及未能如期完成学业而造成的浪费，这种奖学金是一个沉重的财政负担。此外，法国的高等教育不是根据喀麦隆的国情设计的，所以在法国接受高等教育的喀麦隆人并不适应喀麦隆的形势。因此，在喀麦隆创建自己的高等教育设施似乎是解决这些问题的最佳方式。

根据英国就喀麦隆与联合国签订的托管协议，英国承诺"为合格的学生提供就喀麦隆人的利益而言可能证明是合意的、适用的设施，以便他们获得中等教育和高等教育，包括专业训练"。但是在南喀麦隆于1961年决定与喀麦隆共和国重新统一之前，这一地区的教育并没有超越中等教育，南喀麦隆人只能到英国或尼日利亚、塞拉里昂等英国殖民地接受高等教育。与法国政府一样，英国政府同样采取奖学金的方式为极少数喀麦隆人提供到海外接受高等教育的机会。在签订托管协议的1946年，4名喀麦隆人获得政府奖学金，留学英国。在1947—1949年，共有9名喀麦隆人获得奖学金，其中7人留学英国，2人留学尼日利亚的伊巴丹大学学院。到1952年，获得奖学金的喀麦隆人依然只有13人。以至于当1952年联合国访问团访问南喀麦隆时，听到了很多有关教育设施稀少的抱怨声以及在南喀麦隆建立一所高等教育机构的要求。但是，英国政府没有任何这样的计划。1954年，南喀麦隆在脱离了尼日利亚的管辖而成为一个单独的政治实体之后，建立了南喀麦隆奖学金委员会，负责协调所有奖学金提供者的活动。南喀麦隆政府的奖学金数额有所增加，1955—1956学年为17200英镑，1957—1958学年为18550英镑。1954年，南喀麦隆奖学金委员会共资助了24人，1957年共资助47人，其中17人留学英国，4人留学美国，2人留学加纳，8人留学尼日利亚。①

随着南喀麦隆快速地迈向独立，它对合格的人力资源的需求令人吃惊。1958年，在南喀麦隆政府机构的高级职员中，只有21名是喀麦隆人，而在853名低级职员中，却有649名喀麦隆人。教育机构的不足，特别是高等教育机构的空白严重影响了公共服务，特别是高层次公共服务"喀麦隆化"的速度。政府在一个声明中说："在南喀麦隆目前的发展阶段，必须将时间视为一个重大因素，政府认为最重要的是尽快拥有合格的人才，

---

① Solomon Nfor Gwei, Education in Cameroon: Western Pre-colonial and Colonial Antecedents and the Development of Higher Education, pp. 299—300.

以便为南喀麦隆的全面发展提供帮助。"①

第二节 独立后喀麦隆高等教育的发展

在喜气洋洋的庆祝独立的仪式过后，喀麦隆人必然要回答这样一个问题，即独立意味着什么？显然，如果不能带来物质和文化的更大进步，不能带来一个更为繁荣、更为光明的未来，独立毫无意义。教育被认为是实现自身发展的最重要的工具。喀麦隆独立之初的形势要求运用教育这一工具解决所面临的迫切问题，实现物质和文化的进步，建设一个更为美好的国家。为实现这一教育目标，喀麦隆采取了必要措施，创建自己的高等教育机构。

1958 年，阿希乔政府开办了一个大学预备班、一所法律学校和一所全国性的培养专业人员的学校，这是创办一所喀麦隆大学的第一步。

1959 年，创办了喀麦隆国家行政管理学校（The Cameroon National School of Administration and Magistracy）。这是喀麦隆第一个高等教育机构，主要培养公共服务的管理人员和地方行政官员。

1961 年 4 月 25 日，在法国的帮助下，喀麦隆建立了国家大学学习学院，设置了文科（文学）、理科和法学三科的大学预备班。根据总统令，这个学院的教学是为参加根据法国大学的模式和标准而组织的不同考试作准备的。

1961 年 12 月，由法国图卢兹大学的勒杜教授（LeDoux）负责筹建的一所进行一年文科和法学预备课程教学的学院实际已经开学。这所仓促创建的学院是图卢兹大学的附属学校，文科课程与图卢兹大学的课程完全一样，但是法学课程根据喀麦隆的需要做了一些调整。为了解决师资问题，来自图卢兹大学的教师轮流到这所学院讲学三周。

1960 年 9 月 13 日，喀麦隆政府请求联合国特别基金会帮助在喀麦隆建立一所高等师范学校，以满足不断扩大的初等教育和中等教育的需要。当时的喀麦隆有 35 万名小学生和 7000 名中学生。到 1970 年，预计需要 900 名初中教师、400 名高中教师以及 200 名中等技术学校教师。1961 年 6 月 13 日，喀麦隆政府与联合国特别基金会签订了创建高等师范学校的协议。联合国教科文组织获得授权，负责实施这一项目。根据 1961 年 9 月

---

① 转引自 Solomon Nfor Gwei, Education in Cameroon: Western Pre-colonial and Colonial Antecedents and the Development of Higher Education, p. 300。

30 日的第 61/186 号总统令，喀麦隆在首都雅温德创办了喀麦隆高等师范学校。1961 年 11 月，学校开班，首批招生 26 人。

在喀麦隆独立前，雅温德还有一所军事学校，学生均为现役军人，培养军官是它的教学目的。此外，在原有的农业专家训练中心和农业研究机构的基础上，喀麦隆于 1960 年 3 月 8 日创办了国家农业学校。

上述这些学校的创办为喀麦隆第一所大学的诞生奠定了基础。1961 年 8 月 18 日，喀麦隆共和国政府通过其教育部部长请求联合国教科文组织总干事派遣 "一个国际专家组，帮助喀麦隆制定高等教育政策的总路线和规划未来高等教育的发展"。1961 年 12 月，联合国教科文组织组建了一个由 5 名专家组成的喀麦隆联邦共和国高等教育发展顾问委员会。委员会在喀麦隆进行了为期一个月的工作。在此期间，它帮助喀麦隆政府分析了喀麦隆在高等教育领域的需求，思考了联邦体制、教育中使用两种语言以及经济社会发展的目标和基本选择等因素。在此基础上，委员会帮助喀麦隆政府起草了一个高等教育发展计划，其中涉及高等教育机构的数量与性质，教学科目、研究计划、组织、结构、管理、财政以及计划实施的时间表等。

1962 年 7 月 26 日，根据第 289 号总统令，喀麦隆在国家大学学习学院的基础上创办了喀麦隆联邦大学。同年 8 月 8 日，喀麦隆联邦共和国政府与法国政府签订了一个高等教育合作协议。根据此项协议，法国将为喀麦隆联邦大学的创建提供所需的信贷，招募喀麦隆政府所需的教师，并支付这些人的薪水，承担喀麦隆联邦大学的设备、运作、人员的费用。1962 年 10 月 8 日，阿希乔总统又发布了一个总统令。在这个总统令中，列出了构成喀麦隆联邦大学的高等教育机构。除了喀麦隆行政管理学校和军事学校之外，现有的以及即将创办的所有高等教育机构组成了喀麦隆联邦大学。在 1962—1963 学年开学时，喀麦隆联邦大学由三个系组成：法律与经济系、人文与社会科学系和自然科学系。除此之外，高等师范学院和国家农业学校也归属联邦大学，但因其特殊性而享有一定的独立性。

喀麦隆联邦大学的创建寄托着民族和国家发展的希望。正如阿希乔总统在 1962—1963 学年开学典礼的致词中所说，联邦大学是 "智力活动、引以为豪的事物和民族团结的一个焦点，是文化发展的一个工具，有助于巩固我们这个年轻的国家"。联邦大学在创建时考虑到了国家的特殊状况，即国家流行两种文化和两种语言，同时考虑到了培养各种适应非洲现状的人才的需要。因此，在教学内容上强调双语，又强调与非洲相关的学科。阿希乔总统在开学典礼的致词中还说，联邦大学要提供与西方的大学同等品质和水平的高等教育，为此"拒绝任何'廉价'教育的建议"。[①] 为此，政府将保证投入，不断根据时代的需要对大学的结构进行调整。

喀麦隆这个新生的国家以极大的热情投入高等教育事业的建设中，同时希望为推进社会的进步而整合这一工具。这从新建立的高等教育机构并入联邦大学的速度可见一斑。1969 年 6 月 14 日根据第 69/df/256 号总统令，在雅温德大学内创办了保健科学中心。作为雅温德大学的一个高等学习和研究机构，它除了培养医生和其他高级卫生人员之外，还从事热带赤道非洲卫生问题的研究，以及为喀麦隆人提供医疗和保健服务。

1970 年 5 月 15 日，喀麦隆又开办了国际高等新闻学院。它的教学目标是将大学层次的通识教育与专业培训相结合，培养新闻记者和信息处理专家，以及进行信息问题的研究。而在此前召开的一次中非国家国际会议上，中非各国的代表同意国际高等新闻学院成为雅温德大学的一部分。1971 年 6 月 15 日，非洲学研究中心（1970 年创办）也归属了联邦大学。依托法律与经济系和人文与社会科学系，中心根据非洲的需要，积极推动、组织人文社会科学、经济学和科学技术的研究，同时提供研究技术方面的课程。

根据 1971 年 4 月 24 日的一个法令，喀麦隆国际关系学院创立，并成为联邦大学的一个机构。顾名思义，国际关系学院为学生提供国际关系理论与知识方面的训练，同时提供国际关系和外交政策方面的研究课程。国际关系学院的前身是 1960 年由卡耐基国际和平基金会发起的非洲外交官培训计划。与一般大学学院不同的是，国际关系学院是一个研究生学院，拥有学士学位以及同等学力是入学的最低要求。同时，喀麦隆国际关系学院的学生来自非洲各国。

1971 年 6 月 4 日，根据总统令建立的高等工艺学校也是联邦大学的一个机构。这是一所培养工程师和技术教育教师的学校。当喀麦隆联邦共和国改名为喀麦隆联合共和国后，这所学校也改名为国立高等工艺学校。

1970 年 11 月创立的非洲文献中心是法律与经济系的一部分，在后者的领导下，中心从事喀麦隆经济和法律方面的基础研究，同时收集和整理非洲法语国家以及尼日利亚的经济和法律文献。因此，中心为法律与经济系的师生提供了丰富的研究资料。

总地说来，在 1962—1967 年间，喀麦隆建立了一个综合的高等教育结构。而在 1967 年之后，主要致力于创建专业和技术学校。这些努力主要是

[①] Federal Republic of Cameroon, The Federal University of Cameroon: in the First Year of Inauguration 1962—1963, pp. 14、16.

为了让毕业生能够准备好马上进入公共行政部门和国有企业。到 1972 年，喀麦隆成为一个由 9 个教学单位构成，拥有基础教育和技术与专业教育两种主要类型的高等教育机构。喀麦隆建国之初所创建的高等教育体系是以法国为样板的。高等教育机构分为综合性大学与专业化高等教育机构，尽管综合性大学吸收了绝大多数大学生，但是专业化高等教育机构的声望往往要高于大学。

雅温德大学的发展不仅体现在教学和研究机构的增加以及培训的专业化上，也体现在学生注册人数的增加上。1962 年，大学三个系共招收了497 名学生。随着高等师范学院和国立高等农业学校的并入，1963—1964学年学生注册人数上升到 778 人。第三学年，在校生人数又翻了一番，达1181 人。在 1965—1966 学年，在校生人数增加到近原来的两倍，达 1427人。到第六年，雅温德大学的五个教学机构共招收了 2027 名学生，为第一学年的四倍。随着国际高等新闻学院、国立高等工艺学校和国际关系学院的并入，雅温德大学的学生注册人数跃升到 1970—1971 学年的 2572 人，1971—1972 学年的 3299 人，1972—1973 学年的 4469 人和 1973—1974 学年的 5583 人。可以说，它经历了一个快速发展期。

据 1967 年的法令，联邦大学校长由国民教育部长兼任，是大学的行政首脑，负责大学的行政和财务管理以及教师的聘任。实际上，行政和财务由副校长分管；一直到 1973 年，副校长主持大学的行政和学术工作。国民教育部部长保留对大学的监督权。部长推荐学院和专业学院院长的人选，呈报总统任命。系主任由校长任命，系主任的人选由教师按选举程序产生后交由副校长向校长推荐。

大学设有管理委员会，由副校长主持。各学院和专业学院的院长以及来自各院系不同年级的教师代表都是委员。总统和教育、财经、公共服务、规划、劳动等部委在该委员会都有席位。管理委员会负责制定大学的管理和学术政策，包括教师的聘任、晋升和行为规范以及预算方案。不过，委员会的决议须经教育部部长批准。日常性事务的政策由政府制定。国民教育部下设高等教育司，专门负责处理与高等教育有关的事务。

喀麦隆联邦大学是一所双语大学。教学中使用英语还是法语，取决于授课教师本人，学生写论文和答题时也可以任选英语或法语。从理论上说，这样安排的结果应该是令人满意的，因为自 1961 年起，第二官方语言的教学已纳入全国各中学的课程；之后，该模式又延伸到小学最后三年的教学中。大学开设英语和法语课程，而且是所有学生的必修课。不过，实际情况有所不同。首先，大学由法国资助并由法国人管理，其教学安排更接近于法国或其他法语国家的模式。其次，在喀麦隆，说法语的人口占多数（70%—80%），说法语的教师也占优势，他们对法国的教育体系更熟悉，授课也多用法语。这种状况造成紧张局面，由此便有了建立英语大学以保障英语区学生利益的要求。

在喀麦隆高等教育初创阶段，无论是高等教育的理念树立还是资金援助，法国贡献和影响最大。从 1961—1973 年，喀麦隆联邦大学主要由法国基金会进行管理并提供资金援助。副校长、部分行政人员和相当一部分教师（尤其在初期阶段）都是法国人。法国和喀麦隆两国政府在大学资金投入和教师编配上的比例由法喀委员会每年一次的磋商决定，磋商轮流在法国和喀麦隆举行。1973 年是喀麦隆高等教育的重要转折点。1972 年 5 月 20 日，在经过喀麦隆全民公投后，喀麦隆联邦共和国成为喀麦隆联合共和国。喀麦隆联邦大学因此在 1973 年 8 月被改名为雅温德大学。法国基金会对联邦大学的管理也随之结束。

1973 年后，雅温德大学依然保持了强劲的发展势头，即使是在经济困难时期依然如此。其中 1976—1980 年，注册的大学生人数年均增长 7.6%，1980—1990 年年均增长 12.7%。在经济危机期间的 1987—1988—1992—1993 年，年均增长率甚至高达 14.7%。从高等教育的发展来讲，这种现象在世界上是独一无二的。到 20 世纪 80 年代，雅温德大学已经发展成为非洲最好的大学之一。

表 4 - 1　　　　雅温德大学学生注册人数：1962—1984 年①

1961—1962	1962—1963	1963—1964	1964—1965	1965—1966	1966—1967	1967—1968	1968—1969
213	539	577	1129	1369	1677	1913	1896
1969—1970	1970—1971	1971—1972	1972—1973	1973—1974	1974—1975	1975—1976	1976—1977
2011	2575	3334	4484	5533	6098	7169	8200
1977—1978	1978—1979	1979—1980	1980—1981	1981—1982	1982—1983	1983—1984	1984—1985
9057	9602	9687	9562	10231	10494	12031	18000

---

① ADEA/WGHE，（1999）*Reforming a National System of Higher Education：The Case of Cameroon*，ADEA/ World Bank，Washington D. C. p. 3. http：//www. unesco. org/education/educprog/wche/index. html

第三节　发展中存在的问题

为了吸引更多的学生进入本国大学，减少到国外留学的人数，喀麦隆政府实施了一套非常宽松的入学政策和慷慨的学生福利制度。在这一制度下，申请进入雅温德大学的学生无需经过严格的选拔性考试，而只需拥有中学毕业文凭；除了每学年缴纳 3300 非郎的注册费外，学生在大学就读期间不用缴纳学费；而与此同时，他们每月可以获得 30000 非郎的膳宿津贴，这一津贴水平甚至超过了当时喀麦隆人的平均工资。在制度的吸引下，雅温德大学的在校生人数快速增长。1962 年，它有 539 名学生和 22 名教师；1992 年，它有 50000 名学生和 537 名教师，在校生人数远远超过了雅温德大学最初设计的 5000 名学生的容纳能力。

与此同时，雅温德大学的基础设施并没有增加，教职员工的增长也没有与在校生人数的增长速度保持同步。大学因此变得拥挤不堪，师生比例不断扩大，教学条件日益恶化，师生难以在一个良好的学习环境中，开展教学实践或教学辅导活动，从而直接影响了教学质量。

为了缓解雅温德大学拥挤不堪，人满为患的状况，同时为了加强高等教育的专业化，满足国家建设中对专业技术人才的需求，喀麦隆政府于1977 年创办了四个大学中心：布亚大学中心、杜阿拉大学中心、德昌大学中心和恩冈德雷大学中心。四个大学中心各具专业特色：布亚大学中心以语言、笔译和口译见长，杜阿拉大学中心主要从事商务和技校教师培训，德昌大学中心以农学为特色，恩冈德雷大学中心的强项是食品科学和食品工艺。建立这些大学中心的目的不仅是为优秀学生提供入学场所，也是为了让高等教育在全国更平衡的发展，缓解雅温德大学的压力：布亚位于英语区，杜阿拉位于沿海的经济首都，德昌位于西部草原地带，恩冈德雷位于北部。

与雅温德大学的招生政策不同，大学中心实行严格的入学选拔制，但是学生一旦进入大学中心并顺利毕业，那么他们的发展前景就是非常光明的，因为政府会在他们毕业后，将他们安排在待遇不错，并且岗位稳定的公共部门就业。然而，由于这些中心的严格选拔性和高度专业化以及这些计划实施的不彻底，这次改革对于解决雅温德大学拥塞问题作用不大。在雅温德大学急剧膨胀的同时，这四个大学中心却处于利用率严重不足的状态。例如，1991 年，布亚大学中心只有 60 名学生，而规划招生 2000 人。

恩冈德雷大学中心设计能力是招收 2000 名学生，但实际上只录取了 306 名学生；德昌大学中心可以容纳至少 4000 名学生，但只有 555 名学生。[①]

　　喀麦隆政府在大学教育与高等职业技术教育这两类教育上的政策的不同是导致上述问题存在的重要原因。一方面，高等职业技术教育实行严格的选拔性招生制度，每年只有一小部分学生在经过竞争激烈的入学考试之后才能进入到这些学校就读。另一方面，雅温德大学实行宽进严出的政策，凡是拥有中学毕业证书的学生都有资格申请进入大学，结果大量未经选拔的学生涌入雅温德大学。这导致许多学生在大学期间不能顺利完成学业，而许多毕业生则由于缺乏一技之长而不能轻松地找到工作，以至于离开校门后就面临着失业或不能充分就业的状况。令人遗憾的是，尽管喀麦隆政府付出极大的努力，发展专业教育，但是承担培训任务的专业学校并没有培养出足够的毕业生，以填补公共部门急需的各类专业技术职位，更不用说满足私营部门的需要了。显然，在解决对大学教育不断增长的需要的问题时，如何增加接受专业和技术教育的学生人数，也是一个亟待解决的挑战。

　　而政府安排的高等教育公共预算则显然已不能适应雅温德大学学生快速增长的现状以及社会对高等教育的强烈需求。在 1993 年之前，喀麦隆的高等教育机构都是公立的，也就是说，就资金供给而言，政府一直是传统的主要供给者。政府的拨款一直占到雅温德大学财政预算的 94%—96%，其余的来自于私营部门或像法国、比利时、英国等这样的友好国家的援助。从表 4-2 中可以看出高等教育预算在政府总预算中所占的比重。

表 4-2　　　　1981—1999 年高等教育部在国家总预算
中所占的比例[②]　　　　（单位：10 亿非洲法郎）

年份	国家总预算	高等教育预算拨款	高等教育预算所占比例
1981—1982	412.430	0.447	0.11
1982—1983	494.230	0.585	0.12
1983—1984	648.945	0.725	0.11
1984—1985	751.016	2.677	0.36

---

　　①　ADEA/WGHE，　　（1999）*Reforming a National System of Higher Education: The Case of Cameroon*, p. 1.

　　②　转引自 Tafah Edokat, Migration of Human Capital: Some Implications for Higher Education in Cameroon. *Journal of Applied Social Sciences*, Vol. 4, No. 1, 2004, p. 44。

续表

年份	国家总预算	高等教育预算拨款	高等教育预算所占比例
1985—1986	876. 591	4. 025	0. 46
1986—1987	858. 598	5. 188	0. 60
1987—1988	630. 337	2. 856	0. 45
1988—1989	551. 434	7. 797	1. 41
1989—1990	513. 799	10. 939	2. 13
1990—1991	541. 342	9. 947	1. 84
1991—1992	613. 343	10. 947	1. 78
1992—1993	487. 052	11. 885	2. 44
1993—1994	451. 284	20. 257	4. 49
1994—1995	549. 595	16. 901	3. 08
1995—1996	638. 424	16. 127	2. 51
1996—1997	892. 278	13. 029	1. 46
1997—1998	1230. 000	15. 479	1. 26
1998—1999	1297. 640	10. 514	0. 81

　　长期以来，喀麦隆政府的教育预算分配政策是向基础教育倾斜的，结果牺牲了高等教育。更糟糕的是，高等教育内部预算的重新分配也不尽合理，在追求公平的时候牺牲了效率。大量的经费用于学生的福利，而像教学与研究这样的基本职能和主要活动却缺少发展所需的建设经费。

　　1974—1988 年，雅温德大学超过 20% 的预算用作学生的助学金和奖学金，而同一时期，用于科研、购买图书与实验设备的预算却几乎不到 5%。[①] 这种状况在 1988 年以后并没有得到改善，反而进一步加剧。1991 年雅温德大学将它的 46.3% 的预算用于支付教职员工的薪水，将 43.3% 的预算用于学生的奖学金、膳宿，8.9% 的预算用于经常性支出，而留给科研和实验设备的只有 1.5%。[②] 学生福利变得比大学的根本使命——教学、研究和为国家发展作贡献更为重要。这就解释了为什么面对学生人数的快速增长，大学基础设施与设备的建设一直处于停滞状态。

　　毫不令人感到惊讶的是，雅温德大学的教师对自己的工作条件日益不满。首先是师生比不断扩大。雅温德大学初创时，共有 213 名学生，21 名

---

　　① 转引自 Tafah Edokat, Migration of Human Capital: Some Implications for Higher Education in Cameroon. *Journal of Applied Social Sciences*, Vol. 4, No. 1, 2004. pp. 43—44。

　　② 参见 ADEA/WGHE, *Reforming System of Higher Education: the case of Cameroon*。

教师，师生比为 1：10；1981—1982 学年有学生 10231 名学生，544 名教师，师生比 1：19。可以说，这时师生比仍在合理的范围内。但此后，师生比不断扩大，1984 年为 1：34，1991 年为 1：54。师生比在系与系之间相差很大。例如，在 1990—1991 学年，法学和经济学系师生比为 1：132；文科系为 1：58；理科系为 1：252。同一学年，如果只是考虑副教授和教授，那么三个系的师生比分别为 1：482、1：362、1：1252。① 这些比例远远不是可以接受的标准，它们给教学质量、研究生教学计划以及研究带来了极为严重的消极后果。众多的学生、沉重的教学任务，使得教师难以在提高教学质量和科研方面投入更多的精力。

还让大学教师感到不满的是，现有的政策环境让他们觉得自己的职业前景模糊不清和缺乏保障。尽管 1967 年 12 月 24 日的 No 67/DF/566 法令和 1969 年 1 月 8 日的 No 69/DF/8 法令明确规定了大学教师的地位，但是对教师工作岗位的不同申请资格以及某些承继下来的传统的持久影响，严重阻碍了这些法令的实施。主要的问题有这样一些：第一，从法国之外国家获得学位的喀麦隆教师可以比较轻松地成为讲师和副教授，但是要晋升为教授，就会面临极大的困难。而那些从法国大学获得学位的喀麦隆教师则可以更为轻松地成为教授。不过，他们在从讲师晋升为副教授时会经历一些困难。第二，喀麦隆依据外国的条件吸收不同级别的新教师，而这些条件只适合于那些在法语国家或法国大学接受训练的教师。第三，大多数专业学校的教师在达到晋升的一般要求方面存在很大的困难。这主要是因为他们的专业性质，这些专业是以生产为导向的，而不是以研究为导向的，并不需要最高学位（如哲学博士或博士）。

缺乏明确的职业发展前景和客观的基于工作表现的晋升标准，工作环境糟糕，教学负担普遍过重，缺乏研究设备和进修机会，学生缺乏纪律性，所有这些因素让教师，特别是那些年轻的教师感到沮丧。大学因此变得士气消沉，失去了发展的动力。

雅温德大学早期的目标定位是为独立后建设中的民族国家培养急需的人才，特别是公共部门以及国有企业所需的管理与技术干部。因此，雅温德大学的毕业生大多成为公务员，以至于 1990 年喀麦隆的公务员成为非洲所有国家中最为庞大的一支队伍。这一狭隘的目标定位以及与之相应的教学计划与课程设置都显然无法适应喀麦隆发展过程中市民社会与私营经济发展的需要，同时也影响了职业技术教育的发展和高等教育的专业化。而

---

① 参见 ADEA/WGHE，*Reforming System of Higher Education：the case of Cameroon*。

庞大的公务员队伍又给国家的财政带来沉重的负担。在 20 世纪 80 年代初，
雅温德大学的毕业生已经面临着失业的压力。为缓解这种压力，喀麦隆政
府于 1984 年和 1986 年分别招募了 1500 名和 1700 名毕业生。但这些毕业
生拿到的已经不是保障稳定、待遇不错的"金饭碗"，而是一份待遇很低、
保障无力的就业合同。上述的各种因素影响了学生的动机和发展可能性，
因此导致学生学业表现不佳。每年考试的通过率只有 30%，而 70% 的不及
格率又成为高辍学率的正当理由。而低及格率也导致了学生对教师和高等
教育制度的不满，这种不满在 1990 年终于爆发。

第四节 政治经济危机中的雅温德大学

雅温德大学在发展过程中存在的这些问题在 20 世纪 80 年代中后期出
现的政治经济危机中全面爆发出来。如前所述，雅温德大学的财政几乎完
全是由国家提供的。当 20 世纪 80 年代经济危机爆发时，喀麦隆政府不得
不削减它的财政支持。学生的补助金与奖学金和教职员工的薪水不能按时
发放，大学每年获得的经费远远低于预算，公共部门人事被冻结，学生的
就业前景变得黯淡。大学校园里因此弥漫着不满和不安。

表 4 - 3   教育层次与失业率①   （单位：%）

	未受教育	小学毕业	中学毕业	高等教育毕业	合计
1983 年	9.4	8.4	5.2	1.5	7.3
1987 年	9.4	14.9	16.5	9.4	14.7
1993 年	6.5	23.8	26.7	30.9	24.6

为了走出经济危机，喀麦隆政府接受国际货币基金组织和世界银行的
建议和要求，进行了社会经济结构的调整。这些调整政策中所包含的新的
思想与理念对喀麦隆社会带来了极大的冲击，如新自由主义、重视个人与
表现、全球化、知识经济、竞争等。这些新思想、新理念影响到社会生活
的各个领域，其中也包括了教育，使人们对教育有了新的理解。首先，根
据传统的看法，就培养高素质的人力资源而言，高等教育的扩充是发展的
一个重要标准。这种看法受到了挑战，发生了转变。这表现在国际组织对

---

① Keio University, Faculty of Business and Commerce, International Comparisons of Taxation in
Developing Countries 2002, p. 131.

投资回报率的强调上。其次，已往人们根据社会价值，而不是直接根据可以计量和可以评估的标准来看教育的价值，现在社会的价值逐渐被市场的逻辑所取代。因此，鼓励个人或私营部门对高等教育的参与，这被认为可以增进高等教育的效率。私营企业的管理规则，特别是像成本分担、良好管理、责任制等这样的话语开始频频出现在大学的管理中。

与国际环境的变化相呼应的是喀麦隆国内形势的变化。这种变化同样对喀麦隆的高等教育产生了影响。对于喀麦隆高等教育和雅温德大学来说，如何有效地对自身所承担的目标，特别是对培训、研究、社区服务这些目标作出反应，已经越来越成为一个意义深远的挑战。在经过二十多年为"新生国家的管理培养不可或缺的管理者"之后，喀麦隆的高等教育面临着重新定位和为自己所培养的学生重新寻找社会空间的问题。但是，在经济危机爆发前，喀麦隆的高等教育系统并没有发生这样的转变，喀麦隆社会也没有改变对高等教育机构的期待。在喀麦隆政府接受由国际组织推出的社会经济结构调整计划后，喀麦隆高等教育的剧变终于发生了，大学校园中长期积聚的不满借着政治民主化运动喷薄而出，雅温德大学也因此成为一个重要的政治舞台。

在社会经济结构的调整过程中，喀麦隆高等教育和雅温德大学成为公众的热点话题之一，雅温德大学师生不仅参与了有关的大讨论，而且最后也经历了自身的调整。围绕着长期以来被视为大学内部事务的问题，如奖学金、工作条件、教学质量、教育腐败、语言与社会不平等，等等，在1990年和1991年，雅温德大学的师生组织和参与了多次游行示威。游行示威活动引起了公众的注意，喀麦隆高等教育所存在的问题及其改革的方向也因此成为媒体关注的话题。

1990年7月，自然科学系一年级学生发动示威活动，抗议期末考试成绩的评定，谴责欺骗、宗派主义等不正当行为。他们的行动将有关高等教育的运转、作用和地位等问题第一次摆在媒体与公众面前。大学的高层管理者试图进行辩护，他们说喀麦隆的高等教育运转良好，得到全国的信任，具有国际影响力。这种努力适得其反，它加剧了有关大学的社会作用及地位的辩论。8月29日，《信使报》对大学高层的辩护进行了批驳。它的矛头不仅对准了大学的内部效率——教学质量、教学计划、研究和学位水平、结构、招生和教学实践等，而且对准了大学的社会作用——缺乏创新性、令人难以期待、不能适应地方的现实、没有产出等。在1990—1991年，大学中弥漫的不安定以及谁应该为此负责，一直是公众讨论的话题。《信使报》、《喀麦隆论坛》以及《锦标周报》等媒体开辟出"大学论坛"、

"大学专栏"等版面进行讨论。

随着讨论的深入，高等教育问题逐渐转变成了社会和政治问题。人们认为，大学的弊端与喀麦隆的政治弊端相关，在某种意义上，它本身是一个制度和管理问题，正是制度和管理因素导致了大学的衰败。在这个过程中，学生的行动与要求也发生了变化，他们的行动框架从大学转向整个社会，他们的要求从政府供应膳食转向所受教育与未来的可信性。与之相应，大学生的社会地位与作用被重新定义，他们被认为是"争取民主与自由的先锋"。随着大学教育成为一个社会和政治问题，各派政治力量在大学问题上的立场发生了分化，大学也因此成为政治斗争的一个试验场。

1991 年 3 月，因为一名经济系的一年级学生殴打教师（原因是对教师成绩评定和中止课程不满），使得与大学问题相关的政治张力再一次紧张起来。一些自称为"国会与全国学生协调组织"的学生决定罢课，要求召开全国性会议，特赦政治犯。他们认为这些问题比恢复授课更为重要，因为后者与整个体制有关，体制必须做出修改，而这只有通过召开全国会议才能做到。1991 年 5 月 6 日，警察进驻雅温德大学，并且逮捕了一些学生，结束了校园中的无序状态，当然这也引起国内外的抨击，认为此举破坏了学术自由。

在 1990—1991 年的这场有关高等教育的大讨论以及政治斗争中，英语区问题又重新进入公众的视野。自从 20 世纪 60 年代以来，人口占少数的英语区一直认为自己在政治、社会和经济方面受到了不平等的对待。可以说，雅温德大学的学生示威活动首先是由来自于英语区西北省的学生发起的。在 1990 年 10 月的示威活动中，来自英语区的学生要求在大学中合理地实施双语政策，特别是在教学与考试中。来自英语区的教授也提出了类似的抗议，他们抱怨在职称晋升和职务任命方面，来自法语区的同事总是享有优待。来自英语区的师生的不满之声不仅仅出现在雅温德大学中，而是在所有的高等教育机构中都可以听到。

教育上的受挫感实际上是英语区在经济、政治和社会生活中遭受排挤的一个反映，英语区认为这导致了他们在国家管理中的边缘化。他们所提出的最后要求是恢复国家的联邦制，以此保障英语区的特征与利益。教育问题因此成为这些与认同相关的要求的一部分，由于双语政策问题，一所大学的模式受到了挑战，从而影响了 1993 年改革中的大学地区化政策。

大学校园的动荡以及国内外的压力使得喀麦隆政府不得不思考大学结

构的调整与高等教育的改革问题。1991 年 5 月，喀麦隆政府宣布创建两所大学，一所是位于布亚的英语区大学，另一所是位于恩冈德雷的法语区大学。1992 年 4 月 13 日的第 92/074 号法令确定了这一计划。布亚大学和恩冈德雷大学分别取代了原来的布亚大学中心和恩冈德雷大学中心。但喀麦隆政府发现，即使是布亚大学和恩冈德雷大学正式运作，也不能充分缓减雅温德大学的拥挤状况。因此在 1993 年 1 月，喀麦隆政府颁布了推进大学全面改革的法令。

第五章

1993 年高等教育改革

自独立以来，就像其他的许多发展中国家一样，喀麦隆的高等教育系统一直背负着一个沉重的包袱——不能充分适应社会需要的变化。这个问题就是学生人数不断增加而公共资源不足。1993 年喀麦隆高等教育改革旨在对高等教育体制进行全面的改革，建立一个"合理的高等教育体制，并使之顺利运转，既推进大众的教育，又鼓励卓越的教育"。①

第一节　改革的目标

1993 年 1 月 19 日，喀麦隆总统颁布了第 93/026 号法令，从而开始了自高等教育体制创建以来最大规模的一次改革。这个法令可以说是对 1992 年 4 月 13 日颁布的第 92/074 号法令的补充。改革所针对的是前面所述的喀麦隆高等教育发展中存在的问题：基础设施的不足、师生比过高、教学设备短缺、预算分配不当、教学质量不高、课程设置不合理、毕业生失业、大学共同体士气低落等。

同时，需要把这次改革视为经济危机时期喀麦隆所进行的社会经济结构调整的一部分，是结构调整政策在高等教育领域的延伸。改革是由总统任主席的全国高等教育与科学研究委员会提出的。该委员会是一个咨询机构，具有广泛的代表性。其成员包括政府官员、大学教师、大学生、私营企业代表和市民社会代表。主要来自高等教育部和财政部的政府官员与总统、大学的负责人一起负责制定改革的具体政策。尽管这个过程没有直接咨询利益相关者的意见和建议，但是改革考虑了公众，特别是学生的利益。因此，在改革的精神与原则上，1993 年的高等教育改革与社会其他领域的结构调整是一致的，如民主化、私有化等。

改革旨在通过扩大不同的利益相关者在高等教育机构财务与管理方面

---

① UNESCO/ World Bank (2000), Higher Education in Developing Countries. Perils and Promises: Task Force on Higher Education and Society, IBRD/ World Bank, Washington D. C.

的参与，增进高等教育机构的发展能力，以解决上述这些问题。具体地说，要实现下列目标：

（1）创建五所新的大学，以缓解雅温德大学过于拥挤的状况，其中四所是以 1977 年建立的四个大学中心为基础的。

（2）通过调整大学的地理分布和专业设置，为所有喀麦隆人提供平等的接受大学教育的机会。

（3）通过提供更多的能够使毕业生在私营部门就业和自我创业的教学计划，使教学计划更为多样、更为专业、更适应工作市场的需要。

（4）大学向本埠、全国和世界开放。

（5）通过将没有得到充分利用的大学中心升格为有着不同学位教学计划的大学，更为合理地使用现有的基础设施、设备和服务。

（6）提高注册费（从 3300 非郎提高到 50000 非郎）并使之制度化，扩大和增加各利益相关者在大学财政和管理等方面的参与。此外，鼓励大学以其他方式创收，鼓励大学参与社区发展，从而使自己的资金来源多元化。

（7）保证大学的基础设施和基本投入，赋予大学更大的学术和管理自主权。

（8）为教师营造更好的教学与研究氛围和环境。

（9）鼓励大学开展校际合作和国际合作，鼓励大学与工厂、企业单位挂钩，实行互利合作，为大学生毕业后就业创造条件。

（10）提高教职员工的待遇，完善教职员工晋升制度，以激励教职员工，同时改善学生的学习与生活条件。

从更为宽泛的意义上说，这次改革试图解决喀麦隆高等教育在受教育权、教育质量、能力建设以及资金等方面的挑战。

第二节　改革的成果

1999 年，非洲教育发展联合会（ADEA）与世界银行合作，委托高等教育工作组（WGHE），对 1993 年改革之后喀麦隆高等教育的发展状况进行了评估，形成了名为《一个国家高等教育体制的改革：喀麦隆》[①] 的报告。报告认为，尽管改革是在喀麦隆面临严重经济危机的情况下推出的，

---

① ADEA/WGHE,(1999) Reforming a National System of Higher Education: The Case of Cameroon, ADEA/ World Bank, Washington D. C. http://www. unesco. org/education/educprog/wche/index. html

这次改革取得了一定的成功。但由于经济困难，政府投入减少，许多改革措施难以落实，以至于改革的进程举步维艰。

一、高等教育入学机会的扩大

通过这次改革，喀麦隆创建了六所完全意义上的大学，它们是位于西南省的布亚大学、位于西部省的德昌大学、位于滨海省的杜阿拉大学、位于安达马瓦省的恩冈德雷大学和位于中部省的雅温德第一大学和雅温德第二大学。其中布亚大学是一所英语大学，按照盎格鲁—撒克逊模式办学；恩冈德雷大学是法语大学，其他四所大学为双语大学。国立大学由改革前的 1 所增加到 6 所，在一定程度上缓解了原来的雅温德大学人满为患的问题（见表 5 – 1）。

表 5 – 1　　　　　喀麦隆大学学生注册人数：1986—1995 年①

	1986	1987	1988	1989	1990	1991	1992	1993	1994	1995
雅温德第一大学	17535	19893	22298	26744	34868	37215	25169	16455	17553	17524
雅温德第二大学							15247	9110	7741	5631
布亚大学					58	65	790	2048	3286	4093
恩冈德雷大学					364	306	566	826	1286	1369
德昌大学					555	665	1299	1647	2147	3554
杜阿拉大学					645	900	1199	3654	6238	7149
合计					36490	39151	44270	33740	38251	39320

同时，它也在一定程度上解决了大学的地区分布问题。改革之前，全国唯一的一所大学——雅温德大学位于首都。尽管实行宽松入学、免费教育和良好福利的政策，但地理因素仍构成生活于边远地区与低收入家庭的喀麦隆人接受高等教育的重要障碍，对于女性来说尤为如此。许多喀麦隆人因为大学远离家乡，交通不便，或者因为首都雅温德的生活成本而放弃了高等教育机会。在 1991/1992 学年，雅温德大学学生中来自于北方三省的仅占 4%。而在 1993 年之后，喀麦隆人有了更大的接受高等教育的可能

---

① 转引自 ADEA/WGHE，Reforming a National System of Higher Education：The Case of Cameroon，p. 4。

性。许多原本因为雅温德生活成本高和远离家乡而无法接受高等教育的学生，现在发现无论是从费用还是地理上来说，他们都可以触摸到大学的校门。进大学接受高等教育现在变得更为容易，费用更低。1995/1996 学年，仅在恩冈德雷大学，来自北方三省的学生就占到了 50%。各所大学女生比例的增加也是大学地理分布更为合理之后所发生的积极变化之一。越来越多的家庭愿意送自己的女儿到离家更近的大学接受教育。以布亚大学为例，在 90 年代末，女生比例达 47%。①

在 1993 年大学改革之前，雅温德大学的教学基本上使用法语。同时，这所大学的教学计划在结构和内容上都移植法国大学体系。这极大地降低了英语区学生的成功率，限制了他们进入大学的机会，增强了他们的挫折感。新创建的布亚大学是一所英语大学，按照盎格鲁—撒克逊传统进行办学，满足了英语区学生和家长的需求。而在此之前，讲英语的学生大量赴尼日利亚、欧洲和北美国家留学，而现在他们发现在国内同样可以接受英式高等教育，这极大地降低了他们的教育成本。同时，它的存在也为大量喜欢这种类型教育的讲法语的喀麦隆人提供了另一种选择，这样他们可以在国内而无需到海外接受英式教育并支付昂贵的学费。布亚大学的大多数学生来自于喀麦隆的英语区——西南省和西北省，同时也有为数不少的学生来自法语省份，特别是滨海省、中央省和西部省。

改革使得喀麦隆公立大学的数量从 1 所增加到 6 所，但仍然无法满足快速增长的中学毕业生以及寻求专业发展的成人对高等教育的需求。在这种情况下，宗教团体与企业借着这次改革，开始涉足高等教育，私立高等教育因此得到了快速发展。在这些私立高等教育机构中，包括了位于雅温德的中非天主教大学、巴门达的国际大学等有名的学府。在 1993 年后，私立高等教育机构如雨后春笋般地出现在喀麦隆全国各地，成为喀麦隆高等教育体系中一个重要组成部分。

总之，经过 1993 年的改革，喀麦隆人扩大了接受高等教育的机会。这从改革之后 6 所公立大学在校生人数的不断增加可以看出。以布亚大学为例，1992—1993 学年学生注册人数为 890 人，之后五个学年分别为 1925 人、3302 人、4060 人、4114 人和 4704 人。1997—1998 学年，在校男生总数为 2672 人，女生 2012 人。②

---

① ADEA/WGHE, Reforming a National System of Higher Education: The Case of Cameroon, p. 10.
② The University of Buea. The University of Buea Strategic Plan 1998—2003, 1998, appendix.

二、教育质量的提高

改革前喀麦隆高等教育的发展是以牺牲质量为代价的，因此 1993 年改革设定的许多目标是解决大学的教育质量问题。缓解雅温德大学过于拥挤的状况，赋予大学更大的学术和管理自主权，提供更多元化的教学计划（这些教学计划更专业、更适应劳动市场的需要），创造一个有利于教学和研究的环境以及确定学生的选拔条件，所有这一切都是为了确保教学质量。

首先，将教师与学生调配到不同的大学，使得大学的师生比从 1992—1993 学年的 1:54 下降到 1995—1996 学年的 1:34。1995—1996 学年各所大学的师生比分别是：布亚大学为 1:34，杜阿拉大学为 1:45，德昌大学为 1:19，恩冈德雷大学为 1:15，雅温德第二大学为 1:29。[①] 总之，师生比的提高有助于改进教学质量。这从学生考试及格率的提高上可以看出来。1995—1996 学年，德昌大学、雅温德第一大学和布亚大学的学生考试及格率分别为 48%、48%、70%，而在 1991—1992 学年，雅温德大学学生考试及格率仅为 30%。[②]

1993 年改革的一个重要内容是将学年重新改为两个学期，同时实行模块式或课程式学分制。实施学分制旨在使教学计划更多样化、专业化，更贴近就业市场。例如，在这种制度下，学生可以将学术性课程与实用性课程结合在一起学习。同时，学分制允许学生按照自己的步骤不断进步，从而减少不及格率。因此，学分制推动了课程计划、课程内容的修订，方向是增进教学的实用性和相关性。不过，由于学分制对于大多数教师与学生来说是新事物，所以在实施过程中一开始也碰到了一些困难。

改进大学教育的效力，加强它的专业化建设，使之适应劳动市场的需要，这是非常重要的。只有这样，才能保证大学的外部效力。1962 年创建雅温德大学的主要目的是训练合格的人力资源，但是这主要被理解为替代原先在公共机构和半国营机构中任职的，喀麦隆独立后移居国外的教师和行政人员。结果，雅温德大学的毕业生没有获得一种私营部门需要的教育。当公共部门的就业饱和时，大学毕业生发现他们自己缺乏在私营部门就业或自我创业所需要的知识和能力。所以，在 20 世纪 80 年代中后期、90 年代早期的经济危机中可以看到，学历越高的群体失业率越高这样一种

---

① ADEA/WGHE, Reforming a National System of Higher Education: The Case of Cameroon, p. 11.

② Ibid., p. 13.

不正常的现象。1993 年改革的一个重要目标是教学计划的专业化，使之更适应劳动力市场的需要。为了实现这个目标，要求大学咨询其他利益相关者，在专业人士的参与下，确定地方市场的需求，确定接受专业培养计划的前提条件，拟定招聘教师的基本要求。

正如先前注意到的，在改革以前，大学体系中就已经存在专业教育，如德昌的农业教育、布亚的翻译教育、恩冈德雷的食品技术教育、杜阿拉的商业与技术教育。在雅温德，有工程学院、新闻学院、医学校、国际关系学院和教育学院。但这些专业的设置和专业学院的设立，更多的是为政府和国营企业培养干部和技术人员，并不能适应经济结构调整后私营经济发展的需要。同时，已有专业设置明显偏少。1993 年改革的结果之一是许多新的专业教学计划出现在大学里。例如，在布亚大学，开设了妇女与女性研究、会计、银行与财政、护理、检验医学、化学处理工程、材料科学和新闻与大众传媒等专业教学计划。更为重要的是，高等教育的专业化建设更多地面向社会，面向劳动力市场。比如，杜阿拉大学创办了技术学院，并且积极寻求与私营企业的合作。这与改革之前高等教育主要为公共部门培养专业人才形成了鲜明的对比。

德昌大学开展的远程教育则是改革后喀麦隆高等教育系统中所出现的一大亮点。为了满足喀麦隆对受过良好训练、能干高效的中层技术人员的需要，推动喀麦隆传统农业向充满活力的、面向市场的、可持续的农业转变，德昌大学于 1996 年启动了一个远程教育计划，开展热带农业技术的证书与文凭教育。这项计划得到了加拿大国际发展署的资助，并在加拿大圭尔夫大学的协助下付诸实施。德昌大学的热带农业技术远程教育计划满足了国内农业技术人员再教育以及农业技术专业大学生的日益高涨的教育需要。其目标是提升有关人员的农业技能，培养一支高效、能干，能以自身所掌握的科学技术推动喀麦隆农业发展的队伍，推动喀麦隆的远程教育，缓解国家有限的教育资源所面临的压力。德昌大学的这一远程教育计划取得了很大的成功，它表明在喀麦隆的其他领域，如教师教育，推广远程教育有着很大的潜力。

三、行政和财务方面能力建设的推进

1993 年改革的目标之一是调整大学的管理结构，提高管理效率。为此，改革要为每一所大学提供一个管理团队，以确保大学的有效运转，同时赋予大学在财务、行政和教学等方面更大的自主权。改革之后，从中央行政机构到院系、学校，都建立了新的管理结构。

1993 年高等教育改革与大学行政与财务管理相关的关键词是参与。自 1993 年以来，政府中有一名由总统任命的部长专门负责管理全国的高等教育，维护学术秩序。在各高等教育机构间建立专业委员会，如大学协调委员会等，负责制定、实施和评估教育与研究计划。在大学内部，有校长、行政委员会、技术委员会等各种机构，参与行政与学术管理。通过这些机构，整个大学团体得以更好地参与到大学的运行中来。

在财务管理方面，1993 年改革试图扩大各利益相关者对大学财务和管理的参与，拓宽大学的资金供给基础，同时赋予大学在财务管理方面更大的自主权。在 1993 年之前，政府几乎是大学资金的唯一供给者，大学对于自己的创收所得没有任何直接支配权。1993 年改革鼓励大学自己创收，同时实行教育成本分担制度。这次改革不仅取消了自 1962 年以来一直实行的奖学金制度，而且向每名学生收取每年 50000 非郎（大约 85 美元）的注册费。注册费数额不大，却很快成为大学重要的收入来源，其数额往往占到大学经常性预算的 20%—30%，尽管剩余的部分（超过 70%）仍由政府提供。而学生奖学金的取消也有助于学校将有限的资源更多地用于教学和科研。

1993 年的改革赋予大学管理者在行政与财务上更大的自主权，同时也使他们面临着竞争的压力，从而让他们意识到提高高等教育管理水平的迫切性。因为，为了保证学校的健康发展，他们必须设法说服政府与经济、社会合作伙伴为大学提供更多的资源，以应对可以预见的学生人数的迅猛增长。为此，布亚大学的管理者依靠英国曼彻斯特大学的协助，在充分征询各方意见的基础上，率先制定了本校的五年发展战略规划，为学校的师生以及管理者指明了学校发展的方向、目标以及行动计划。

第三节　阻碍改革的障碍

1993 年后，喀麦隆高等教育发展的很多数据让人感到乐观，但正如英国学者恩格瓦纳所说："简单地从改革所带来的量的变化来看这个国家高等教育体系的状况，可能会导致过度简单化的认识。仔细审视这个体系的趋向与发展，会呈现出一幅完全不同的画面。"① 1993 年改革是在喀麦隆

---

① Terfot Augustine Ngwana, The Implementation of the 1993 Higher Education Reforms in Cameroon: Issues and Promises. In *Higher Education Policy: Institutions and Globalisation. New Dynamics in South Africa after* 1994. Centre for Higher Education Transformation. South Africa. Available at http://www.chet.org.za/

社会经济和高等教育处于最困难的时候推出的，改革的步子很大，内容涉及各个方面，因此不可避免地遇到一些阻碍改革目标实现的障碍。

一、质量保障的障碍

在改革的最初几年，大学里的师生比有了明显降低，教室和其他基础设施也显得相对宽裕。但是，改革后大学生入学人数的迅猛增加使得在校生人数很快又超过了这些大学的接受能力。布亚大学、杜阿拉大学和德昌大学因此不得不利用校外的设施进行教学。政府没有顾及大学所面临的办学空间不足的窘境。学生人数不可控制地增加，对教学质量以及考试及格率产生了消极的影响。面对成千上万的学生，图书馆难以提供所需的服务。改革之前在雅温德大学存在的人满为患的情况有在各所新大学出现的趋势。这种情况的发生，更多的是因为社会的压力，而不是政府的命令。布亚大学主要服务的英语区有 300 万人口（占喀麦隆总人口的 20%），每年有 7000 名中学毕业生。由于基础设施和教学设备的不足，它不得不通过筛选机制每年只招收 1000 余名学生。[①]

改革新推出的学分制还没有完全被师生掌握，同时缺乏合格的教师和必需的基础设施，这使得提高教学质量的目标实际上不可能实现。高质量的教育在很大程度上取决于高素质的教师。但是在师资队伍的改进方面，尽管采取了很多措施，却没有什么明显的起色。自 1993 年降薪和 1994 年非郎贬值后，大学教师工资很低，大学没有能力招收到足够数量的合格的教师。很多教师到国外谋职，大学回到靠招聘硕士研究生当助教的地步，而这一做法早在 1973 年已被放弃。有些大学则在很大程度上依靠外校兼职教师授课。

1994 年以来，有两类人可以在喀麦隆担任大学助教：一类是拥有最高学位资格（比如哲学博士），但是没有教学经验，没有发表过任何论文。这样的人在任教一年，并至少发表一篇论文之后就可以晋升为讲师。另一类人拥有硕士学位，他们在任教两年，并发表两篇论文之后才可以晋升为讲师。随着大学数量的增加，为了给这个新的高等教育体系提供充足的、合格的教师，以确保教学质量和研究活动的开展，招聘更多的教师和重新发挥现有教师的作用成为一件迫切的事情。不幸的是，大多数新教师没有哲学博士这样的最高学历证明，或者缺乏必要的经验。大多数教师是在海外接受教育，因为喀麦隆国内大学所能提供的研究生学位教育为数不多。

---

① ADEA/WGHE, Reforming a National System of Higher Education: The Case of Cameroon, p. 15.

海外进修通常是由国际组织、友好国家和校级交流项目资助。不过，这些资金来源并不足以培训出喀麦隆高等教育持续发展所需的师资。在 1997—1998 学年，布亚大学的 259 名教师中只有教授 3 人、副教授 20 人、讲师88 人，其余的都是助教或辅导员。① 在雅温德第一大学，助教占教师总数的 24%，在雅温德第二大学占 47%，在布亚大学占 69%，在恩冈德雷大学占 64%，在德昌大学占 72%。② 这样的师资结构显然难以保证教学质量。

尽管六所公立大学的生师比一度从 1992—1993 学年的 54:1 下降到1995—1996 学年的 34:1，但是之后又有重新扩大的趋势。在理工科专业与学校，教师的缺编尤为严重。在杜阿拉大学的高等技术教育师范学校，共有 106 名教师，其中 49 名是兼职的。这所学校在发展过程中，一直面临着与企业争夺有经验的技术人员的竞争。按照学科的性质，要达到 1:10 这样一个合理的师生比，学校必须再增加 86 名教师。③ 由于缺少足够经验丰富的老教师的指导，许多新教师缺乏教学经验和技能。教师数量的不足一方面使得教师与学生之间难以建立正常的联系，另一方面则造成教师教学工作量普遍过重。后者又往往影响到教师的备课时间和对改进教学的探索以及在职培训。还有些教师则因为兼任的行政工作占用了他们大量的时间和精力而难以在教学上保证有效投入。

为了保证教育质量，学生必须拥有可以使用的实验室、图书资料、教学资源和教室等。1993 年改革法令规定，大学应该允许学生依靠可以得到的基础设施（实验室、图书馆、教育资料、教室）以及人力和财力资源。可是，即使在大学的基础设施方面几乎没有任何投资，对高等教育的需求仍保持不断增长。尽管大学有自主决定招生人数的权力，但是在巨大的社会和政治压力下，同时也是为了能从注册费中维持原有收入或获取更多的收入，大多数大学的招生人数远远超出了其场地、设备甚至是人力资源的限制。对于雅温德第一大学的高等师范学校和杜阿拉大学的高等技术教育师范学校这两所喀麦隆最为重要的中学师资培养机构的图书馆，联合国教科文组织曾做过这样的评价："这两所学校不再有图书馆，这样的说法似乎也不错。"在高等师范学校，图书馆里的藏书几乎近 20 年没有更新。④

---

① ADEA/WGHE, Reforming a National System of Higher Education: The Case of Cameroon, p. 12.

② Ibid., p. 18.

③ ED/HED/TED/2003/PI/21, Capacity Building of Lead Teacher Training Institutions in Sub-Saharan Africa: Cameroon.

④ Ibid..

由于教学实践经费的取消，高等师范学校教师培养过程中非常重要的课外实践和教学见习环节被大打折扣，从而直接影响了教师培养的质量。

为科学研究创造一个理想的环境也是改革的目标之一，但是就人力、物力、财力而言，在 1999 年前，情况并不乐观。如前所述，喀麦隆高等教育机构中合格的教学和研究人员不足，特别是那些对于国家的发展具有重要意义的学科，如基础学科和应用学科。在这些学科中，拥有学科最高学位（例如哲学博士）的教师为数不多，大多数教师缺乏研究方面的训练，因此难以培养出一支可以维持研究体系或为国家的发展提供支持的队伍。有经验的教师由于工作条件和待遇问题大量流失，或出国，或就职于私营企业，或从事行政工作。[①] 而许多留在大学里的教师则因为教学负担过重而难以在科研上有效地投入时间与精力。学校受经费限制，很少为教师提供研究方面的进修和发展计划，教师缺少参加学术会议、研究班和享受进修假的机会。再加上大学预算的不合理分配，这使得科学研究领域的进步十分缓慢。

此外，各所大学实际上缺乏质量控制体系，这无疑是一个非常严重的缺陷，因为只有定期进行绩效评估，才能保证改革不偏离既定的目标。

二、影响资金可持续供给的障碍

办学资金的不足依然是阻碍大学能力建设的重要"瓶颈"。由于经济萧条和财政窘迫，再加上高等教育的迅速发展，所以从学生人均教育经费来看，大学的财务状况不仅没有好转，反而有所恶化。表 5 - 2 所描述的布亚大学的情况反映了改革给大学所带来的影响。从表中可以看到，从 1986—1987 学年到 1992—1993 学年期间，布亚大学的预算（收入）减少了 80%，而学生人数却增加了 20 倍（从 20 人增加到 890 人）。从 1992—1993 学年到 1995—1996 学年，学生人数从 890 人增加到 4060 人，但获得的收入只增加了 1 倍。1995—1996 学年学生人均经费仅为 183000 非郎（约 366 美元），远远低于世界银行所建议的学生人均费用每年不低于 1000 美元的标准。这样，可以用于科研、购买书籍、教学材料以及基础设施建设的经费就非常有限。以信息技术为例，在 1999 年以前，六所大学中只有

---

① 关于喀麦隆人才流失的原因及其对喀麦隆高等教育的影响，参见 Tafah Edokat, Effects of Brain Drain On Higher Education in Cameroon. In Tapsoba, S. J. M. , Kassoum, S. Houenou, P. V. , One, B. , Sethi, M. , and Ngu, J. （eds.）, *Brain Drain and Capacity Building in Africa.* Joint publication of the Economic Commission for Africa, the International Development Research Centre, and the International Organization for Migration, 2000。

雅温德第一大学拥有一个设备良好的计算机中心。

在这种情况下，许多大学不得不依靠外部的捐赠和资助来改善学校的基础设施，开展科学研究活动。如布亚大学依靠从法国合作传教团（the French Co-operation Mission）获得的资助得以扩建图书馆，并且从欧洲经济共同体、原子能组织、瑞典国际化学计划等国际机构获得研究经费。

表 5－2　　　　　　　　　　布亚大学的收入来源①　　　　　　（单位：1000 非郎）

学年	总收入	收入来源			
		自我创收	%	国家补助	%
1986/1987	1001770	6351	1	995419	99
1987/1988	668026	10285	2	657741	98
1988/1989	625891	26049	4	599842	96
1989/1990	566689	16689	3	550000	97
1990/1991	474714	37312	8	437402	92
1991/1992	＊319000	48536	15	270464	85
1992/1993	＊281000	33783	12	247217	88
1993/1994	＊523000	145125	28	377875	72
1994/1995	＊754000	207145	27	546855	73
1995/1996	＊742000	199498	27	542502	73

注：＊1991/1992 学年以后的收入包括教师的薪水。

政府为保障高等教育的公平性和开放性，不允许公立大学向学生收取学费，而只允许它们每年向学生收取 50000 非郎（相当于 85 美元）的固定注册费。尽管与改革前的 3500 非郎（大约 6 美元）相比，收费标准有了很大的提高，但它依然远远低于喀麦隆私立大学（只相当于天主教大学学费的 10%），甚至低于私立中小学、幼儿园的收费水平。因此，它具有某种象征意义，很大程度上是为了避免那些来自贫困家庭的学生因此丧失高等教育权。布亚大学曾经计划每年向每名学生收取 20000 非郎的发展费，用于学校的基础设施建设，但是这一计划被政府否决，尽管许多家长愿意接受这一收费，以便促进学校的基础建设和购买所需的教学设备。

所以改革之后，政府依然是大学办学经费的主要提供者（占到 70% 多）。可是，它所提供的经费却很不稳定，因为政府中的各个部门都在争夺着有限的财政预算，各所大学之间也在争夺。在 1999—2000 学年之前，

① ADEA/WGHE, Reforming a National System of Higher Education：The Case of Cameroon, p. 15.

日常开支的预算拨款很少，且不能保证。有的年份，只有 25% 预算拨款能到位。其他能够得到的投资很少，或几乎没有，这给大学造成了极大的困难。在私营部门和企业正深受结构调整的困扰时，大学难以获得其他的资金来源。

表 5 - 3 就 1991—1992—1997—1998 学年布亚大学申请的国家补助与实际获得的经费做了比较。在 1997 年前，布亚大学实际获得的经费一直不到所需经费的 30%。不过，需要指出的是，自改革以来，国家的高等教育拨款也减少了。

表 5 - 3　　　　　　　　　　　　**布亚大学的政府拨款**①

年份	申请预算 *	实际拨款 *	比例（%）
1987—1988	1110294	657741	59
1988—1989	602202	597202	99
1989—1990	550000	550000	100
1990—1991	587400	437401	74
1991—1992	440000 +	198000	45
1992—1993	627000 +	166000	26
1993—1994	1250000 +	240000	19
1994—1995	1960000 +	258852	13
1995—1996	1266000 -	285996	23

注：* 单位：1000 非郎（1 美元 = 600 非郎）；+：1991/1992 年后的数据不包括教师的工资。

政府所提供的经费的减少以及支付的不稳定，特别是直接受益者不成比例的贡献，再加上私营部门不发达，国外资金捐赠有限，所有这些都使得大学非常难以获得可靠的、充裕的办学经费。改革要求大学寻求和开辟其他资金来源，例如创办企业。1998 年，联合国教科文组织在巴黎召开了有关高等教育的世界性会议。在本次会议上，喀麦隆高等教育部长宣布政府鼓励高等教育机构要像企业家一样具有创业精神。但是创业活动需要启动资金，而这笔资金是各所大学所没有的，或者是难以筹集的。

影响财务管理的另一个因素是大学的管理人员缺乏相应的能力。由于经济危机，自从 1990 年以来，大学教师和教辅人员的工资收入大为减少。在经过 1993 年的工资削减和 1994 年的货币贬值之后，他们的实际收入下

---

① 转引自 ADEA/WGHE，Reforming a National System of Higher Education：The Case of Cameroon，p. 13.

降了70%。在大学的教职员工中弥漫着痛苦的情绪。这种情绪直接影响了他们的工作能力。在改革之初的六年里，除了布亚大学，其他五所大学几乎都存在大量管理不善的情况。各级行政领导在管理能力方面极为有限，学校发展缺乏战略规划，结果学校时常偏离自己的主要任务。因此，迫切需要保证被任命的大学管理者清晰地理解改革的目标，并且具有一定管理能力和经验。大学要想获得利益相关者的信任，那么它的管理必须是有条理的、透明的。但是在1993年的改革中，取消了负责内部审计的大学财务管理员的职位，这一决定无助于确保大学合理的财务与行政管理。

此外，大学财务管理缺乏透明度。这种情况在各所大学中几乎普遍存在。透明度的缺乏加剧了资金供给问题，由于信息不对称，捐赠者对于大学能否保证所资助的资金得到合理利用缺乏信心，从而影响到他们捐助的热情和积极性。财务改革被大多数大学视为阻碍改革实施的因素。

喀麦隆1993年高等教育改革赋予了大学更大的自主权，鼓励大学努力实现资金来源的多元化，并对经费分配的优先顺序作了重新调整，扩大了教育选择的可能性，促进了教育权的平等，改进了教育的质量与相关性。通过创建五所新的分布于不同地区的大学，缓解了雅温德大学人满为患的状况，也缓和了雅温德大学里的紧张氛围。布亚大学的创立则为喀麦隆人提供了一个在现有的法国模式之外可供选择的新的高等教育模式——英美模式。改革之后，六所大学建立了学术倾向性更强的办学体制，并且更为主动地去制订办学计划，积极与海外的大学以及国际援助组织建立更为密切的联系。改革鼓励其他的外部利益相关者参与高等教育机构资金供给和管理，这导致了高等教育体制的某些私有化形式，最为明显的是私立高等教育机构的存在与发展获得了合法性。总地来说，这次改革的方向是正确的，增进了喀麦隆高等教育对国家发展和社会需求的适应性。

不过，改革也遇到了一些障碍，存在一些缺陷。WGHE在研究报告中指出了这次改革的六个缺陷：

第一，大学的管理层缺乏审时度势的能力；

第二，缺乏明确的政策工具，如绩效指标、连续评估等；

第三，大学办学经费来源不稳定；

第四，大学创收活动还受到限制；

第五，大学管理者缺乏专业训练；

第六，在管理上，责任不明确，透明度不够。

利益相关者对教育成本分担的抵制，国家教育财政的削减和经费提供的不稳定，教师素质的下降，学校基础设施及设备的不足，对新体制的把握不够全面和深刻，管理者专业技能的欠缺等则构成了实现改革目标的主要障碍。克服这些缺陷和障碍显然需要通过进一步的改革，持续不断的能力建设来实现，特别是在政府、学生与大学之间，应该建立更为协调的工作关系，否则喀麦隆的高等教育有可能重新回到改革之前的那种状态中去。①

从 1993 年改革以及改革后最初几年的效果来看，这场改革要取得成功，离不开政治意志与社会的支持，离不开财政的支撑，需要对教育基础设施建设予以充分的重视，需要建立一个适当的信息管理系统，需要放宽对大学创收的限制，需要一批有经验、富有献身精神的大学管理者。喀麦隆在 1993 年高等教育改革中所碰到的问题的解决，有的需要时间，有的需要社会经济环境的改善，有的则需要通过进一步的改革。随着喀麦隆社会经济和财政状况在 20 世纪 90 年代末的好转，随着《高等教育方向法》（2001 年）的颁布实施，随着在改革的道路上不断摸索而积累起来的经验日益丰富，这场喀麦隆独立后最为重要的改革似乎让人看到了喀麦隆高等教育迈向一个新的发展阶段的希望。

---

① 参见 Terfot Augustine Ngwana, The Implementation of the 1993 Higher Education Reforms in Cameroon: Issues and Promises, 2002. http: //www. chet. org. za/papers/Cameroon. doc

第六章

喀麦隆高等教育体系的能力建设

发展中国家高等教育能力建设是大学发展战略的一个组成部分，它离不开诸如政府、企业和捐赠机构等利益相关方的大力支持。重要的是，不仅要把这样的能力建设活动视为社会发展的重要驱动力，而且要把它视为促进相关国家能力建设和制度革新的一个必要条件。发展中国家的高等教育能力建设是一个复杂的领域。它必须基于一个国家优先考虑的事项，必须基于对一个国家高等教育体系及其对社会、经济和政治发展的贡献的全面的历史分析。具体到一所高等教育机构也是如此。

1993年高等教育改革后，喀麦隆的高等教育机构既享有改革给它们带来的发展机遇，又面临喀麦隆的社会经济结构调整后给它们的发展带来的制约性因素。因此，各所高等教育机构的发展在很大程度上取决于自身的能力建设，取决于自身在能力建设方面所表现出来的主动性和创造性。与此同时，在世界经济向知识经济转型的过程中，为了尽快走出经济萧条的阴影，适应结构转型后社会经济发展的需要，喀麦隆政府也积极支持高等教育机构的能力建设，以促进高等教育在数量和质量上的发展，增强高等教育机构的知识创新能力和服务于社会经济发展的能力。

第一节　德昌大学远程教育项目

德昌大学是喀麦隆唯一一所提供本科及本科以上学位农业教育的高等教育机构。早在1991年，德昌大学的四位教师便寻求国外的帮助，计划在喀麦隆国内开展以农业培训和教育为内容的远程教育。当时的德昌大学还是一个以农学教育为特色的大学中心。在加拿大国际发展署的资助下，德昌大学的远程教育项目得以启动。在项目实施的过程中，又得到了加拿大圭尔夫大学在技术上的支持与帮助。但是在项目启动之后的最初几年，由于政治、经济形势的动荡，高等教育改革导致的频繁人事变动，该项目的实施进展缓慢。1996年4月30日，高等教育部常务秘书主持了德昌大学远程教育项目的开班仪式。因此，德昌大学的远程教育项目成为喀麦隆

1993 年高等教育改革之后高等教育体系中第一个得到正式批准的远程教育项目。

喀麦隆是一个农业国家，农业对它来说具有重要的意义。在整个社会经济部门中，农业吸纳了最多的劳动力，是发展所需的初级原料的最主要来源，同时其产品往往是国家最大宗的出口商品。但是，由于缺乏技术、资金，特别是缺乏人力资源，喀麦隆的农业一直未能实现从传统农业向现代农业的转变。作为德昌大学来说，它所提供的正规的农业高等教育一直难以满足社会发展的需要。在 1993 年之前，根据国家计划，德昌大学中心农学专业每年只招收 100 名学生，而实际报考人数常常达到 3000 人。这就意味着每年有 2900 名有志青年被拒之门外。更不用说那些正在从事农业活动、希望得到技能培训和再培训的农民和农业技术人员。这极大地限制了喀麦隆人接受高等农业教育的机会，从而也导致喀麦隆农业部门训练有素的人力资源的短缺。正是在此背景下，德昌大学实施了以农业教育为内容的远程教育。

德昌大学的远程教育项目是一个以英语与法语设计和展开的独立学习计划，完成学业者可以被授予热带农业专业的证书和学位。该项目的实施是基于这样的信念：喀麦隆需要一批受过良好训练的、能力强的中层人员，他们的任务是推动喀麦隆当前的传统农业向一个富有活力的、多元的、以市场为导向的、可持续的农业转变。

德昌大学的远程教育项目把招生对象瞄准为女性、年轻的农业经营者、农业技术人员以及边缘人群。女性和年轻人是被严重忽视的社会群体，其中有些人因为工作、家庭的牵累，不能接受正规的学校教育，有的则无力支付正规的大学教育所需的高额费用。一些辍学者也想掌握工作当中所需的特殊技能。由于基础设施和财政资源的有限，所以喀麦隆的高等教育系统不能满足快速增长的需要。在这种情况下，远程教育提供了一个终身学习的机会。

远程教育一般使用五种类型的技术：印刷品、录音带、录像带、计算机和多媒体。但是，对于喀麦隆来说，许多技术条件并不具备。1992 年所做的需要评估调查显示，有大约 50% 的潜在学生有录音机，但拥有录像机的却不到 5% 。对于这些受访者来说，使用电话和互联网仅仅是梦想。选择适宜的媒体与技术对于远程教育项目的成功与可持续性来说是非常重要的。所谓适宜，一要考虑技术的有效性，二要考虑终端使用者的可承受性。鉴于喀麦隆国内技术条件落后，德昌大学的远程教育项目主要运用印刷材料作为教学内容传送的主要手段。每一门课程都编写了手册，手册中包括了自学和练习的内容。作业通过邮寄送到学生手中，每门课程有2—3次作业。授课期间，要求学生在自家的田地里进行实践。最后的实践环节以及考试则在德昌大学校园内举行。如果资源和条件许可，则会增加录音带和录像带等教学设备。

德昌大学远程教育项目的口号是："边学习，边挣钱。"其教学内容的特点是强调实用性和适用性，紧密结合生活实际。整个学习计划包括20门课程，每一门课程的内容在喀麦隆以及其他非洲国家都具有广泛的应用性。为使教学贴近学生的需要，在项目启动前，德昌大学的远程教育项目在全国范围内就潜在的学生做了一次调查，调查的内容涉及生源、生源的分布、学生的职业、学生感兴趣的课程、费用如何支付、谁来支付、学生拥有的技术条件、学生的收入、教育水平等。通过调查，远程教育团队达到了预期的目标，了解了潜在学生的教育差距、他们的社会经济状况、环境方面的限制因素等。

德昌大学远程教育项目通过前期的需要评估调查，充分了解了潜在学习者的需要，并以此为依据设计学习计划。整个学习计划包括三组相互联系的分轨制课程：动物饲养、作物种植和农业管理，共20门课程。学生可以从20门课程中灵活选择必修课程与选修课程。这些课程包括：动物营养和放牧、食品加工、生猪饲养、牛羊饲养、家禽与家兔饲养、多年生农作物、粮食农作物、蔬菜农作物、应用土壤学、农作物保护、灌溉与排涝、农作物处理与储存、农业推广、应用农村社会学、农业经济学、农业信贷和金融、农田管理、农业市场开发、项目分析和农林。

德昌大学的远程教育项目还与校内正规的学习计划整合在一起，这扩大了学习者的教育机会，拓宽了学习者选择的可能性。在这个项目中，学生从一门课程中就能学到一种技能，当他完成一组课程后，就可以获得一份证书。在拿到一定数量的证书后，就可以拿到热带农业专业的文凭。获得文凭的学生可以进入德昌大学农学系的三年级继续接受教育。所以，远程教育项目的学习计划是与德昌大学农学系五年制的学位学习计划是相对应的。允许完成远程教育学习计划的学生进入德昌大学农学系三年级继续接受教育，这样的安排有助于学习者保持学习的连续性而不至于造成时间上的损失。

在项目的管理上，德昌大学的远程教育项目采取了参与式管理模式，在项目制定、实施、管理与评价等各个环节，项目组的成员都参与其中。这种模式有助于从一开始就在成员中形成所有权和共同责任意识。同时，通过选拔而不是喀麦隆常见的任命方式产生项目领导人。这同样被视为一个有助于问责和项目目标实现的重要因素。总的来说，德昌大学远程教育项目建立了一个准独立的项目管理体制以及决策体制。这在喀麦隆传统的集权制环境中是非常难得的。项目在学生入学与退学方面的规定也富有弹性。学生准备好了，就可以注册；学生一旦不能继续学习，就可以选择退学。

　　德昌大学远程教育项目尽管在制度化、市场开发、技术推广等方面存在诸多不足，但是它所起到的积极影响是多方面的。一方面，它促进了德昌大学自身的能力建设。因为这个项目，德昌大学建立了媒体中心，数十名教师和技术人员接受了远程教育技术方面的培训，他们在课程开发、教材编写、技术编辑、沟通技巧等方面获得了全面的提高。另一方面，它为喀麦隆发展了农业方面的人力资源，促进了喀麦隆农业的发展。此外，该项目使决策者、大学管理者、教师与工作人员对远程教育在扩大教育机会、能力建设和人力资源开发等方面的重要作用、面临的挑战增进了认识。正因为如此，喀麦隆的决策者积极在喀麦隆其他高等教育机构中推广德昌大学远程教育项目的经验，鼓励发展远程教育。

　　1998 年 11 月 16 日，喀麦隆高等教育部部长阿坦加纳·梅巴拉（Atangana Mebara）在德昌大学开学典礼上说，对于任何一个国家来说，人力资源是它需要学会合理使用的最宝贵的资源，如果做不到这一点，那么它就会走向灭亡。在国家所拥有的资源减少的情况下，应该把远程教育作为一种有效的、合理的向所有喀麦隆人敞开高等教育大门的手段，这扇大门的打开是应该的，也是人们所期望的。为此，德昌大学要带领喀麦隆其他大学努力推进远程教育。阿坦加纳·梅巴拉在另一次讲话中说：远程教育是喀麦隆高等教育通向未来有着广泛基础的教育的道路，我们必须推广德昌大学的经验，因为我们没钱在校园里修建大讲堂。[①]

第二节　布亚大学的战略规划

　　大学的战略规划有助于让大学的各个部门明确学校的发展方向和目标，引导它们协同行动，有助于整体考虑各利益相关者的利益和办学资源的合理

---

① Ajaga Nji, Creating a Knowledge Society through Distance and Open Learning in Cameroon, In Sabo A. Indabawa, Akpovire Oduaran, Tai Afrik, Shirley Walters（eds）, *The state of adult and continuing education in Africa*, Windhoek, Namibia: Department of Adult and Nonformal Education, University of Namibia, 2000, p. 83. 有关德昌大学远程教育项目的情况，还可参见 Ajaga Nji, The Distance Education Project at the University of Dschang, Cameroon: Challenges and Opportunities。

配置，有助于大学的发展适应不断变化的需求。因此，从 20 世纪 80 年代以来，发展战略规划的制定越来越引起世界各国高等教育机构的重视。尽管 1993 年的高等教育改革并没有明文要求各所公立大学制定发展战略规划，但是布亚大学从一开始就将制定战略规划提上议事日程，并且是迄今为止唯一一所制定了五年战略规划的公立大学。这种主动性使得布亚大学成为 1993 年改革以来喀麦隆六所公立大学中发展最快、最为引人注目的大学。

1993 年，布亚大学刚刚创立，学校发展办公室在其提出的"布亚大学重点建设项目"的讨论稿中就将制定布亚大学的发展战略规划列入其中。在最后制定的《布亚大学战略规划（1998—2003）》的前言中，时任布亚大学校长的多罗希·纽玛（Dorothy L. Njeuma）说，制定这个战略规划，是"为了对自己做一次评估，同时重新确定未来五年我们的行动"，"在第三个千年来临之际，确定布亚大学发展中存在的问题和障碍，提出振兴布亚大学的行动和补救方法，以确保不断实现它的目标和使命"。[①]

1996 年 4 月，布亚大学与曼彻斯特大学建立一个联合工作组，负责制定学校学术发展五年战略规划的程序。这个小组的建立及其随后开展的工作，一方面为布亚大学的管理者提供了一个理解战略规划对于指导学校全面发展所具有的价值与意义的机会，另一方面起到了对所有与布亚大学发展相关的人员，包括学生、教师、非教学人员以及其他公立大学和团体的代表的动员作用，增进了他们对学校发展行动背后的基本原理的理解。与此同时，布亚大学要求学校各个学院及部门提交各自的发展目标，并建立战略规划委员会，由它负责收集和整理各个部门的意见。战略规划委员会下面又建立了一个战略规划小组和一个支持小组，负责形成最后的学校战略规划。

战略规划小组采用以目标为导向的规划方法和 SWOT 分析模式，提出了一个制定战略规划的总体框架，以此来整合各方面的意见。在这个整体框架中，根据世界、国家和地区的政策环境，确定和分析核心问题、其造成的结果以及形成的主要原因，在此基础上提出行动目标、行动计划和预算。在经过校内广泛讨论之后，根据反馈意见，战略规划的框架又做了修改。可以说，战略规划的制定咨询了各方的意见，也动员了利益相关者的参与。由于采用了这样的方法，所以利益相关者有了一种主人翁的感觉，同时也让他们看到了学校发展的希望。正如一位系主任所说："在我看来，沿着这条路走下去，对于解决这个国家高等教育课程的相关性和质量问题

---

① University of Buea, The University of Buea Strategic Plan（1998—2003），Pressbook Limbe, 1998, p. vii.

是非常重要的。"①

可以说，战略规划体现了各方的期望，这些期望在战略规划中转变成了一个个具体的、可行的和有资金投入的行动计划。因此，规划得到了各方的广泛理解，从而为调动资源促进大学的管理、增长与发展奠定了一个坚实的基础。值得注意的是，在这个战略规划制定过程中，高等教育部所发挥的作用是很小的，规划的制定不是高等教育部领导下全国性工作的一部分。因此，布亚大学的这一行动充分体现了它的主动性，是布亚大学对国家、国内和地区形势的积极回应。在布亚大学的管理者看来，作为一所初生的大学，需要为自身的成长与发展制定一个综合性的战略框架，"它不仅仅是对紧迫的问题和重大的难题作出反应，而是要有前瞻性"。② 经过几年的工作，《布亚大学战略规划（1998—2003）》于 1998 年面世。

《布亚大学战略规划（1998—2003）》主体分为三个部分：一是学校整体战略规划；二是服务部门战略规划；三是院系战略规划。

布亚大学的教师与管理者非常关注希望达到的标准，从一开始他们就为自己确定了崇高的使命："在一个有益的环境里，以一种培养符合市场所需的人才的方式，通过教学与研究提供优质教育。"但是，如果大学没有物质手段和意愿改变教学条件，是无法实现这一目标的。1993 年以及在布亚大学制定战略规划时期，喀麦隆的社会经济仍未走出萧条。对于布亚大学来说，要想获得优质教育所需的资源和物质手段，很大程度上是超出布亚大学的能力范围的。因此，布亚大学战略规划将首要目标确定为增加和稳定办学经费。

1993 年改革后，布亚大学快速发展，但政府难以提供充足稳定的财政支持。在校生人数从改革前的 60 人增加到 1992—1993 学年的 768 人，再增加到 1997—1998 学年的 4704 人，教师从 1992—1993 学年的 50 人增加到 1997—1998 学年的 259 人（其中专职教师 159 人，兼职教师 100 人），专业由 13 个增加到 35 个。而与此同时，学校的办学经费仅增加了 2.5 倍，从 28100 万非洲法郎增加到 70200 万非洲法郎。③ 学校办学经费不仅严重不足，而且经费到位也很不稳定。这对学校的能力建设，包括教学质量的提升、科研的开展、招生规模的扩大、新专业的开设、教学设施与设备的添置等

① 参见 Terfot Augustine Ngwana, University Strategic Planning in Cameroon: What Lessons for Sub-Saharan Africa? *Education Policy Analysis Archives*, Vol. 11, No. 47. http://epaa.asu.edu/epaa/v11n47/

② University of Buea, The University of Buea Strategic Plan (1998—2003), p. xiii.

③ Ibid., pp. 7、9。

都造成了不良影响。在学校发展的整体战略规划中，除了确保办学经费的可持续外，布亚大学还希望实现以下这些目标：

——通过教学与研究，不断改进教育的质量与实用性；

——为师生提供社区和社会所需的适用的知识与技巧；

——尽可能地改进学习条件，使学习更适意、更有效；

——在资源允许的条件下，尽可能地改善学校里的工作条件；

——保证人们，特别是那些处境不利的人可以更为公平地进入布亚大学接受教育；

——在学生、教职员工中确保男女比例更为平衡；

——改进各个层次的管理效率；

——提供充足的图书、信息设备和服务，并确保它们得到充分的利用；

——为布亚大学提供一个现代信息系统，使资源得到更为合理的利用，改进管理能力与结果；

——巩固现有的教学计划；

——在资源许可的条件下，尽可能地扩大各级教育的机会，并使之多元化，以满足社会和产业的需要。

为实现上述目标，布亚大学计划从以下几个方面入手：第一，设法增加和获得布亚大学在政府高等教育拨款中应得的份额；第二，在不牺牲地方需求的前提下，为吸引外部的经费和支持创造条件；第三，为行业和其他利益相关者参与资助大学教育创造有利的条件；第四，不断改进布亚大学的教学质量；第五，为可以转换成产品推向市场的实用的、高品质的研究提供有利的条件。

服务部门的目标是为学校以及院系管理人员提供充分的支持。具体地说，服务部门在2003年要实现下述目标：

——改进工作环境与条件，增进广大师生的责任感，提高他们的工作以及学习成绩；

——检查服务部门的组织，明确任务与工作职责，提高资源管理水平；

——通过核查与结算，鼓励服务部门合理利用资源、经验与权能，并充分激励员工；

——鼓励服务部门有效运用管理原理，加强信息系统建设。

院系主要关注的是通过传授卓越的、实用的知识与技能，为教育质量的改进做出重要贡献。具体而言，院系的主要目标包括：

——通过提高学生的通过率和质量，改进学生的学业表现；

——基于实际需求、成本效益和资源供给，丰富和扩充本科生和研究生的教学计划；

——为高质量的实用研究创造良好的条件。

为了实现上述目标，战略规划鼓励院系改进管理和资源的合理实用，鼓励院系自行创收以改进教学和研究条件，同时希望院系内部建立更为开放的、分权的管理模式。

此外，战略规划还要求在每一个财政年度结束时，每一个服务部门、每一个院系根据战略规划制定下一个年度的行动计划。

在战略规划实施以后的这些年里，布亚大学发生了很大的变化，发展能力有了明显的提升。2004—2005 学年和 2005—2006 学年，布亚大学获得的政府财政补助分别为 238600 万和 285000 万非洲法郎，是 1997—1998 学年的 2.1 倍和 2.6 倍。学生人数从 1997—1998 学年的 4704 人增加到 2002—2003 学年的 7282 人和 2005—2006 学年的 9807 人。学生人均费用从 1997—1998 学年的 300 多美元增加到 2005—2006 学年的 600 多美元。2005 年、2006 年教学和研究经费在总支出中所占的比例分别为 11.35% 和 12.46%，其投入比例在 6 所公立学校中居于第一位。[①] 布亚大学的战略规划及其在促进能力建设方面所取得的效果对于喀麦隆的其他大学具有重要的示范作用。

第三节　中非天主教大学以发展为导向的改革

中非天主教大学位于雅温德，由中非地区主教会议协会（ACERAC）创办于 1989 年。它隶属于罗马教皇，是一所地区性私立大学。中非天主教大学主要面向中非各国，如喀麦隆、中非共和国、乍得、赤道几内亚、刚果、加蓬等国招生，此外还有一些学生来自于西非、大湖地区、马达加斯加以及欧美国家。

中非天主教大学由四个校区组成，其中三个校区在喀麦隆，位于雅温德的天主教学院是主校区，是中非天主教大学总部所在地。作为一所天主教学校，它有神学院、教会法系这样的宗教性质的院系，但它同时服务于世俗社会，像招生人数最多的社会科学与管理学院以及护士教育学校、高等技术学院都是非宗教性的，因此它培养的学生也并非都投身于宗教生

---

① 参见 Cameroon，Statistical Year Book of Higher Education 2006。

活。根据协议，喀麦隆政府承认中非天主教大学颁发的文凭与结业证书。

中非天主教大学在办学过程中追求以下三个方面的目标：

第一，根据这一地区社会科学、财政与人力资源管理、保健科学、失业者救济制度等方面的实际需要，开展职业与学术教育，以促进非洲社会的发展；

第二，通过哲学与神学教育，从哲学与神学的角度让人了解基督教对人的看法；

第三，介绍个人生活与公共生活中符合伦理道德的行为。

中非天主教大学自创立以来稳步发展，在校生人数从 1991—1992 学年的 111 人增加到 2002—2003 学年的 1573 人。男女性别比例基本平衡，在 2001—2002 学年和 2002—2003 学年，女生占学生总数的 48%。学生要进入社会科学与管理学院、护士教育学校和高等技术学院这三个非宗教性的学校，要经过激烈的入学考试。例如，社会科学与管理学院的 200 个招生名额会有 1500 名考生参与角逐，而高等技术学院的竞争更为激烈。这种选拔机制避免了喀麦隆公立大学中学生人满为患的现象。一般来说，在本科教育阶段，中非天主教大学的学生/教室的比率不超过 1∶90，而研究生教育阶段为 1∶30—1∶40。[①] 这样的比例显然有助于教师对学生的指导。中非天主教大学毕业生在喀麦隆以及国外劳动力市场的高就业率证明了它的教育质量是令人满意的。实际上，该校 90% 的毕业生一毕业就找到了工作。[②] 教育质量的优异是由于每个学科都有最优秀的教师提供高品质的教育。

中非天主教大学在教学方面的一大革新是重视专业教育中的实践环节，例如社会人类学的田野研究、管理专业学生在公司、银行和审计公司里实习、护理专业学生在保健中心和医院的实践、高等技术学院学生在校内外的培训、教育学专业学生在中学里的实习等。就社会学和管理学院而言，在专业课程的教学中，有一名协调者监督所有课程的实施。协调者的作用是监督教师的工作，保证每一名学生得到指导。在所有层面，协调者都是非常重要的。例如，协调者要参与新课程的设计和实施，从而确保教学的相关性。

中非天主教大学为加强教学实践环节，推进教学的专业化，考察学生

---

① Oscar Eone Eone, New Reforms for a Development-Oriented African University: Case Study: Catholic University of Central Africa, p. 5. http: //siteresources. worldbank. org/INTAFRREGTOPTEIA/ Resources/oscar_ eone. pdf

② Ibid. .

的技能，在各个学院设置了实习办公室。办公室除了为帮助学生获得实习机会，还积极与公司企业建立联系。这种合作关系的建立，有利于学校和学院调整它的课程设置，适应雇主的期望，因此意义重大。

科研活动是任何一所大学的重要活动之一。在中非天主教大学，科研活动一般是在科学委员会的监管下进行的。2001 年，科学委员会就中非天主教大学的科学政策编写了一份指南。这份指南勾画了 2001—2003 年有关减贫的科学研究政策，规定了研究团体的职权和批准程序。在学校科研委员会的管理下，十个研究小组围绕着对中非各国构成严峻挑战的问题开展研究，以此促进现代社会的进步。这些研究小组包括：

——中部非洲人权促进会，它提供人权方面的训练，并推动人权监督机构的建立；

——非洲与贫困相关社会问题实验室，它的工作主要是通过多学科的积极手段缓减贫困问题，想方设法实现中非地区的公平；

——中部非洲政治观察，主要从事对非洲政治现状、社区动员、政党的作用、经选举产生的官员的作用、政策制定以及外部利益相关者（外国政府、国际组织）的作用进行实地调查；

——教会法与文化研究小组，致力于发展中部非洲各国的文化，推进主流教会法对这些文化的影响；

——教育哲学研究小组，主要任务是分析教育问题，就特定的学习计划制定有意义的策略；

——企业管理应用研究研习会，研究非洲企业、环境的特点以及相关的分析；

——社会人类学研究所，旨在促进社会人类学的研究，为刚刚涉足这一领域的研究者提供科学的指导，研究主题包括作为改革熔炉和未来非洲诞生地的城市、受到排斥的儿童、青少年的生殖健康与艾滋病防治、女性的发展与女童教育、推进以人为本的发展等。

作为一所特殊的私立学校，中非天主教大学的资金主要来源有二，一是学费，二是捐赠。来自德国、意大利的天主教团体以及法语国家合作组织、欧盟、比利时和中部非洲地区主教会议协会等国家与国际性组织为学校基础设施的建设提供了经费。但学校运作经费的主要来源还是通过学生缴纳的学费以及自己经营的旅馆的出租筹措的。中非天主教大学雅温德天主教学院的收费标准为本科教育阶段每年 60.5 万非洲法郎，硕士研究生教育阶段每年 71.5 万非洲法郎，博士研究生教育阶段每年为 82.5 万非洲法郎，旅馆租金为每年 27 万非洲法郎；雅温德护士教育学校的学费本科教育

中非天主教大学

阶段为每年 30 万非洲法郎，硕士研究生教育阶段每年为 40 万非洲法郎，膳宿费每年为 18 万非洲法郎。高等技术学院的学费为每年 100 万非洲法郎（包括膳宿费）。尽管中非天主教大学的收费水平只有欧美国家大学的 1/4—1/3，但就中部非洲大多数人口的生活水平来说，还是相当高的。因此，这所学校的学生往往来自于那些富有家庭。不过，学校也通过奖学金制度尽可能地吸收一些来自贫困家庭的学生。值得注意的是，捐赠资金在中非天主教大学经费总额中所占的比例在逐年下降（4% 左右），学校已经能够依靠自己的收入维持学校的运转。办学经费的自给自足保证了教学设施与设备的合理投入与配置，从而为师生创造了一个良好的工作、学习和生活环境。学生人均经费超过 1000 美元，教师收入稳定，从而激励了广大师生努力学习与工作。这些都是中非天主教大学取得成功的重要因素。

表 6 – 1　　　1993/1994 学年至 2002/2003 学年中非天主教大学收入①

（单位：百万非洲法郎）

	1993—1994	1994—1995	1995—1996	1996—1997	1997—1998	1998—1999	1999—2000	2000—2001	2001—2002	2002—2003
自我创收	182.5 61.2%	358.35 75.3%	417 76.1%	508.7 81.7%	606.4 84.9%	684.5 93.2%	755.6 95.2%	837.72 96.2%	871.67 99.2%	941.4 96.6%

① Oscar Eone Eone, New Reforms for a Development-Oriented African University: Case Study: Catholic University of Central Africa, p. 9.

续表

	1993—1994	1994—1995	1995—1996	1996—1997	1997—1998	1998—1999	1999—2000	2000—2001	2001—2002	2002—2003
其他来源	116.2 38.8%	117.35 24.7%	130.85 23.9%	113.8 18.3%	108.1 15.1%	50.1 6.8%	37.9 4.7%	32.79 3.77%	7.56 0.85%	33.43 3.43%
总收入	298.7	475.7	547.8	622.5	714.5	734.6	793.5	870.51	879.23	974.84

当然，中非天主教大学在发展过程中也面临了诸如教学和食宿设施的建设跟不上学生人数增长的速度、各个学院的预算平衡等问题。例如，恩克比森（Nkolbisson）校区接受学生的能力为 500 人，但在 2002 年就招收了 600名学生；埃克努（Ekounou）校区接受学生的能力为 400 人，却招收了 657人。这就要求两个校区建设新的校舍，但作为一所私立学校，解决建设所需的经费只能依靠外部的捐赠。然而，捐赠者捐助的经费主要是用于教学与训练，而不是基础建设。在这种情况下，为了解决教室紧张的状况，学校不得不调整时间表，每天提早上课时间，延迟放学时间。

由于招生政策和收费制度，中非天主教大学在教学基础设施方面所承受的压力并不像喀麦隆的公立大学那样突出。尽管如此，它仍然需要资金以及灵活的措施来应对这一挑战。1999 年，中部非洲地区主教会议协会创建了"圣·奥古斯丁基金会"，并且交由一个独立的理事会管理。基金会的主要职能是为 UCAC 提供财政支持，包括丰富图书馆的资料建设，为学生提供资助，推动大学的研究活动。截至 2003 年 1 月 1 日，基金会获得的捐赠共有 1093536 欧元。2003 年，中非天主教大学从基金会获得 29000 欧元的经费。[1]

第四节　"喀麦隆高等教育技术训练项目"

在 1993 年的高等教育改革中，喀麦隆有三所公立大学建立了大学技术学院（IUT），其中包括杜阿拉大学的技术学院。正如前面所述，这场改革是在喀麦隆社会经济极为困难的条件下推出的，因此改革的推行困难重重。可喜的是，杜阿拉大学的技术学院充分利用了这次改革所提供的政策

----

[1]　Oscar Eone Eone, New Reforms for a Development – Oriented African University: Case Study: Catholic University of Central Africa, p. 10.

环境（1993 年改革之后，政府允许技术学院保留 60%—70% 的创收收入，其余的上交给所属的大学），通过实施真正适合于劳动市场的教学计划，在创新中取得了成功。1998 年，为了将杜阿拉大学技术学院的成功经验推广到其他高等教育机构，喀麦隆政府以"喀麦隆高等教育技术训练项目"的名义向世界银行申请"学习与创新贷款"。世界银行批准了这个项目，并提供了 480 万美元的经费资助该项目的实施。2003 年 1 月，这个项目实施完毕。

"喀麦隆高等教育技术训练项目"总的目标是，对杜阿拉大学技术学院所实施的许多对学生就业和私营企业发展具有重大影响的创新性做法的效果进行准确评估，在此基础上将这些做法在其他高等教育机构中进行推广。具体地说，该项计划包括以下几个正在被检验的目标：

——增加学生的注册人数，但以不影响有效教学为前提；

——将学年的时间从 9 个月延长到 10 个月；

——让私营部门全程参与高质量的、以学位为基础的训练计划的设计；

——保证所有学生每年在校学习期间能够到当地的企业实习；

——保证大多数毕业生在毕业之后的数个月内找到工作；

——大幅度提高保证高质量教学所需的生产费用（operating cost）的比例；

——训练学生自我创业；

——建立一个项目支付制度。

计划的目标着眼于喀麦隆高等教育体系普遍存在的一个重要问题——如何加强高等教育与劳动力市场的联系，满足社会的需要，因此它的最终目的是改革喀麦隆的大学体系。杜阿拉大学的技术学院是喀麦隆所有大学技术学院中办得最好、最有潜力的学校。国际开发协会（IDA）认为它能够对其他学校的变革产生重要的示范意义。

这项计划确定的目标是现实的，以需求为驱动的，因为它基于杜阿拉大学技术学院已有的经验。这所技术学院的主要目标是以法国的技术学院为样板，培养中层技术人员。这一目标定位还受到 20 世纪 90 年代中期财政危机的强烈推动。在那场危机中，高等教育的财政资源减少了，这迫使各所学校想方设法创收。杜阿拉大学技术学院位于喀麦隆的主要工业城市——杜阿拉，这为它服务于企业，与企业建立合作关系（学生的实习、企业工人的再培训）提供了潜在的机会。计划最后希望在法语国家合作组织的支持下，在喀麦隆形成一种"IUT 模式"。

"喀麦隆高等教育技术训练项目"包含了三个组成要素：一是通过吸收地方企业所需的新产业和发展私营部门所需的新学科来加强现有学科的建设；二是建设新的学科，以强化现有的学科和满足地方企业的需要；三是确保学院的发展、评估和执行的可持续性，确保政策的不断创新。

为检验和逐步形成一种可以改进技术类高等教育机构的模式，为有效地满足私营企业的需要，为了使这类高等教育机构在财政上有保障，必须调整结构，为杜阿拉大学技术学院提供必要的条件。首先是让私营企业积极地参与学校的管理、课程的设置以及职前与在职培训课程的建设；其次是提高 IUT 的质量与效力，扩充它的课程；再次是增加它的教育部门的数量；最后是强化它的制度能力。在这样的框架内，这项计划提供技术与物质手段，用于课程的建设与实施，包括设计新的课程、增添设备、整修与新建校舍。同时，这项计划提供了一个制度保障，以便通过强化它的运作能力，以及教师、研究人员和行政管理人员的训练，确保实验所产生的变革的可行性与可持续性。

与以往的着眼于消除贫困的项目不同，"喀麦隆高等教育技术训练项目"强调与私营生产部门的联系，旨在推动技术教育为生产力、竞争力与就业率的提高作出贡献。整个计划考虑了喀麦隆在推行教育改革以及其他教育项目实施过程中所取得的经验和存在的主要限制性因素。将此项目列为"学习与创新贷款项目"以及利用一个正在进行的，但已开始显示出积极效果的实验，这样的决定是讲究实际的。IUT 这个概念的选择也是有道理的，因为它在其他国家已取得成功，包括与喀麦隆相邻的非洲国家。它希望通过所提供的文凭层次和对实用的、以工作为中心的项目的关注，争取地方企业的支持。它还吸取了早先法国高等教育体制改革中所得出的经验，并一直争取法语国家合作组织对 IUT 的支持。

就创建一种新的高等技术教育模式这一发展目标而言，这个项目确定了八个评价指标。根据 2003 年的评估报告，[①] 最后有 6 个指标完全合格，另外两个取决于大学技术学院是否具有完全的财务自主权。不过，在与地方企业建立合作关系方面进展缓慢，这主要是由于喀麦隆国内有关这方面的经验非常有限。但是，它为所有的利益相关者提供了评价建立合作关系之复杂性的机会。它同时有助于确定所面临和需要克服的体制、政治和技术方面的限制因素，特别是在当时喀麦隆高等教育处于困境这样的背景下大学层面所面临和所需克服的限制因素。

---

① World Bank, Implementation Completion Report on a Credit to the Republic of Cameroon for a Higher Education Technical Training Project（LIL）, July 16, 2003, Report No. 25659.

　　为了实现上述目标，喀麦隆高等教育部选择通过逐步建立一个被所有类似于杜阿拉大学 IUT 的机构所采纳的制度框架，来推进高等技术教育的制度改革。在这样的背景下，杜阿拉大学的技术学院成为为更大范围的改革作准备的试验场所，而不是被其他教育机构复制的模式。

　　1999 年，高等教育部与企业的代表签署了一个协议，这个协议是这次改革正式启动的第一步。协议旨在为高等技术教育学院适应劳动力市场的需要创造必要的条件。之后，利益相关者举办了一系列的研讨会，为高等技术教育学院勾画了一个法律基础。这个基础符合各方的期望，以确保各方支持改革的目标。在这个过程中，草拟了两个法令。这两个法令草案旨在从根本上改变高等技术学院的地位，包括扩大高等技术学院在教学和财务方面的自主权，改革人事制度，以便学校能够招聘到更为优秀的师资。这个改革尽管没有完全实现预期的目标，但是从范围来看超过了预期，并且建立在一个可靠的共识基础上。所有这些都是这个实验性项目的一部分。在这方面，这个项目的结果超过了预期。

　　就第一个组成要素——加强现有学科的建设而言，其结果是令人满意的。在实施过程中，杜阿拉大学技术学院与私营企业建立了合作基础，双方一起确定各自的需要，并将这些需要转变成课程，同时选择必要的设备。参与这个过程的私营企业对课程设计所面临的挑战以及确保课程及时更新，达到符合需要方面的挑战有了更深刻的理解。校舍的维修与建设顺利完成，尽管比预定的时间要晚。学校还与私营企业一起实现了已有课程的现代化，并开设了新的训练科目。私营企业主一开始对参与学院的课程建设积极性不高，但经过三年不断的交流，通过访问与会晤，双方终于建立起合作关系。最后，已有的四个专业都根据私营企业的需要开设了新的课程。

　　在法国 IUT 课程的基础上，学校与私营企业主一起决定设置三门新的学科：电子工程与工业计算机、热力工程与热能、机械工程与生产。这些新学科适应了地方企业的需要。为开设新学科，许多教师被送到法国斯特拉斯堡的 IUT 接受培训。"喀麦隆高等教育技术训练项目"原本计划建设一个虚拟大学，但由于技术方面的限制，包括缺乏所需的校园网络、服务场地、训练有素的工作人员以及运营的高成本而没有实现。

　　项目的第三个组成要素包括通过财务管理工具和人员的训练、对毕业生就业状况跟踪调查、在校学生创办小企业以及组织有关高等教育问题的研究与研讨班等活动加强学院的能力建设。有关这方面的活动大多数都得到了有效开展。

例如，每名学生都从实习计划中受益，这些实习计划包括在学习期间两次到公司见习，共六个月的时间。这种安排在"喀麦隆高等教育技术训练项目"实施之前就已经有了，现在推广到所有学生。这种指导性实践训练在田野工作与专业学习之间建立了良好的联系。在实习过程中，学生可以帮助企业解决一些技术问题。实习制度的成功表明大学技术学院与私营企业之间的合作越来越密切，正是因为如此，所以学院还考虑延长某些专业的实习时间。

根据一个对毕业生的跟进调查，在282名毕业生中有211名学生找到了工作，就业率达75%。鉴于喀麦隆的失业率以及其他大学毕业生的就业率，杜阿拉大学技术学院学生的就业率是不同寻常的。而且，大多数毕业生的年收入为200万—400万非洲法郎，远远高于项目原先100万—200万非洲法郎的估计。如何创办小企业的课程被有计划地添加到这个项目中。在这些课程中，学生在老师的指导下制订创业计划。

"喀麦隆高等教育技术训练项目"在实施过程中，还定期组织研讨会，讨论制度与发展问题。同时，组织有关人员到印度与突尼斯考察访问，学习当地高等教育改革的有益经验，从而让大家加深对改革复杂性的理解。不过，不太成功的方面是，IUT没能建立起一个能够实现有效管理的体系。职能不明确，并且没有将这些职能转变成相应的组织结构，相关的工作程序也往往没有确定。重要的管理工具，如可以帮助提供准确的成本与预算的财务制度与会计制度没有落实到位，这主要是因为这个项目的信贷方认为按照私营企业和银行要求建立的会计制度过于复杂，成本过高。

尽管IUT的改革没有完全按照计划进行，但是"喀麦隆高等教育技术训练项目"对大学技术学院的发展产生了重要影响。在项目实施过程中，形成了两个有关大学技术学院改革的法令草案，并提交给总理。大学与私营企业共同参与了这两个法令草案的拟定。法令涉及大学技术学院教师与学生的地位，如果法令得到批准，那么大学技术学院招聘优秀教师的能力将会得到很大提高，并且能对全国的高等教育改革产生更为积极的影响。在项目临近结束时，高等教育部组织了全国性的有关这次改革的研讨会，这表明喀麦隆政府准备继续推进这一改革，将杜阿拉IUT模式在更大的范围推广。

就杜阿拉大学技术学院而言，它在项目实施过程中，通过两个"俱乐部"与私营企业建立了密切联系。这两个"俱乐部"由重要的企业家组成，通过它们，杜阿拉大学技术学院与企业之间建立的合作关系越来越制度化，例如课程的选择与建设，学生的实习与教学计划的整合，应用研究与职工的在职培训等。通过这些合作，在一个现实的、旨在长远合作的基础上，双方加深了相互理解，实现了双赢。毕业生的高就业率也为杜阿拉大学技术学院赢得了声誉。

从"喀麦隆高等教育技术训练项目"的实施过程来看，有一些因素影响了项目的实施及效果。这些因素有的是在政府和实施机构的控制之外。例如，大多数私营企业主抱怨在与教育体系的合作中缺乏经验，同时抱怨他们并没有从这种合作中受益或受益不大。除了少数私营企业之外，大多数私营企业技术水平不高，并且刚刚从经济衰退中走出来。而在此之前，学生的实习并不是大学教育体系中的一个环节，因此私营企业认为让学生在自己的企业内从事与他们的学习没有关系的工作，对企业来说是件冒险的事情。有些因素则在政府的控制之内，比如政府能否及时制定与批准相关的法令，是否赋予高等技术学院财务上的自主权。还有些因素是在项目实施机构的控制之内，例如由于没有及时建立项目管理组，项目管理人员得不到培训与技术援助，从而导致项目完成的时间被整整延长了一年。

总体来看，作为一个"学习与创新贷款"项目的"喀麦隆高等教育技术训练项目"是令人满意的。从制度层面来说，尽管存在一些风险，但是在借鉴杜阿拉大学技术学院成功经验的基础上，继续利用这个项目在制度建设方面所取得的成果，其可能性是很高的。首先，IUT 在创建一个可支撑的制度性组织，尽管处在初创阶段。其次，全国性制度改革的基础令人印象深刻，主要的利益相关者一步步地参与其中。在全国层面上，两个与高等技术学院改革相关的法令已经准备就绪；在 IUT 层面上，私营部门在学院课程、实习、田野研究、毕业生就业等方面的参与逐渐制度化。由于各个层面的利益相关者广泛参与改革的过程，法令草案已经上交给了总理，因此改革的风险已经非常小。而且，高等教育部表示要继续和扩大高等技术学院的改革过程。在"喀麦隆高等教育技术训练项目"结束时，高等教育部就组织了有关这次改革的全国性研讨会。在杜阿拉大学技术学院、企业和各所大学看来，"喀麦隆高等教育技术训练项目"是积极的，因此各方都有继续和扩大这项改革的强劲动力。

从财务的角度来看，"喀麦隆高等教育技术训练项目"的可持续性取决于高等技术学院是否享有财务上的自主权，而这又取决于有关高等技术学院地位的法令的批准。没有这种自主权，杜阿拉大学技术学院不能完全承担设备和校舍维护以及设备使用方面的成本。财务上的可持续性还取决于一个有效和相关的财务和会计制度的建立，这个制度对于成本管理、账目管理和预算管理是非常必要的。而对于喀麦隆的各所大学来说，这样的财务制度是不完善的。

　　为了持续开展作为创收来源的在职培训，需要进一步发展与企业之间的关系。为了增加创收，需要有效组织校企关系和加强工作人员的培训。不过，杜阿拉大学技术学院已经证明，它在这方面有着强大的潜力。

第五节　"教育发展能力建设计划"（2005年）①

　　20 世纪初，喀麦隆的社会经济已经逐渐好转，它的教育也走出了 20 世纪 90 年代中期的低潮，有了新的发展。例如，在 2000 年，小学毛入学率超过了 100%，普通中学毛入学率达到 25%。高等教育的发展速度更为惊人，在 1990—2002 年，入学率增加了 1 倍，每 10 万人中大学生的人数从 1990 年的 254 人增加到 2002 年的 510 人。② 尽管如此，为实现相关的"千年发展目标"（Millennium Development Goals），喀麦隆的教育系统仍面临许多挑战，如小学复读率、辍学率居高不下，受教育权仍存在性别、地区、家庭收入等方面的不平等，行政管理能力薄弱等。

　　在高等教育领域，所面临的主要挑战之一是教育质量不高，内容陈旧，难以适应劳动力市场的需要。例如，由于图书馆设施落后，收藏的图书和学术期刊数量有限，所以学生的学习更多地依赖于教师的课堂授课，而不是独立的学习与研究。一个日益突出的问题是大学师生对互联网和电子图书馆的使用非常有限，而二者对于教学实践的不断更新和研究项目的展开都是必要的。此外，在教学、研究以及研究成果的应用等问题上，高等教育机构与公共部门、私营部门之间缺乏对话或合作。

　　为应对高等教育所面临的这些挑战，喀麦隆政府所采取的应对策略包括：在与私营部门的合作中推进专业化的发展。像杜阿拉大学技术学院这样的教育机构已经在这样的趋势中发挥了引导作用。同时，喀麦隆政府致力于运用信息技术，通过扩大使用互联网获得地方和国外知识的享用权，以及通过发展远程教育来推进学术研究。此外，喀麦隆政府还准备制定私立高等教育机构的认证及其学位认可的法规，放宽外国和本地私立大学在喀麦隆办学的限制。总之，喀麦隆政府越来越意识到，需要多元化的高等教育，并通过改进教学的质量与实用性，以及发展地方大学的知识创新能力，使教育对劳动力

---

　　①　The World Bank，Project Appraisal Document on a Proposed Credit to the Republic of Cameroon for an Education Development Capacity Building Project，May 2，2005，Report No. 28272 – CM.

　　②　Ibid.，p. 19.

市场的需求作出更为及时有效的反应。

2005 年，喀麦隆政府向世界银行提交了一份计划书，申请贷款 1820 万美元，用五年（2006—2010 年）的时间加强教育系统的能力建设。这一贷款申请经过评估，获得了世界银行的批准。①

这个教育发展能力建设计划涉及初等教育、中等教育和高等教育，分别由初等教育部、中等教育部和高等教育部负责管理。就高等教育而言，计划确定的目标是改进它的实用性，以适应经济发展的需要。计划在项目结束时，增进高等教育系统在发展研究以及学术信息系统的能力，建立起专门机构和机制并使之正常运转。具体地说，"教育发展能力建设计划"要通过提升高等教育体系从内部，特别是在对国家发展具有重要意义的学科内部产生一大批高素质的教师、研究者和专业人员的能力，来提高教学、研究与专业发展的质量与实用性。为实现这一目标，"教育发展能力建设计划"确定了四个建设项目。

一是建立一个专门的研究发展基金（FARP），支持不断增加的学术研究与专业发展活动。

喀麦隆高等教育目前面临的主要问题之一是在许多对发展至关重要的学科，特别是在基础与应用科学、信息技术与工程领域严重缺乏合格的教学与科研人员。在这些学科中，只有一小部分拥有最高学位，因此在培养能够维持或者推动学科发展的高素质人才方面，这些人的能力明显不足。到海外接受研究生教育不仅费用高，而且许多人在学成之后又不回国，造成人才流失。目前，喀麦隆高等教育机构的研究经费十分有限，除了政府拨款之外，主要是研究者通过个人的努力从国外获得的。由于没有明确的大学研究政策框架，所以研究经费不足和不稳定，导致大多数公立大学没有完善的研究基础。专门设立的研究发展基金主要用于帮助建立系统资助大学研究的体制，比如为学生和教师提供奖学金、研究经费和专业发展资助，以此来推动地方大学开展高质量研究的能力以及与私营部门在研究与培训领域的合作。

研究发展基金接受各方的捐助，包括政府、私营部门和国外的捐赠者提供的经费，其中政府将提供启动资金。它将是一个灵活的工具，接受各种形式的支持。为了保证所有权与相关性，所有申报的项目都是以学校为基础的，并且只有在主持研究计划的学校或私营部门提供配套经费的情况下，研究发展基金才予以资助。基金的运作采用公开和竞标的方式。每年

---

① 参见 The World Bank, Project Appraisal Document on a Proposed Credit to the Republic of Cameroon for an Education Development Capacity Building Project。

年初，研究发展基金会公布重点资助领域，由杰出科学家和学者组成的委员会将对申请资助的项目进行筛选。

研究发展基金的主要活动包括咨询利益相关者，确定资助课题或学科的筛选程序；制定研究发展基金的规章制度，编写指导审查与资助的程序手册。手册的内容涉及顾问委员会与技术委员会的组成、资金管理程序、质量保证、监管与评估机制等。

二是通过大学校际信息通讯技术中心（CICT）的运作，支持改进信息通讯技术管理及在公立大学运用方面的能力建设。

在 2001—2004 年，政府拨出了大约 350 万美元的预算用于六所公立大学建立互联网连接和信息通讯技术能力建设，特别是网络远程教育的建设。尽管如此，互联网连接能力依然很落后，而且费用高昂（宽带每秒千字节的传输费用为 15—17 美元，而在美国只要 3 美分）。没有一所大学能够系统地使用信息通讯技术，而且信息通讯技术的普及水平还很低（大约80000 名学生才拥有 1000 台电脑）。每个学校的网络是独立的，没有实现资源共享。信息通讯技术管理与支持方面的专业人员十分缺乏。为了改变这种状况，六所大学与高等教育部决定在 2002 年建立一个共同的网络，改进互联网连接的质量，实现资源共享。2003 年法国提供了建立网络和信息通讯技术中心的经费。

教育发展能力建设计划将帮助中心确定最适宜的管理结构，为每一所大学制定信息通讯技术战略计划提供服务，协助建立一个信息通讯技术核心专业人员的培训框架和计划，发展远程教育能力。为此，将开展信息通讯技术使用的研究和推广，咨询相关人员，制订市场推广计划，支持各所大学制定信息通讯技术策略规划。通过这些活动，教育发展能力建设计划将通过校际之间网络以及校际信息通讯技术中心的运行与管理，增进国立大学的信息通讯技术的管理与使用，以此来促进它们的能力建设。

三是通过加强全国最重要的资源库——校际文献资源中心（CIRD）的服务能力，改进文献与知识资源的使用，支持高等教育提供高质量的教学与研究。

在喀麦隆，使用相关的、最新的文献资料，支持高质量的教学与研究依然受到极大的限制。在大多数高等教育机构，互联网连接有限，这使得它们难以从全世界可以得到的知识资源中受益。校际文献资源中心是喀麦隆一个重要的资源库，通过改进它的服务能力，让更多的人更为容易地使用中心收藏的文献和知识资源，这将对高等教育机构高质量的教学与研究提供有力的支持。目前，还有一些学科没有能够得到充分服务，特别是那些研究发展基金提供资助的学科，校际文献资源中心将通过增加这些学科的文献资源来实现自身的建设。在这里，文献资料的增加事先将经过全面的需求分析，并咨询相关的机构。其重要目标之一就是增加在线文献资源的数量。

"教育发展能力建设计划"所提供的经费将用于为校际文献资源中心法律地位的分析及其市场开发计划的制订提供技术支持。喀麦隆政府已经为校际文献资源中心提供了设备，并为在编的工作人员提供了经费。

四是建立全球发展学习网络中心（GDLN），以加强决定与实施社会经济发展计划的决策者的能力。

喀麦隆面临的挑战之一是在人力资源基础正被逐渐侵蚀的情况下，找到一种提高公立和私立教育机构决策者能力的方式，这种方式必须是经济有效的。这一挑战的特征之一是长期以来缺乏负责政策阐述与政策项目实施的专业人员、技术人员和技术专家官员。尽管喀麦隆与它的发展合作伙伴一起制订和实施发展计划，但其中许多计划的实施需要训练地方人员，让他们掌握项目管理所需的技能。赴海外培训常常成本很大，解决办法显然是找到一种投入不多、但效果不错的方式，来提升负责管理的喀麦隆人的技能。受过培训的人，特别是那些在学术机构和公共部门工作的人和为私营机构和非政府组织服务的人，将成为公共部门的管理者、有技术的专业人员。

全球发展学习网络中心将邀请有关发展的不同方面的专家和从业者为喀麦隆人组织对话、授课和研讨班，通过交互式的电视会议、互联网、光盘等技术手段，为喀麦隆决策者以及他们与其他国家的决策者之间的经验交流创造条件。创建全球发展学习网络中心的主要作用是让喀麦隆的决策者，包括教育部门的和其他部门的决策者快捷地获取最新的知识和信息，减少海外受训的时间和需要，提供随选的、自我控制进度的学习。为实现上述目标，全球发展学习网络中心将建设成一个隶属于高等教育部的实体，在管理和财务上享有自主权。全球发展学习网络中心建成之后，它将独立于校际信息通讯技术中心，全球发展学习网络中心的主任向全球发展学习网络中心委员会负责，委员会的成员由高等教育部部长任命。

根据"教育发展能力建设计划"，世界银行将为全球发展学习网络中心的建设提供财政援助、设备安装与调试的专家。全球发展学习网络中心将与世界银行的卫星网络连接在一起。在最初几年的时间里，中心通过开设网络课程等方式获得的收入将用于还贷。中心是一个非营利机构，但必

护和农业系统的改进上，所有的注意力转向用于出口的经济作物上。1960
年，在美国资金的援助下，喀麦隆建立了国家高级农业学校（1977 年，德
昌大学中心建立后，国家高级农业学校迁到了该中心）。1961 年，又创建
了喀麦隆联邦大学。

　　1962 年，科学研究委员会成立，并直接向总统报告。尽管建立了这个
委员会，但是在 1960—1970 年独立后的头十年中，研究政策并没有发生真
正的变化。根据法国与喀麦隆之间的协议，研究依然是在法国的领导下，
并在法国在喀麦隆建立的研究机构中进行。1963 年，两国签订科学研究与
技术合作协议后，法国的这种领导权得到进一步强化。不过，对于喀麦隆
来说，20 世纪 60 年代是其高等教育和培训快速发展的时期。一直到 20 世
纪 70 年代，它才建立了第一所公共研究机构，如国家农业研究所（1972
年）、医学研究和药物栽培研究所（1974 年）、国家农业机械中心（1974
年）和国家兽医实验室（1983 年）。也就是在这个时期，喀麦隆逐渐建立
了本国的科学研究体系并使之制度化。

　　在国家层面上，国家高等教育、科学与技术委员会是制度化的产物。
这个机构建立于 1974 年，隶属于地区发展部。与之相伴随的是九个公共研
究机构的建立。随着国家高等教育、科学与技术委员会的建立，喀麦隆有
了一个研究管理协调机构和一个进行集中统一管理的工具。委员会的使命
是协调全国高等教育与科学研究事业的发展，并在高等教育与科学研究事
务上为政府提供政策建议。这种统一的集中管理弥补了科学研究活动几乎
独立所存在的缺陷。

　　同时，在国立大学和其他高等教育机构，越来越多的喀麦隆学者得到
培训，并热情地承担起研究活动的责任。本国研究能力的快速发展促使喀
麦隆重新审视与法国之间现有的合作协议。在经过数月的谈判之后，1974
年 2 月完成了协议文本的修订，双方签订了《法国—喀麦隆文化合作协
议》。新建立的国家高等教育、科学与技术委员会面临着许多挑战，其中
之一就是如何将原来由各个政府部门承担的责任转移给它。另一个挑战是
确保各种研究活动的连续性，与原来的法国研究机构协商设备与人员的移
交条件。国家高等教育、科学与技术委员会整合了法国在喀麦隆的所有研
究机构，并接收了十个从事不同研究的法国研究机构。还有一个挑战是组
织自己的研究活动。为了提升应对这些挑战的能力，1976 年，喀麦隆政府
重组了国家高等教育、科学与技术委员会，将委员会下属的研究机构从 9
个减少到 5 个，同时缩小每个研究机构各自所承担的使命的范围。重组后
的五个研究机构是：农林研究所；动物技术研究所；医学研究和药物栽培

研究所；技术、工业和地图研究所；人文科学研究所。1977 年，喀麦隆又在布亚、杜阿拉、德昌和恩冈德雷四个地方建立了四个大学中心，以缓解雅温德大学在发展中所面临的压力，平衡全国的科学技术和高等教育资源。

1979 年，喀麦隆成立直接向总理负责的科学技术总局。这一变化反映了科学研究政治地位的重大提升。科学技术总局负责喀麦隆研究活动的管理，直到 1984 年它被并入高等教育与科学研究部为止。1986 年，高等教育与科学研究部合并了计算机技术服务处，并改名为高等教育、计算机与科学研究部。1992 年，高等教育与科学研究部再次分立，高等教育、计算机与科学研究部一分为二，即高等教育部和科学技术部。

一直到 20 世纪 80 年代中期，喀麦隆的科学研究活动得到了国家极大的支持。1974 年，当国家高等教育、科学与技术委员会成立后，政府建立了一个科学研究资助体系。当时，喀麦隆是非洲国家中在科学研究上投入最多的国家之一。20 世纪 80 年代早期是喀麦隆科学研究繁荣时期。政府在科学研究上投入大量资金，科学研究资金充裕，这在很大程度上得益于石油收入，同时也是由于国家培养科学精英的政治意志。喀麦隆大部分科学团体都是在此期间建立的。在十年时间里，仅仅农业研究所和畜牧技术与兽医研究所两个机构，其预算总额就从 1976—1977 年的 10 亿西非法郎增加到 1985—1986 年的 92 亿西非法郎。这还不包括研究机构自己的创收。研究者的地位也在这个时候不断提高，并最终确立。1980 年 6 月，签署的研究人员地位法令标志着喀麦隆科学研究的发展迈出了重要一步。这个法令不仅对已有的研究人员是一个极大的鼓励，同时也使年轻一代的喀麦隆人对科学研究事业产生了兴趣，喀麦隆的科学研究团体因此迅速壮大。在1980—1981 年，喀麦隆共招募了 54 名研究人员，1982—1983 年又招募了44 名。与此同时，有 30 名研究者获得资助到海外进修。1982 年，喀麦隆共有国家研究人员 196 名。到 1986—1987 年，国家研究人员达到近 400人。此外，还有外国研究人员 82 人。[①]

20 世纪 80 年代，大学和研究机构的发展因为经济危机而突然中断。1986—1987 年开始影响喀麦隆的经济和财政危机使得研究预算被大量削减。此外，原已批准的预算拨付也常常不能按时、全额到位，这使得研究条件恶化，研究人员的工资不能按时支付。在最困难的时期，即 1990—1996 年，依靠国家资金的研究项目因为工资不能支付而几乎全部停止了，

---

① Jacques Gaillard, Eren Zink. Scientific Research Capacity in Cameroon. An Assessment of IFS Support. 2003, pp. 14—15.

只有外部资金资助的项目可能继续进行。从 1987 年以来，研究人员招聘委员会不再定期开会，国家研究人员的招募也越来越少。在 20 世纪 90 年代初，由于退休人员没有得到补充，国家研究人员的人数开始减少。此外，研究机构所面临的财政紧张使得许多研究者辞职。例如，1992 年，农业发展研究所有 248 名工作人员，到 2003 年只有 198 人。结果，公共研究机构的研究队伍日益老化。

在经济危机期间，喀麦隆还出现了政治紧张状态，这使得研究人员面临进一步的挑战。政治局势所导致的一个重要结果就是人文科学研究所及其四个研究中心（人类学研究中心、地理学研究中心、人口研究中心和经济与社会科学研究中心）的解散。

尽管在过去的几年里国民经济保持 5% 的增长率，但是研究预算没有因此而有所增长。这既可能说明当局没有认识到科学研究的重要性，也可能因为国家所背负的债务在很大程度上阻碍了公共财政，限制了投资能力。

简言之，财政危机导致国家对研究机构补助的持续缩减，结果导致：国家无限期推迟对大部分研究项目的资助；动植物基因储备不断衰竭；研究人员和技术人员缺少工作，他们甚至数月拿不到薪水；许多设备和消耗品没有付款；科学技术潜力，特别是基础设施因为得不到充分维护而恶化；在某些中心和研究站缺水少电。这些危机和张力不仅侵蚀了研究职业在喀麦隆的重要性，而且还形成一个极具挑战性的环境。不过，在这个环境中，喀麦隆研究者证明是具有特别强大的生存能力和创新能力的。

喀麦隆的科学家，特别是大学里的科学家是训练有素的。雅温德第一大学自然科学系几乎所有的研究者都具有博士学位。不过，值得注意的是，雅温德第一大学是喀麦隆最老的大学，因此新建立的大学的科研人员可能会年轻一些，所受学术训练要差一些。同时，农业发展研究所大约 1/3 的科学家有博士学位。这些科学家在 14 个不同的国家获得最高学位，其中在喀麦隆、法国、美国、英国获得学位的人数最多。鉴于在过去的十几年里，人员招募（特别是农业发展研究所科研人员）很少，所以 40 岁以及 40 岁以下的研究人员寥寥无几。2003 年初，雅温德第一大学自然科学系和农业发展研究所科研人员中最年轻的科学家分别是 31 岁和 33 岁。40—49 岁年龄段的科学家人数最多，分别占到两个机构的 50% 和 74%。①

在 1987 年以前，喀麦隆 85%—95% 的研究活动（包括薪水）是由国

① Jacques Gaillard, Eren Zink. Scientific Research Capacity in Cameroon. An Assessment of IFS Support. 2003, p. 19.

家资助的。不过，在 1987—1993 年间，外国援助的资金已上升到 39%。最大的资金来源是世界银行（主要是以贷款形式）、合作援助基金、经济合作中心信托局、英国海外发展管理局、欧盟和德国。在经济危机期间，大多数研究部门经费短缺，没有外部援助，没有一个研究项目可以展开。这些外部资金投向全国性计划、研究团队的建设或支持研究者个人。支持研究团队和个人的计划使得许多喀麦隆研究者得以继续从事他们的研究。

鉴于农业部门对国民经济具有重要意义，在农业发展中，研究应该置于首要地位，所以在 20 世纪 90 年代早期，在包括世界银行在内的几个捐赠者的支持下，喀麦隆政府起草了一个改革农业研究的建议。这个建议的结论导致了农业研究所与动物技术和兽医研究所合并，目的是简化行政管理程序和减少行政人员的人数和运作结构，将研究计划进行分权管理，以此更好地照顾全国各地不同农业生态区使用者的需求。人们期望，分权管理最终可以使研究成果得到更广泛的应用。

经济危机不仅使得用于研究机构和大学的公共开支大为减少，而且意味着研究人员的薪水很低，以至于他们不得不考虑自身的生存问题，许多人担任了国际组织、非政府组织和私营公司的顾问。在 1993 年以前，与非洲其他国家相比，喀麦隆研究人员和大学教师的工资是具有竞争性的，因此有着相对较高的生活水准。不过，在 1993 年，经济危机导致研究人员的薪水减少了 33%，之后西非法郎又贬值了 50%。在一年的时间里，喀麦隆研究人员的购买力急剧下降。20 世纪 90 年代初，一名从事研究的官员每月收入是 25 万西非法郎，相当于 380 欧元，但是有一天他突然发现他的购买力下降到每月 125 欧元，以至于难以维持一家人的生活。一直到 2000 年，喀麦隆研究人员的工资收入仍只有 1992 年的一半左右。

由于工资低，致使许多大学教师和研究人员放弃了教学和研究工作，到其他收入较高的部门谋职，留下来的也常常缺乏动力，纯粹是为了保留职位。这些教师只是经常到学校露个脸，而靠在校外从事收入更好的工作来养家。对此，大学和研究机构束手无策，它唯一能做的就是让当局注意教师和研究人员的薪水状况，要求提高教师和研究人员的收入以便他们能专心于教学和研究工作。

大学教师和研究人员的生存策略因年龄、家庭状况和学科的不同而有所不同。许多年轻的大学教师和研究人员，刚刚结婚生子，支付不起市内的房租，便在郊外盖起低成本的房子以供居住。许多研究人员，用在海外工作存下来的钱投资于出租车或小巴士、或小店，交给配偶或家人经营。还有一些人则投资于开垦种植小块土地，种些东西拿到市场上出售，以补贴家用。即使还留在专业领域，许多大学教师和研究人员通过私下从事咨询工作、举办研究班课程或到非洲其他国家上课等途径挣取外快。

当薪水减少，大学教师和研究人员脱离他们的教学和科学研究事业的时候，喀麦隆面临着丧失新一代研究者的危险。从 20 世纪 80 年代后期开始，失业影响到了大量的高等教育毕业生，地方就业市场不能提供充分的就业机会，国家推迟了对公务员的招募。不过，拥有学位的人大量失业并不是学位质量糟糕的表现。喀麦隆的研究者是具有竞争力的，在双边和国际研究资助基金会中，他们的成功率是很高的。

研究团体被侵蚀还反映在许多科学团体处于"冬眠"状态上。许多团体因为没有经费而停止活动，他们参与创办的科学期刊也难以为继。喀麦隆的重要期刊——《科学与技术》自 1990 年以来就停刊了。"大多数科学与技术领域的期刊在发行了头两期之后就消失了，这主要是因为缺少资金、管理不善和订阅数量不够。"[1]

1980 年 6 月签署的关于研究者地位的法令，标志着科学研究事业在喀麦隆迈出了重要一步，并且吸引了许多年轻的毕业生参与科学研究。今天，许多政府成员接受过高等科学培训，特别是那些负责高等教育和科学研究事务的政府成员，研究者在公务员中享有特殊的地位，监管科学研究事务的政府部门又能捍卫自身的权利，并努力提出一个具有活力的国家研究政策。不过，研究条件不断恶化，科学研究与技术部缺乏经费实施它的政策。资金不足和缺少为公共利益开展研究的机会，限制了研究者在喀麦隆的社会中发挥作用的能力。结果，研究者在喀麦隆社会中得不到认可，享受不到应有的社会声望。一名地理学家表达了许多研究者共有的挫折感："街道上的路人不会向研究者表示致谢，除非是医生或农艺学家……一名外科医生做了一次成功的手术，就会得到公众的认可，而其他人，没人认识他们。"[2]

由于本国缺乏资金资助科学研究，所以越来越多的喀麦隆研究人员在外国机构和组织的邀请下从事咨询工作，以至于科学研究与技术部认为喀麦隆人有必要收回研究。"我们成为我们自己的建设工地的工人，成为捐赠者的工人，法国人以及其他人的工人，这种情况正变得越来越多。我们将数据交给他们，他们可以随意处置。非洲国家成为研究的对象，而不是

---

① Jacques Gaillard, Eren Zink. Scientific Research Capacity in Cameroon. An Assessment of IFS Support. 2003, p. 21.

② Ibid. .

研究主体；特别是我们没有从中受益。他们根据自身的利益资助研究项目。我们希望建立一种合作关系，这可以使我们能够根据自身的需要获得一些东西。"①

另一名出生于英国的，1970 年以后就居住在喀麦隆的研究者证实了上述看法，他说："如果我们不在意，我们就会成为送往欧洲的样本的采集者。发达国家有一种将非洲作为研究场所的倾向，就像一个做实验的实验室，做完以后，就把研究成果带回国。他看不见研究结果，也没有从中受益。"②

面对这种难以支持的状况，喀麦隆前科学研究与技术部部长亨利·霍格彼·恩莱德教授在 1999 年组织了第一次西非和中非国家负责研究与发展的政府部长参加的大会，会议的主题是："在全球化背景下，为了非洲人民的利益，繁荣和收回非洲的科学研究"。根据这种精神，雅温德大学制订了 1999—2001 年大学研究资助计划。该计划有以下几个目标：重组内部现有的学术专家；发展不同研究团队之间的协作力，强调跨学科之间的协作；围绕具体的研究问题，加强大学科学实验室的建设。在和科学研究与技术部紧密磋商之后，大学研究资助计划决定集中资助五个分科：推进文化遗产、语言和发展；教育与培训；生物科学和生物技术；低成本的供水技术；环境与森林。在筛选研究项目时考虑以下标准：根据以往发表的相关领域的论著，判断实验室或研究团队的科学质量（30%）；研究项目的科学质量——方法论、创新性、文献资料（30%）；项目对国家发展的相关性与影响（30%）；根据项目可以获得的资源（人力、设备和资金）和它的研究周期，判断研究项目的可行性（10%）。2000 年 5 月 18 日，校方签署协议，为 29 个重点研究项目和 22 个一般研究项目提供补助。不过，到 2003 年初，占补助资金一半的启动资金没有到位。

与经济危机相关的困难也使得外部的合作机构重新审视他们的工作模式。这导致了经过重新谈判而建立起来的合作伙伴框架内产生了一种新的制度体系。而且，国家的抽身为新的参与者，特别是非政府组织开辟了道路。在这种背景下，在喀麦隆研究基础不断受到侵蚀的大环境下，一些学科和新的机构获得了成功，比如化学，特别是有机化学以及香蕉栽培地区中心（CRBP）。喀麦隆的有机化学家大多是 20 世纪 80 年代在雅温德大学获得的学位，他们主要致力于从药用植物中萃取自然产品。这个研究团体的形成与发展除了得到国际同行的帮助外，还受益于从法国、瑞典、国际

---

① Jacques Gaillard, Eren Zink. Scientific Research Capacity in Cameroon. An Assessment of IFS Support. 2003，p. 22.

② Ibid..

科学基金会等不断获得的资金资助。香蕉栽培地区中心在资金上得到喀麦隆政府和世界银行、法国合作部的共同资助，并由一个各方代表组成的团队进行共同管理。由于在资金上有保障，所以与其他研究机构相比，香蕉栽培地区中心在研究条件上要好得多。

进入 21 世纪以后，随着经济的逐步复苏，喀麦隆政府重新加大对科学研究事业的支持力度，喀麦隆的科学研究事业出现了一些积极的变化迹象。2002—2003 年，高等教育部的研究经费翻了一番，从 1.5 亿西非法郎增加到 3 亿西非法郎。2002 年末 2003 年初，科学与技术部发起了一个前所未有的招募运动，共招募了 278 名年龄均不到 35 岁的研究人员。年轻人大多数年龄在 25—30 岁，拥有理科硕士或博士学位。

不过，要恢复喀麦隆科学技术基础的活力，仍离不开喀麦隆政府的重视和国际捐赠者与合作者的帮助，因为阻碍喀麦隆科学研究事业发展的因素仍然存在，比如重建一支具有受过良好训练、有事业心的研究队伍，改善研究条件，加快信息与通讯技术的发展，等等。

第二节　大学师资队伍问题

在研究能力构成中，人的要素是一个活跃的、能动的要素。非洲的学者在其成长阶段，在非洲民族国家形成过程中的各个重要历史时期，都曾发挥过先锋作用。实际上，西方的社会科学家都承认他们所做出的重要贡献，并认为非洲学者是令人鼓舞的。今天，非洲正处于另一个十字路口上，面对着不断加深的危机，作为智力资源最为集中的大学必须挺身而出，承担这一历史的重任，准备和经历一次智力的复兴。为此，以大学教师为主要代表的非洲学者必须将在其他文化经验研究中总结出来的理论应用于非洲，让世界倾听非洲对全球和地区问题的观点，从而改变非洲在知识世界中日益边缘化的趋势。然而，非洲的大学教师、喀麦隆的大学教师们是否已经准备好，是否能够承担起知识创新和学术复兴这样的职责和使命呢？答案似乎不容乐观。

大学教师队伍及素质是制约喀麦隆大学知识创新能力的一大因素。如前所述，喀麦隆高等教育机构中教学和研究人员在数量与质量上均存在严重不足，特别是那些对于国家的发展具有重要意义的学科，如基础学科和应用学科，这极大地制约了知识生产和创新能力。

就喀麦隆高等教育机构的师资队伍而言，从 1961—1962 学年的 21 人

（其中 60% 是外国教师）增加到 1981—1982 学年的 544 人，1991—1992 学年的 1518 人①到 1997—1998 学年，六所国立大学共有教师 2019 人，2003—2004 学年为 2229 人，2004—2005 学年为 2225 人，2005—2006 学年为 2219 人。除此之外，私立高等教育机构还有 1268 名教师，其中专职教师 265 名，兼职教师 1003 名。② 喀麦隆国立大学教师人数从 1961 年的 21 人到 2006 年的 2226 人，从只有 40% 是喀麦隆人到几乎全部是喀麦隆人，就此而言，喀麦隆高等教育机构的师资队伍是在不断发展壮大的。但是，就高等教育规模、发展速度和社会需要，以及高等教育机构所承担的使命而言，喀麦隆高等教育机构师资队伍的建设是严重滞后的。

表 7 – 1　　　　　　　　　喀麦隆国立大学的师生比③

学　　年	在校生人数	教师人数	生　师　比
1961—1962	216	21	10:3
1981—1982	10231	544	18:8
1991—1992	45000	1518	29:6
1997—1998	—	2019	—
2003—2004	81240	2229	36:4
2004—2005	91994	2225	41:3
2005—2006	108082	2226	48:6

　　从表 7 – 1 中可以看出，自 1993 年高等教育改革以来，喀麦隆高等教育体系中学生人数的增长与师资队伍的发展是不均衡的，以至于师生比越拉越大。许多学校专职师资不足，只能大量聘用兼职教师和临时教师，这在私立高等教育机构中表现得特别明显。在 2005—2006 学年，私立高等教育机构中 79.1% 的教师是非专职教师。其直接结果之一就是造成大学教师的教学负担过重。不仅是教授和副教授，甚至连助教也有可能每学期承担三门课程的教学。同时，教学工作量还随学生人数的增加而成比例地增加。在这样一种情况下，许多教师疲于授课，根本难以在科研上有效地投

---

①　Tafah Edokat, Effects of Brain Drain on Higher Education in Cameroon, p. 2. In Tapsoba, S. J. M. , Kassoum, S. Houenou, P. V. , One, B. , Sethi, M. , and Ngu, J. （eds.）, *Brain Drain and Capacity Building in Africa*. Joint publication of the Economic Commission for Africa, the International Development Research Centre, and the International Organization for Migration, 2000.

②　Ministry of Higher Education of Republic of Cameroon, Statistical Year Book of Higher Education （2006）, pp. 105—109.

③　参见 Tafah Edokat, Effects of Brain Drain On Higher Education in Cameroon; Ministry of Higher Education of Republic of Cameroon, Statistical Year Book of Higher Education （2006）。

入时间和精力。

喀麦隆高等教育机构的师资队伍不仅数量不足，而且质量和结构也存在缺陷。拥有教授、副教授职称或拥有最高学位（例如哲学博士）的教师比例明显偏低。

表 7 - 2 喀麦隆国立大学教师职称结构①

学　年	教　授	副教授	讲　师	助　教	合　计
2003—2004	122	235	1050	822	2229
2004—2005	119	232	1132	742	2225
2005—2006	115	244	1074	786	2219

从表 7 - 2 中可以看出，在这三个学年中，拥有高级职称的教师分别只占总教师人数的 16%、15.8% 和 16.2%。2005—2006 学年，在六所国立大学的 35 个院系中，有 9 个院系没有教授，有两个院系的教师全是讲师和助教。② 硕士学位持有者占据了大学里的大多数教学职位。由于在喀麦隆拿到学士学位后只要一年就能拿到硕士学位，所以毫不奇怪，大多数教师缺乏研究方面的训练。对于研究工作，大多数年轻教师既缺乏能力，也缺乏兴趣，尽管有一些年轻学者从事过出色的，甚至是开创性的研究工作，但为数很少。这样的师资结构也使得喀麦隆高等教育机构难以开展研究生教育，特别是博士研究生教育，从而难以培养出一支可以维持研究体系或为国家的发展提供支持的队伍。面对此种情况，许多高等教育机构不得不拿出大量的资金用于培训者的培训。例如，在2003—2004 学年，布亚大学为"教职员工发展计划"支出 5000 万非郎，其中一部分用于资助青年教师攻读博士学位，或者资助他们参加学术会议、出版研究成果等。德昌大学同样为学校青年教师的培训安排了 5000万非郎的经费。

造成喀麦隆高等教育机构知识生产队伍薄弱的一个重要原因是人才的流失。这种人才流失包括两种。其中一种是受过良好教育的知识分子和专业人才加入国际移民队伍，移居国外而导致的人才流失。从国际移民运动和人才流动的潮流来看，主要的趋势是人力资源从不发达国家流向发达国家。

和其他非洲国家一样，喀麦隆最为稀缺的，也是流失得最为严重的

---

① Ministry of Higher Education of Republic of Cameroon, Statistical Year Book of Higher Education (2006), p. 18.

② Ibid., p. 105.

资本是人力资本。根据联合国非洲经济委员会的估计，在 1960—1989 年间，非洲大约流失了 127000 名高级专业人才。而进入 20 世纪 90 年代以后，非洲人才流失的情况进一步加剧。根据国际移民组织的统计，1990 年以后，非洲每年流失 2 万名专业人才。仅在美国的非洲科学家和工程师人数就超过了非洲本土。就像联合国所认为的那样，非洲专业人才移民西方国家构成了非洲发展的最大障碍。非洲各国因为人才流失而在金钱、制度和社会等方面付出了极大的代价。从金钱方面来说，流失一名大学生就意味着损失 1 万多美元。为填补专业人员的空缺，非洲国家聘用了 15 万名外国专家，为此每年要支付 40 亿美元的费用，这一数字占非洲各国每年得到官方发展援助总额的 35%。[①] 人才的流失同时削弱了非洲国家教育、卫生、公共管理等方面的服务能力。此外，人才的流失还导致非洲国家税收、就业、外国直接投资的减少，影响了贫困问题的解决和市民社会的培育。

除了移民国外的人才流失外，非洲还存在内部的人才流失。所谓内部的人才流失，是指那些接受过良好训练的知识分子、专业人员和其他有才能的人由于缺乏相应的激励与动机，没有将自己的技能、知识、能力和才干用于自身相关领域，而是去从事所受训练和专业以外的工作。这种现象导致资源的错误配置与错误使用。[②]

导致人才流失的原因是多方面的，包括政治环境的因素、学术环境的因素，但首要的是经济因素。总地来说，发达国家与发展中国家的人均收入相差很大。许多人移民到发达国家就是因为那里收入更高。1960 年雅温德大学创建时，实行大学教师与公务员薪水统一的政策，没有为大学教师制定特别的激励措施。由于在政府部门谋职容易，而且公务员享有声望，因此那些受过良好训练的喀麦隆人纷纷流向公务员队伍。在 1970—1975 年间，许多大学教师离职或移民其他国家。针对这一问题，喀麦隆政府于 1976 年决定为不同级别的大学教师发放两种津贴，一是技术津贴，二是高等教育津贴。这一激励机制使得大学教师与公务员相比，享有了某种优势。人们开始羡慕大学教师，在海外留学的喀麦隆人纷纷回国任教。但是在 20 世纪 90 年代初的经济萧条和结构调整中，大学教师与公务员一样，工资大为削减，尽管津贴依然照发。而与此同时，军人与警察的收入依然保持不变。结果，又导致大量教师离开喀麦隆，其中包括雅温德大学一批

---

① Ainalem Tebeje, Brain Drain and Capacity Building in Africa. http: //www. idrc. ca/en/ev - 71249 - 201 - 1 - DO_ TOPIC. html

② Tafah Edokat, Effects of Brain Drain on Higher Education in Cameroon, p. 4.

最为杰出的法学教师。在 1993 年改革之后，许多在国外留学的喀麦隆人学成归国，但是后来又改变了想法，大批离去。根据一项针对大学教师所做的调查，几乎所有的教师都认为收入太低，89% 的人表示如果有机会，他们会移民海外。调查表明，在喀麦隆的大学教师中，隐藏着很高的移民倾向，没有离开喀麦隆的唯一因素是缺乏移民机会。①

　　经济因素同样是导致内部人才流失的主要原因。薪水的大为削减也极大地挫伤了仍留在喀麦隆国内的大学教师的士气。许多教师为了养家糊口而去从事第二职业，有的开出租车，有的经营着学生经常光顾的酒吧、网吧，有的大学教师甚至干脆辞去大学的工作，到收入更高的私营企业就职。与大学教师相比，军人和警察在喀麦隆享有更高的收入与社会地位，因此许多学成回国的喀麦隆人宁愿选择进入军队或警队。而继续留在大学里的教师，特别是那些教授和副教授，很多转向行政管理，这是因为行政权力会给他们带来很大的边际效益。

第三节　研究环境问题

　　研究能力建设所需的人的要素与环境要素是相互作用的，人的要素对于所需的环境要素的产生起着重要的作用，同时环境要素能够提升和阻碍个人研究能力的发展。影响研究能力的环境要素包括了影响研究活动开展及成败的社会、制度和物质因素。它既包括总的社会状况，即公共政策、资源分配等宏观环境，又包括制度的，即特定机构中组织、管理、物质方面的状况。

　　一个社会是否具有一种鼓励探究和知识创新的研究文化，是否具有一种政治和文化上的宽容氛围，对知识生产者的研究动机有着直接的影响。总的来说，喀麦隆大学教师缺乏一个理想的研究环境。受财政窘迫所限，喀麦隆政府和各所大学难以有效地推动科学研究的资助政策和激励机制。研究者获得的研究津贴很低，以至于动力不足。

　　与此同时，由于缺乏成果转化与应用的机制和渠道，所以大多数研究成果没有得到开发与利用。科学研究的最终价值取决于它对于公众是否具有可用性，有多大的可用性。而要让研究为公众所认识，最一般的方式就是公开发表。从某种意义上来说，这是科学事业的核心。但是，对于喀麦

---

① Tafah Edokat, Effects of Brain Drain on Higher Education in Cameroon, p. 6.

隆的研究者来说，这条道路实在是太狭窄了。国际主流学术刊物几乎被西方学者所控制，而喀麦隆本国的学术刊物数量很少，现有的也常常由于缺乏经费保障而难以定期出版，甚至夭折。如布亚大学创办的期刊《应用社会学》自1998年创办以来，迄今为止只出版了4期。

此外，政府部门对科学研究的多头管理也对喀麦隆的学术产出造成消极影响。在喀麦隆，高等教育部和科学技术研究部共同承担着全国的科学研究工作，但是二者之间并没有就研究责任和经费做出清晰安排。高等教育部与大学之间缺乏一个有效的协调组织，而大学与科学技术研究部又不存在联系。此外，由于缺乏激励私人投资高等教育的政策，因此行业与大学之间没有建立密切的关系，大学往往难以从企业获得研究项目和研究经费。

在宏观环境中，对于研究能力发展来说，一个更为直接的相关条件是能否获得充分的从事研究所需的工具。对于喀麦隆这样的发展中国家来说，研究工具的主要提供者只能是国家。这种实质性的支持对于研究文化的形成与研究能力的提高来说具有战略性的重要意义。

长期以来，喀麦隆的大学及其研究活动缺少足够的经费支持。独立之后的喀麦隆，在发展教育事业的过程中，受世界银行等国际资金捐赠机构政策的影响，一直以来重视发展基础教育。在这个过程中，高等教育成为牺牲品，以至于当知识经济时代到来时，喀麦隆根本没有做好迎接的准备。而当喀麦隆准备将财政政策向高等教育倾斜时，它又受限于不景气的宏观经济而显得力不从心。

表7-3　　　高等教育预算在国家总预算中所占的比例
(1981—1997 年)[1]

年份	国家总预算 （单位：百万非郎）	高等教育预算 （单位：百万非郎）	高等教育预算在总预算中所占比例
1981	412.430	0.447	0.11
1982	494.230	0.585	0.12
1983	648.945	0.725	0.11
1984	751.016	2.677	0.36
1985	876.591	4.025	0.46
1986	858.598	5.188	0.60

---

[1]　Tafah Edokat, Effects of Brain Drain on Higher Education in Cameroon, p. 3.

续表

年　份	国家总预算 （单位：百万非郎）	高等教育预算 （单位：百万非郎）	高等教育预算在总预 算中所占比例
1987	630.337	2.856	0.45
1988	551.434	7.797	1.41
1989	513.799	10.939	2.13
1990	541.342	9.947	1.84
1991	613.343	10.947	1.78
1992	487.052	11.885	2.44
1993	451.284	20.257	4.49
1994	549.595	16.901	3.08
1995	638.424	16.127	2.51
1996	892.278	13.029	1.46
1997	1230000	15.479	1.26

在 2004—2005 学年和 2005—2006 学年，喀麦隆国立大学生人均教育经费分别为 224738 非郎（相当于 409 美元）和 250420 非郎（相当于 455 美元），[①] 远远低于生均 1000 美元的世界标准。一直以来，政府是喀麦隆公立高等教育机构经费的主要提供者。在 1993 年改革以前，政府拨款占到大学预算的 94%—96%，其余的 4%—6% 来自于私人捐赠或法国、英国、比利时等国政府的资助。1993 年改革之后，国立大学的经费来源尽管比改革之前更为多元化，但对国家拨款的依赖程度仍达到 70% 左右。由于缺乏激励政策，私人对大学以及大学的研究活动的投资是非常少的。国家的经济状况以及财政状况对于高等教育发展经费供给的数量和稳定性具有直接的影响。

虽然喀麦隆高等机构所获得的公共预算份额非常有限，但是在高等教育内部，预算的分配也不利于研究活动的开展和研究能力的建设。在 1974—1988 年间，喀麦隆的大学预算中有 20% 是直接通过助学金和奖学金分配给学生的，再加上学生的膳宿津贴，大学预算的 30% 用于学生的福利。与此同时，用于教学与科研的预算只有 5%。[②] 这解释了为什么学

---

① Ministry of Higher Education of Republic, Cameroon. Statistical Year Book of Higher Education (2006), p. 18.

② Tafah Edokat, Effects of Brain Drain On Higher Education in Cameroon, p. 4.

生人数快速增长，而学校的基础设施和教学设备却没有什么改善。对于教学与科研来说，这种状况在 1993 年改革之后并没有发生根本性的改变。2005、2006 年，喀麦隆 6 所公立大学的科研经费投入在学校运行总支出中均为 5% 左右，教学经费投入分别为 7.3% 和 8%。其中在 2006 年，布亚大学科研经费支出在学校运行总支出中所占比例为 12.1%，杜阿拉大学为 3%，德昌大学为 2.4%，恩冈德雷大学为 10.9%，雅温德第一大学为 3.2%，雅温德第二大学为 2.7%。① 在这种情况下，喀麦隆的科研工作者只好在研究经费上求助于外国的资金。根据国际科学基金会的一项调查，在接受该基金会资助的 41 名喀麦隆科研人员中，其 1998 年的研究预算对国外资金来源（国际组织、外企或外国私人基金会）依赖度超过 50% 的有 31 人，其中 19 人的研究经费完全来自国外。② 毫不奇怪，研究经费的不足导致知识创新缺乏活力，制约了研究能力的发展。

首先，研究以及教学经费的严重不足极大地影响了图书馆、实验室、计算机及网络等科研条件的建设。这甚至阻碍了那些在发达国家留学的喀麦隆人回国服务，因为他们发现国内的工作条件令人失望，难以开展科学研究。在 2001—2002 学年所做的一项针对大学教师的调查中，当问及该采取何种措施来遏制教师移民现象时，有的认为应该全面评估工资状况，有的提出应该改善教师的工作条件，例如为教师配备电脑、缩小班级规模、改进实验室和图书馆设备等。③ 很显然，各所大学的科研条件难以令广大教师感到满意。实际情况也是如此。一些大学和研究机构的图书馆缺少经费购买新的图书，订阅学术期刊，图书馆大量图书和期刊陈旧过时，或者是国外有关机构和个人赠送的，而与专业和科研相关的图书文献十分缺乏。许多喀麦隆大学教师和大学生在撰写论文时，只能大量引用陈旧的数据和材料。一名布亚大学的地理学教师曾经想在英国发表一篇文章，结果遭到了退稿，原因是论文没有参考任何最新的文献。学校受经费限制，很少为教师提供研究方面的进修和发展计划，教师缺少参加学术会议、研究班和享受进修假的机会。为了获得科学研究所需的经费和资源，许多喀麦隆研究人员只能寻求国外的资助和国际合作。但是对于他们来说，这样的

---

① Ministry of Higher Education of Republic, Cameroon. Statistical Year Book of Higher Education (2006), pp. 126、128.

② Jacques Gaillard, Eren Zink. Scientific Research Capacity in Cameroon. An Assessment of IFS Support. 2003, p. 35.

③ 参见 Tafah Edokat, Effects of Brain Drain On Higher Education in Cameroon。

机会实在是太少了。① 由于缺乏研究活动的实践，所以也直接影响了这些教师研究能力的提高。对于年轻的教师来说，在有经验的教师的指导下从事研究活动，是他们研究能力发展的有效形式。没有研究的实践，谈研究能力建设也就毫无意义。从这个角度来说，喀麦隆大学研究能力建设中的瓶颈之一就是研究活动的稀少。

此外，研究生教育的薄弱也是制约喀麦隆大学研究能力发展的缺陷之一。2005—2006 学年，喀麦隆六所国立大学的 108082 名在校生中，只有 314 名博士生，占学生总数的 0.3%。② 当然，在国外攻读博士学位的喀麦隆人也为数不少，但如前所述，这些留学生学成归国的比例是很低的。博士生是研究人力资源的重要储备。因此，这样的比例远远低于研究能力发展的需要。

第四节　学术信息资源的获取问题

信息资源的掌握是知识创新与学术生产的基础。发展中国家与发达国家之间知识创新能力的差距同样体现在二者掌握信息资源水平的差异上。在当今这个数字化和网络化时代，发达国家凭借先进的信息与通信技术（ICT），在信息资源的掌握方面占据着绝对优势。而包括喀麦隆在内的发展中国家则由于信息与通讯技术上的劣势而无法充分利用电子信息资源，特别是开放获取信息资源，以至于难以及时把握学术前沿，掌握最新的研究成果，参与国际学术交流与合作。因此，在这个数字化和网络化时代，在信息资源获取和学术生产领域，发展中国家既有可能被发达国家拉开距离、面临被进一步边缘化的境地，也有可能缩小与发达国家在信息资源获取能力方面的差距，提高自身的知识创新能力。可以说，包括喀麦隆在内的发展中国家正处于一个挑战与机遇并存的时代。

在信息与通讯技术兴起之前，人们主要通过书籍等印刷品来保存和传递知识。知识的生产者通过印刷品吸收前人智慧的结晶，借鉴他人在知识创新中总结出来的经验和教训，以此为基础在学术的道路上继续前进。正

---

① 有关喀麦隆高等教育内部制约学术生产的因素，参见 Nantang B. Jua and Francis B. Nyamnjoh, Scholarship Production in Cameroon: Interrogating a Recession. African Studies Review, Vol. 45 (2): 49—71, 2002。

② 根据 Ministry of Higher Education of Republic, Cameroon. Statistical Year Book of Higher Education 2006 中有关数据统计。

是因为如此，长期以来藏书的多少常常成为衡量一所大学学术研究条件的重要指标之一。世界各国大学都不惜投入，购买最新的图书和订阅学术期刊，丰富藏书，以便为教师和学生的学习和研究创造条件。随着信息与通讯技术的兴起和数字化、网络化时代的到来，人类知识传播的手段发生了革命性的变化。在知识的存储与传播中，计算机、光盘、网络等正变得越来越重要，从而改变了人们获取信息资源的手段。如何利用日新月异的信息与通讯技术，加强自身对信息资源的获取与利用，已经成为当今世界学术生产和知识创新中的一个重要问题。

从 20 世纪 80 年代开始，国际学术期刊订阅价格不断上涨，包括喀麦隆在内的发展中国家主要大学和研究机构图书馆所订阅的期刊数量大为减少。2002 年，布亚大学共有 2013 份期刊，其中 69 份现刊是自己订阅的，213 份期刊是通过赠送和交流获得的。同年，雅温德第一大学甚至没有订购过一份期刊。2006—2007 学年，雅温德第一大学共有学生 25000 人，但学校图书馆只有 12 万册藏书（包括期刊），平均每名学生拥有量不到 5 册。布亚大学有学生 12000 人，图书馆有藏书 8 万册，平均每名学生拥有量不到 7 册。[①] 这种情况显然是难以满足教师和学生的学习与研究需要。然而，在书刊订购价格不断上涨，学校办学经费有限的情况下，喀麦隆各所大学与其他发展中国家的大学一样，不太可能大量增加印刷类图书与期刊。与此同时，许多学术期刊从印刷类期刊向电子期刊转变，有的期刊发行商既发行印刷类期刊，又发行电子期刊。与印刷类期刊相比，电子期刊的成本要低得多，而开放获取信息资源甚至向发展中国家免费提供。此外，电子期刊还可以实现在线共享。在这种情况下，喀麦隆的各所大学逐渐认识到，在当前的财政条件下，通过信息与通讯技术获取信息资源，对于促进大学的能力建设，包括知识创新能力建设将会具有越来越重要的意义。

当今重要的电子信息资源库几乎都是由西方国家的出版商和学术团体创建的。尽管电子信息资源的使用费用比印刷品的购买费用低得多，但并不是免费的。再加上配套的计算机、打印机、网络连接等基础设备建设需要大量投入，因此发展中国家在电子信息资源的使用方面仍面临着一些障碍。在 2002 年以前，雅温德第一大学图书馆没有可供师生使用的可以上网的计算机以及打印机，此外也不能通过光盘、缩微胶卷或在线获取研究信

---

① 相关数据参见 Randall Jones, Rosemary Shafack, Kiven Charles Wirsiy, and John Willinsky, University Access to Research and to the Internet: The Case of Cameroon. http: //research2. csci. educ. ubc. ca/eprints/archive/00000037/01/Cameroon. pdf

息，因为图书馆还没有掌握此类技术。由于缺乏技术和所有权，图书馆也没有订购电子期刊索引或数据库，没有免费的在线检索服务。因此，对于图书馆来说，它所面临的最大挑战是，"在全球的基础上，使用现代的研究和信息交流工具"，为广大师生的工作与学习提供帮助。

为了扩大发展中国家对电子信息资源的享用权，避免发展中国家与发达国家在信息资源掌握上所存在的差距进一步拉大，一些国际性组织启动了一系列的项目与计划，为发展中国家提供免费的开放获取信息资源（Open Access Information Resources）。例如，世界卫生组织和国际自然科学出版物获取网络启动了一个项目，它们设法让商业性期刊和大学期刊的出版商同意发展中国家的大学免费获取它们出版的期刊，因为它几乎不给出版商增加任何费用。世界科技文献共享网（The International Network for the Availability of Scientific Publications，简称 INASP）与剑桥大学出版社、布莱克威尔出版社、EBSCO 公司等达成协议，免费向发展中国家提供大量网上研究文献。根据协议，INASP 使用捐赠的资金向出版商支付发展中国家加入共享网的大学登记 IP 地址的费用。这些世界著名的电子信息资源拥有者为发展中国家提供了丰盛的"午餐"，其中 EBSCO 公司就为参加的大学提供了 1 万多份全文期刊。由于开放获取计划，包括发展中国家在内的世界各国现在可以越来越多地得到《布达佩斯开放获取计划》、《柏林宣言》以及其他机构所定义的开放获取信息资源。喀麦隆及其大学也是这些项目与计划的受益者之一。

从 2001 年开始，布亚大学可以通过光盘和网络获取一些电子信息资源，其中包括：非洲数字图书馆（the African Digital Library，简称 ADL）、科研共用健康互联网络计划（Health Internetwork Access to Research Initiative，简称 HINARI）、全球农业在线研究（the Access to Global Online Research in Agriculture，简称 AGORA）、卫生保健协作网（the Network：Towards Unity for Health）、非洲期刊在线（African Journals Online）、世界银行电子图书馆（the World Bank Electronic Libraries）、非洲社会科学研究发展理事会出版物（Council for the Development of Economic and Social Research in Africa，简称 CODESRIA）、科学与发展网（Science and Development Network）等。2005 年以来，布亚大学图书馆还使用 google scholar、OAIster、ARC、e-prints UK 以及 PKP Open Archives Harvester 等搜索引擎，为读者提供其他开放获取资源的信息，例如，开放获取期刊目录以及其他开放获取存储器网络。

雅温德第一大学也可以获取一些电子信息资源，如 HINARI、AGORA

和非洲论文数据库（the Database of African Thesis and Dissertations，简称DATAD）。同时，它还有一些从法语国家大学组织（Agence Universitaire de la Francophonie）免费获取的光盘。

在对开放获取信息资源的接触与使用过程中，喀麦隆的大学教师日益认识到在他们的教学与科研中，电子信息资源可以发挥重要的作用。对于学术研究者来说，获取电子信息资源的能力反映了他们对于更多流通中的知识的控制、购买和利用能力。根据 2001—2002 学年所做的一项调查研究，绝大多数大学教师认为研究成果的获取对于自己开展研究和撰写、发表研究成果具有重要的意义（见表 7-4）。

表 7-4　　　　　获取研究成果对于各方面工作相对重要性的
评定（以 100 为指数）[①]

获取研究成果对下列内容是重要的	图书馆工作人员（10 人）	教师（45 人）	综合（55 人）
教学	70	81	79
研究生培养	75	91	87
从事研究	91	96	95
撰写研究成果	89	93	92
发表研究成果	80	92	90
参与学术共同体	47	84	78
为公众提供建议	47	68	64

随着开放获取信息资源的不断增加，计算机、互联网连接等配套基础设施的建设和电子信息资源使用能力建设就成为日益突出的问题。对于喀麦隆大学来说，增加可供师生使用的计算机的数量并不是一个非常困难的问题。几乎各所大学都在建立信息与通信技术中心或计算机实验室，并且不断添置新的计算机。2003 年，恩冈德雷大学实施了由高等教育部发起的"一名教师一台计算机"项目。在项目实施的第一阶段，就有 98 名教师获得了计算机。德昌大学技术学院则从高等教育部获得了 20 台计算机。布亚大学的 70 名教师通过学校实施的"教职员工计算机获得计划"，用借贷的方式获得了计算机。雅温德第二大学有 82 名教师通过"一名教师一台计算机"项目也获得了计算机，并建立起多媒体中心。[②]

---

① Randall Jones, Rosemary Shafack, Kiven Charles Wirsiy, and John Willinsky. University Access to Research and to the Internet：The Case of Cameroon，p. 7.

② 参见 Minister of Higher Education of Republic of Cameroon，2003 Report of Activities。

对于喀麦隆的大学教师来说，为获取电子信息资源，开展学术研究，更为迫切的问题是互联网连接，因为互联网接入是支持开放获取研究文献的第一步。

2001—2004 年，喀麦隆政府拨出 350 万美元用于在六所公立大学开通国际互联网和加强信息与通讯技术能力。2002 年，雅温德第一大学已经在计算机中心实现了互联网的接入。高等教育部利用世界银行的资金，在该校新建了一个全国共享的多媒体中心。2003 年，学校图书馆实现了互联网接入。雅温德第二大学位于索阿的主校区在 2002 年前就通过光导纤维电缆中枢和卫星实现了互联网接入，2003 年学校主图书馆也安装了网路。2002 年，布亚大学建成了一个使用光导纤维电缆铺设的校园网，图书馆有 10 个互联网接口，全校共有 20 个互联网接口供师生使用。2003 年，恩冈德雷大学实现了互联网连接，学校师生从此可以进入全世界的虚拟图书馆。

但是在 2006 年之前，上网在喀麦隆还好像是件奢侈品，大学校园里与互联网连接的电脑为数不多。因此，用一名学者的话来说，在校园里上网，与其说是一种权利，不如说是一种特权。

根据一项 2001—2002 学年所做的调查，喀麦隆的大学教师和研究生主要是在计算机机房之类的公共场所上网的，其比例分别高达 76% 和 75%，而能够在学校里上网的教师和研究生比例分别为 40% 和 10%，能够在家上网的比例分别为 7% 和 3%。[①] 由于上网费用要自行支付，且费用很高，因此尽管互联网迅速成为教师和学生生活中的一部分，但是它仍难以用于支持学术研究或学习。

在调查中，一名德昌大学的政治经济学研究生说，他每两个星期上一次网，原因是上网途径有限。他指出，互联网供应商太少，几乎形成垄断之势，因此费用昂贵令人难以承受。当上网时，他不是为了查找研究资料。在接受调查的研究生中，许多人认为使用互联网从事学术研究所面临的最大挑战是互联网接入的费用。

教师持相同的看法。上网不便，费用昂贵，使得教师也难以获取电子期刊，或者通过电子邮件寻求进修和奖学金，以至于丧失了很多机会。就互联网接入与学术研究的关系来说，布亚大学一名化学教授说，上网有助于研究，因为研究者可以查阅期刊，同时有助于撰写准备发表的论文。他的这种观点具有典型意义。许多研究者认为，互联网接入可以帮助他们丰富参考书目，更新文献评述，交流学术思想，把握学术动态，缩小与发达

① Randall Jones, Rosemary Shafack, Kiven Charles Wirsiy, and John Willinsky. University Access to Research and to the Internet: The Case of Cameroon, p. 4.

国家学者之间的知识差距。教师把互联网视为一个全球体系，扩大互联网接入，可以方便教师从成千上万的全文电子期刊中发现一个全新的世界，从而改变大学的教学和研究。正是因为如此，所以接受调查的教师和研究生都将互联网接入视为学校图书馆未来几年工作中应该优先考虑的事项（见表 7-5）。

表 7-5　　　　学生与教师认为图书馆应优先考虑解决的
　　　　　　　　事项（以 100 为指数）①

事项	学生（31 人）	教师（45 人）	综合（76 人）
订购更多的印刷类期刊	83	92	87
改进对非洲期刊的获取	84	82	83
改进对电子期刊的获取	88	78	82
改进对电子期刊索引的获取	83	81	82
提供更多的计算机和打印机	86	89	88
在图书馆之外提供计算机的使用	87	86	86
增加互联网接入	92	98	95

　　从 2002 以来，尽管喀麦隆各所大学逐步开始了网络建设，实现了互联网的连接，扩大了对开放获取信息资源的使用，但是大学师生一直没有能够充分地将这一资源用于学习和研究。其原因很多，包括学校没有足够的与互联网连接的电脑，网速太低，电力供应不正常等，归根到底是因为学校难以在这些方面投入更多的经费。例如，在 2007 年之前，布亚大学图书馆只有 6 台备用计算机可供查阅光盘上的电子资源。由于可供使用的网络终端和相关设备缺乏，再加上宽带不足，因此电子信息资源的组织与使用显得很麻烦。雅温德第一大学图书馆于 2003 年通过甚小天线口径终端实现的互联网连接同样一直要面对宽带问题的折磨。图书馆缺少足够的资金支付宽带使用费。而经常性的停电现象使得这个系统的电路受到了损害，以至于不得不长时间停止工作进行修理。因为没有足够的互联网接入，所以雅温德第一大学图书馆并没有充分利用 HINARI 和 AGORA 提供的免费开放获取资源。因此，雅温德第二大学一位名叫麦克·弗朗斯沃斯的博士研究生非常清楚地解释了为什么他在一次调查中提出，他最为关注的事情是提高互联网接入的能力。他说，"在我们这些互联网仍然被视为一种奢侈

---

① Randall Jones, Rosemary Shafack, Kiven Charles Wirsiy, and John Willinsky. University Access to Research and to the Internet: The Case of Cameroon, p. 6.

品的发展中国家，我们所主要关注的东西实际上是物质的东西。互联网接入是获取那些期刊的前提。当前的要务应该是允许中小学和大学以低廉的费用接入互联网。"①

此外，还存在一个问题，这就是人力资源和信息与通讯技术的使用问题。首先是缺乏训练有素的、能够帮助使用者利用可获得的开放获取信息资源的图书馆工作人员。喀麦隆各所大学图书馆都没有完全实现服务工作的自动化，而且只有为数不多的工作人员能够有效地使用信息和交换技术，为师生提供有效的服务。而作为大多数教师和研究者来说，同样缺乏信息与通讯技术方面的训练，从而影响了电子信息资源的有效获取、组织与使用。

上述这些技术设施、设备、网络连接和人员培训等问题，使得喀麦隆大学的师生对开放获取信息资源的获取、组织和使用受到了极大的影响。可喜的是，这些问题自 2006 年以来都得到了很大的改善。

这种改善首先基于大学管理者和教师对开放获取信息资源的重要性以及学术交流对学术与科学共同体的重要性的认识不断加深。各所大学都增加了对信息与通信技术及设备的投入，加快了网络建设的步伐。布亚大学于 2007 年完成了图书馆的扩建工程。扩建后的图书馆将开设一个虚拟图书馆，在这座虚拟图书馆里，大约有 50 台连接互联网的电脑可供读者获取电子信息资源。图书馆的媒体与信息服务部门还编写了一个电子信息资源目录，这个目录包括了布亚大学师生可以获得的开放获取资源。这一目录存储在光盘上，使用者经过授权就可以浏览复制的光盘。雅温德第一大学图书馆拥有一个有着 60 台电脑的多媒体信息中心。这些计算机被用于离线和再现获取图书馆可以获得的电子信息资源。此外，多媒体资源中心也是不久以前创建的大学校际信息和文献资源中心的网络中心。

喀麦隆高等教育部则利用世界银行的资金，创建了大学校际信息和交流技术中心与大学校际文献资源中心。大学校际信息和交流技术中心建于 2005 年。这个中心的职能是发展和革新喀麦隆高等教育系统中的信息化交流技术的运用。它与各所大学的多媒体中心合作，支持与改进信息与通讯技术的掌握和使用。大学校际文献资源中心建于 2006 年，总部设在雅温德第一大学主图书馆。这个中心的主要任务是支持获取、生产、传播和使用由国立大学和研究共同体提供的信息资源。同时，通过帮助大学图书馆实现现代化和改进服务手段，加强国立大学之间的合作来推动高等教育的能

① Randall Jones, Rosemary Shafack, Kiven Charles Wirsiy, and John Willinsky. University Access to Research and to the Internet: The Case of Cameroon.

力建设。目前处在初创阶段的大学校际文献资源中心一方面在努力增加喀麦隆大学和研究共同体可以获取的信息资源的数量，另一方面在积极发挥协同和增效作用，提升各所大学图书馆的服务能力，使之达到国际标准。大学校际文献资源中心和大学校际信息和通讯技术中心这两个机构的意义在于，它们在改进大学图书馆的信息与通讯技术、互联网接入方面将发挥重要的作用。

与此同时，喀麦隆互联网接入与使用的情况也正得到不断改善，特别是在三家移动电话公司（喀麦隆移动电话网络公司、喀麦隆奥伦奇公司和喀麦隆电信公司）完成技术改造之后。这三家公司升级了通过移动电话和固定电话提供宽带互联网接入的网络，而且价格相对更为便宜。这是过去两年里，喀麦隆互联网连接方面的一个重要进步。在此之前，大多数大学、图书馆以及互联网使用者依靠互联网服务供应商通过其小天线口径终端、固定电话，以非常高的价格才能实现互联网的接入。因此，互联网接入技术的改进、使用费用的下降，使得大学教师和学生可以使用由这三家移动电话网络公司提供的个人计算机和移动电话服务，更为快捷、更为便宜地连接互联网。

综上所述，开放获取信息资源的使用正在喀麦隆大学图书馆中快速普及开来，这为喀麦隆学术生产者知识创新活动的开展提供了可能。但是从现状来看，由于经费、设备、技术、人员等方面的限制，喀麦隆的学术生产者仍不能像发达国家的同行那样充分分享电子信息资源所带来的好处，仍难以在一个虚拟的学术空间中占据平等的地位。对于他们来说，在今天这个全球化与网络化的时代，克服这种不利的处境仍还有很长的一段路要走。

喀麦隆是重视科学研究及其在国家与社会发展中的作用的。独立建国之后，它一直在努力摆脱对法国的依附，建立本国的科学研究体系。为此，它不断完善科学研究管理体制，培育本国的科学研究队伍，发展适合于国家与社会发展需要的学科。但是，这种努力在20世纪80年代后期爆发的经济与财政危机中遭到严重的挫折。20世纪的最后20年是知识经济兴起和全球化趋势日益明显的时期。而就在此时期，与其他多数非洲国家一样，喀麦隆在高等教育与科学研究方面的发展却经历了经费匮乏和资源不足的窘境。

从世界范围内来看，喀麦隆与非洲其他国家一样，在科学研究方面面临着日益边缘化的境地，发达国家与不发达国家之间在研究能力的发展上存在两极化趋势。非洲国家在世界科学产出中所占的比例从20世纪80年代中期的 0.5% 下降到 90 年代中期的 0.3%。[①] 20 世纪 90 年代，发达国家参与研究、发展活动的科学家和技术人员的人数增加了 60%，而在撒哈拉以南非洲地区，参与研究和发展活动的科学家、工程师分别只占这方面全球人力资源总数的 1% 和 0.2%。1995 年，美国共有 249386 篇自然和社会科学论文发表，英国有 12825 篇，挪威为 4264 篇，而所有撒哈拉以南非洲国家只发表了 5839 篇论文，其中喀麦隆学者和科学家发表的研究论文只有区区的 144 篇。[②] 在整个 20 世纪 90 年代，喀麦隆的科学家每年撰写或合作撰写的并在国际期刊发表的论文大约为 80—160 篇。在 1987—2001 年间，这类文章共有 1632 篇，平均每年 108 篇。喀麦隆科学家在国际主流学术期刊上发表的学术论文数量在非洲列第 11 位，大约占 1.5%。尽管在学术研究和研究成果的发表方面受到诸多限制，但是喀麦隆 2001 年科学研究成果是 1987 年的 3 倍。[③] 自 1993 年改革以来，喀麦隆的高等教育机构学术研究活动取得了不小的进步，不过从 2006 年的高等教育年鉴可以看出，喀麦隆高等教育机构的科研成果依然很少。这说明喀麦隆大学的科研状况令人担忧，知识创新能力相当薄弱。限制喀麦隆高等教育机构科研能力发展的因素是多方面的，包括学术研究的队伍、学术研究的条件、学术研究的环境、学术研究的政策，等等。

进入 21 世纪以后，与其他非洲国家一样，喀麦隆努力加强本国知识生产和传播机构，特别是大学的能力建设，以避免在全球化与知识经济时代被进一步边缘化。政府与捐赠者对大学以及其他高等教育与研究机构复兴的重视让我们看到了希望。从知识生产与研究能力建设的角度来说，重要的是加强研究人力资源的储备和研究者个人研究能力的提高，同时培育和维护一种鼓励探究与创新的文化。

就具体的应对策略而言，有两点是非常重要的，也是迫切的，一是经费投入，二是战略规划。鉴于研究能力具有重要的战略意义，因此公众的干预与捐赠者的支持对于大学的复兴、研究能力的提升与维持是绝对必要的。对于大学来说，它们必须向政府、地方社区、企业和家长证明高等教育和知识生产的适用性和重要性来争取他们的支持和研究经费。大学必须

---

① Ainalem Tebeje, Brain Drain and Capacity Building in Africa. http：//www. idrc. ca/en/ev - 71249 - 201 - 1 - DO_ TOPIC. html。

② Terfot Augustine Ngwana, University Strategic Planning in Cameroon：What Lessons for Sub-Saharan Africa? *Education Policy Analysis Archives*, Vol. 11, No. 47, p. 4. http：//epaa. asu. edu/epaa/v11n47/

③ Jacques Gaillard, Eren Zink, Scientific Research Capacity in Cameroon, An Assessment of IFS Support, 2003, p. 39.

更为关注现实问题，必须改进与外部的沟通，主动推介自己的研究成果。因为我们可以看到，喀麦隆大学正在做和已经完成的许多研究项目并不乏社会相关性，关键在于如何实现成果的转化，让政府与公众了解研究的价值与意义。只有这样，大学的研究活动和研究能力建设才能获得更多的外部支持。

与此同时，在战略规划中，政府以及每一所大学都要将研究重新置于合适的位置，并给予必要的投入，保障研究活动得以开展的基本条件。喀麦隆的大学由于办学经费不足，难以在研究能力建设方面投入充足的经费。尽管如此，仍必须强调，没有进行大量的研究活动，要实现研究能力的建设是不可能的。缺乏必要的研究能力对于新知识的生产与应用也是不可能的，而新知识的生产与运用则是一切发展的条件。

第八章

高等教育中的官方双语主义

非洲地区，特别是撒哈拉以南非洲地区是世界上民族成分最为复杂的地区，这是造成该地区语言多样性和语言问题复杂性的重要原因。西方国家殖民主义统治的历史则进一步加剧了这种多样性和复杂性。喀麦隆的语言状况和语言问题可以说就是非洲语言状况、语言问题的一个缩影。喀麦隆母语种类的确切数字至今是一个谜，研究这一问题的学者一般认为超过200种，并且属于不同的语族。众多的母语几乎都是各个部族的语言，没有一种是全国通用的。此外，喀麦隆还有从殖民统治者那里继承下来的英语和法语，以及像洋泾浜英语、富尔富德语这样的混合语。与其他非洲国家一样，因种族与历史而形成的语言的多样性与复杂性使独立后的喀麦隆在官方语言的选择以及语言政策的制定上面临棘手的问题。

第一节　官方双语主义及其性质

非洲国家在摆脱殖民统治获得独立后，实施了不同的语言政策。一些国家将某种本土语言提升为官方语言，如斯瓦希里语在坦桑尼亚，阿拉伯语在突尼斯；一些国家则采用一种本土语言和一种外来语言作为共同的官方语言，如布隆迪的官方语言为法语和基隆狄语，莱索托的官方语言为英语和索托语；一些国家采用一种外来语言作为官方语言，如贝宁（法语）、加纳（英语）、安哥拉（葡萄牙语）、赤道—几内亚（西班牙语）等。此外，还有为数不多的几个国家采用两种外来语言作为官方语言，喀麦隆就是其中的一个。

一、官方双语主义

在第一次世界大战后到独立之前的这段时间，喀麦隆被英国、法国分而治之。四十多年的殖民主义统治给喀麦隆留下了两个分别使用英语和法语的社会文化系统。摆脱殖民主义统治后的非洲国家在语言和教育问题上面临着共同的困境：是继续沿用从殖民主义那里继承下来的语言和教育制度，还是将它们作为不受欢迎的殖民主义遗产抛弃掉，转而选择本土的语言和教育制度？① 喀麦隆也不例外。1961 年赢得独立并重新统一的喀麦隆面临着语言种类很多却没有一种全国性语言的局面，要推进喀麦隆在政治、经济、社会和文化上的真正统一，语言问题成为一个巨大的障碍。独立之初的喀麦隆实行联邦制，由前英国殖民地西喀麦隆和前法国殖民地东喀麦隆两个享有高度自治权的国家组成。这也是喀麦隆历史上第一个具有现代意义的独立的主权国家。如何维系国家脆弱的政治统一，促进民族国家的建设，是摆在当时喀麦隆政治领导人面前的紧迫任务。基于殖民统治历史及其遗产的特殊性和独立之初的政治现实，喀麦隆联邦共和国将英语和法语双双确定为官方语言，实行官方双语政策（official bilingualism）。像许多其他的非洲国家一样，在没有一种母语流行到可以确定为官方语言的情况下，喀麦隆很自然地将"中性的"外国语言作为官方语言。可以说，这是一种现实的选择，这一方面有助于将语言冲突的危险降低到最低限度，另一方面可以避免因为选择其他语言作为官方语言而可能产生的庞大的财政和物质成本。

喀麦隆历史上的第一部宪法——1961 年的"喀麦隆联邦共和国宪法"明确规定："官方语言是……法语和英语"。这一官方双语政策在之后的1972 年宪法和 1996 年宪法中都得到了确认。1996 年宪法第一部分第三款规定："喀麦隆共和国的官方语言是英语和法语，二者具有同等的地位。国家保证在全国范围内促进双语。国家将致力于保护和促进民族语言。"②

这是迄今为止喀麦隆有关本国语言政策的最具权威性的陈述，从中可以看出官方双语主义是其语言政策的核心。至于本土语言，在喀麦隆独立之初并没有什么地位，1961 年宪法没有提及母语可见一斑。尽管在建国后，有一些机构和学者为宣传本土语言而付出了不懈的努力，但是一直到1996 年，喀麦隆才将有关推进本土语言的使用写入修正后的宪法。

二、官方双语主义的性质

除了在宪法中有关官方双语主义的一般指导性规定之外，喀麦隆政府还通过训令、政令、公告、部门文件等形式确保在全国推进官方双语主义。但是，从法律的角度来说，喀麦隆并没有专门的语言立法，因此缺乏有关官方双语主义的明确定义、详细说明和系统规划。有关官方双语主义的具体内涵，主要见之于喀麦隆国家领导人以及知识分子在不同

---

① Godfrey Tangwa, Colonialism and Linguistic Dilemmas in Africa: Cameroon as a Paradigm. *Quest*. Vol. XIII. No. 1 - 2. 1999, p3 - 17.

② Cameroon. Constitution of the Republic of Cameroon, 1996.

的时间和场合所做的阐释。

20世纪60年代喀麦隆最为著名的学者冯龙认为，铭记在1961年9月1日的宪法里的双语主义将喀麦隆置于像加拿大、比利时这样的双语国家之列。不过，他指出，尽管这些国家很早就采取双语主义，但并不是所有加拿大人都会说英语和法语，不是所有的比利时人都会说法语和德语，未来的喀麦隆则不同，所有的喀麦隆人应该都会说英语和法语。他说："对于我们来说，目标不应该只是国家双语主义（state bilingualism），还应该是个人双语，也就是说，每一名由我们的教育系统培养出来的孩子都能够用英语和法语说与写。""在我们的学校中，要实现的理想目标是培养能够熟练运用两种语言的公民，甚至要培养按照他们的选择，能够用法语或英语撰写高质量的文学和科学著作的公民。"① 冯龙提出，如果喀麦隆不能很好地利用殖民统治的遗产去创建一个强大的双语国家，那么就是脱离现实的，或者说是不明智的。他设想了一种制度，在这种制度下，所有的学生都能讲法语和英语，在大学阶段，他们将进一步提高语言熟练程度，以至于上课无论使用哪一种语言都不成问题。② 冯龙的这一喀麦隆双语主义兼具国家双语主义和个人双语主义双重性质，并以个人双语主义为最高目标的建议主导了独立以来喀麦隆的官方双语政策。

1962年，阿希乔总统在布亚莫雷克双语文法学校的落成典礼上说："我用双语一词指推进我们的两种官方语言——英语和法语在全国的实际运用。""实际运用"和"全国"意味着所有的喀麦隆公民能够同样流利地使用英语和法语。1977年，阿希乔总统在雅温德公立双语中学的落成典礼上说："对双语的逐步掌握应该尽可能完美；语言教学的水平不应该像喀麦隆人自己所理解的那么低。""我们的学校要达到的目标是，培养熟练掌握两种语言的公民，他们可以随意使用法语或英语撰写优秀的文学或科学作品。"③ 在这里，阿希乔总统暗示了官方双语主义的三个目标：第一，双语主义模式应该是个人的，因为所有的喀麦隆人都将同样熟练地运用双语，当然这个过程是渐进的。第二，语言教学的质量和品质应该是世界水平的。第三，因为对语言使用的态度在很大程度上取

---

① 转引自 Isaiah Munang Afafor. Official Bilingualism in Cameroon：An Empirical Evaluation of the Status of English in Official Domains. Unpublished Dr. of Ph. Dissertation, University of Freiburg, Germany, 2005, p. 46。

② Bernard Fonlon, A Case for an Early Bilingualism. *Abbia*, No 4, 1963, pp. 56—94.

③ 转引自 Isaiah Munang Afafor, Official Bilingualism in Cameroon：An Empirical Evaluation of the Status of English in Official Domains. Unpublished Dr. of Ph. Dissertation, University of Freiburg, Germany, 2005, p. 46。

决于这种语言在社会中的地位，所以为了推进民族的统一和团结，英语应该享有与法语一样的地位。

在 20 世纪 80 年代之后，喀麦隆政府对官方双语政策的定义是："（1）教育系统层面的双语或学校双语。学校双语是指在从小学到大学的所有教育机构中所发展的双语或任何旨在鼓励两个语族的公民使用他们平时并不说的某种官方语言而组织的课程。（2）政治机构、政府、公共和半公共团体层面的双语。后一种双语是指所有的官方文件都采用两种语言公布，或者说必须用两种语言公布。这些官方文件包括政治性演说、总统令、行政命令、公告等。"①

从上述喀麦隆有关官方双语主义的法律规定、政治领导人和学者的阐述中可以看出，喀麦隆的官方双语主义具有政治、文化与语言方面的不同属性。

政治性的官方双语主义把双语主义作为一种保持政治一体化的策略，把双语主义与领土的完整性，特别是英语区喀麦隆和法语区喀麦隆的和睦团结紧密地联系在一起。"双语主义：我们民族统一和文化多元的骄傲与象征"，这样的政治口号就是在这种政治话语中构思出来的。

文化上的官方双语主义包括承认和维护制度传统中所存在的英语文化和法语文化之间的差异，最突出的就是保持法语区和英语区不同的教育和司法体系。

语言学上的官方双语主义指的是在行政领域和私营部门的正式领域保证和推进两种官方语言的平等使用。这包括在正式的书面交流，比如官方文件、个人法律文件、法令、政府部门函件、通知、路标、政府公报等中真正平等地使用英语和法语。

就喀麦隆而言，政治性的官方双语主义尽管是隐秘的，却是首要的，高于一切的。② 这是因为摆脱殖民统治，赢得独立后的喀麦隆一直面临着分裂和政治统一的脆弱性问题。对于喀麦隆来说，这一致命的问题不是来自因为民族众多而具有的多元文化，而是来自法语区与英语区之间的分裂倾向。喀麦隆政府希望通过官方双语政策维护英语区喀麦隆与法语区喀麦隆的政治统一和民族融合。可以说，建国之初的喀麦隆政治精英选择官方双语主义并不是基于任何精心细致的语言或超语言学的考虑，而是基于非

---

① Isaiah Munang Afafor. Official Bilingualism in Cameroon: Instrumental or Integrative Policy? Proceedings of the 4th International Symposium on Bilingualism, ed. James Cohen, Kara T. McAlister, Kellie Rolstad, and Jeff MacSwan, p. 135. http://www.lingref.com/isb/4/009ISB4.PDF

② Ibid., p. 131.

语言学的考虑。即使在今天，他们对语言的政治态度也没有发生太大的变化。

此外，喀麦隆的官方双语主义强调国家双语，但更突出个人双语。加拿大、比利时这样的双语国家选择了国家双语主义（state bilingualism），即在国家层面和公共生活中，两种不同的语言享有平等的地位，公民以一种非竞争性的方式使用官方语言。但是，根据冯龙教授的建议，喀麦隆将个人双语主义（individual bilingualism）作为本国双语主义的最高目标，其远景是每一名喀麦隆公民都熟练掌握英语和法语这两种官方语言。

第二节　官方双语主义在高等教育体系中的实践

在喀麦隆，学校的双语教育是推进官方双语政策的重要途径和手段，喀麦隆政治和知识界的精英们希望通过学校教育，培养出能够熟练运用英语和法语的公民。因此，从1961年开始，喀麦隆就在学校教育中实施双语教育。

一、官方双语主义在中小学教育中的实践

在联邦共和国时期（1962—1971年），喀麦隆就在以英语作为第一官方语言的西喀麦隆和以法语为第一官方语言的东喀麦隆所有中学里开设了第二官方语言这门课程，全体学生在中学教育阶段都要学习第二官方语言。在这一时期，喀麦隆还在全国各地开办双语中学，并在布亚开办了一所培养翻译的学校。

1972年，喀麦隆废除联邦制，建立了一个单一的国家——喀麦隆联合共和国。1975年，喀麦隆决定在初等教育的最后三年实施第二官方语言教学。法语区的小学生要学习英语，英语区的小学生要学习法语，每周均为2.5学时。

1985年，喀麦隆政府意识到它的行政部门还不是一个使用双语的行政部门，它的工作人员的双语意识还比较淡薄，因此决定在全国各大城市创建"领航语言中心"，为公务员以及想学第二官方语言的喀麦隆公民提供第二官方语言教育。在近二十年的时间里，喀麦隆先后建立了五个"领航语言中心"。在这些中心，公务员学习他们在学校教育中没有掌握的第二官方语言。

作为对 1996 年宪法所规定的语言政策的回应和体现，1998 年 4 月 14 日颁布的第 98/004 号法令（该法令为喀麦隆教育方针政策指导性法令）规定："国家将在所有层次的教育中设立双语，以此促进民族的团结与融合。"（第一部分第三款）"国家保证进行不断地调整，特别是通过推进双语与民族语言教学，使教育系统适应国家经济和社会现状，适应国际环境。"（第二部分第一款）①

自 1996 年以来，喀麦隆采取了一系列旨在加强在学校教育中推进官方双语主义的措施。1996 年 5 月 15 日，政府指示每一名小学教师今后要教授小学教学大纲中的所有课程，包括第二官方语言。2001 年，教育部颁布的小学教学大纲概述了第二官方语言的教学方法。同一年，喀麦隆政府规定将第二官方语言书面和口语考试纳入小学毕业考试。2002 年 10 月 14 日，喀麦隆政府发布通知，指示有关官员监督小学和幼儿园有效实施双语主义。10 月 28 日，喀麦隆政府决定设立国家双语日，在这一天，所有的公立和私立学校的学生要用第二官方语言进行交流。12 月 2 日，又通知所有学校设立语言俱乐部，每天轮流用英语和法语唱国歌，并设立奖学金，奖励各班在双语教育中表现优秀的学生。2003 年 4 月 9 日，政府发函指示教师培训学校的校长，确保学校在学生掌握第二官方语言方面提供充分的训练。6 月 12 日，喀麦隆教育部决定设立双语主义监督委员会，负责监督双语主义在教育部内外服务中的实践。

喀麦隆政府希望，通过这些决定和措施的实施，每一名喀麦隆公民都掌握法语与英语，每一名学生中学毕业时，都已熟练掌握法语和英语，从而能够在高等教育中轻松应对用任何一种官方语言讲授的课程。然而研究表明，政府推进官方双语主义的各种努力并没有像期望的那样培养出大批能够熟练运用英语和法语的双语公民。② 许多大学新生无法适应大学的双语教育也在某种程度上证明了这一结论。喀麦隆的政府官员，特别是教育部的官员也似乎承认这一点。中小学双语教育失败的原因是多方面的，比如缺乏合格的师资，教学方法落后，学生与教师都缺乏动机，国家没有制定清晰的语言政策，等等。从语言教学的规律来看，需要重新思考在小学开展第二官方语言教学的做法。很显然，在小学教授第二官方语言会削弱第一官方语言的掌握，因为对于这些小学生来说，第一官方语言也是一种

---

① Cameroon. Law No. 98/004. April 1998.

② 参见 L. Todd, Varieties of English Around the World, T1: Cameroon. Heidelberg: Julius Groos, 1982; G. Tchoungui, Focus on Official Bilingualism in Cameroon: Its relationship to Education. In E. L. Koenig et al, *A Sociolinguistic Profile of Urban Centers in Cameroon*, pp. 93—116。

外语。在小学实施第二语言教学，如果第一语言（母语）的习得会受到削弱，那么不用说第二官方语言的教学所造成的负面影响会更大。同时，根据语言学者的研究，在早期教育阶段，母语教学更有利于知识和技能的掌握。

二、大学里的官方双语主义

从严格意义上来说，喀麦隆中小学的双语教育只是一种第二官方语言教育，真正的双语教育实际上只是在大学中实施。1962 年，当喀麦隆第一所公立大学——喀麦隆联邦大学建立时，即明确学校为双语大学，也就是说英语和法语在这所学校的教学活动中享有平等的地位。在大学教育中实行官方双语主义是喀麦隆基于社会现实与文化传统的选择。正如 1962 年阿希乔总统在喀麦隆联邦大学的开学典礼上所说，大学的教学目标要考虑到喀麦隆联邦共和国的二元文化及其两种官方语言的性质。① 雅温德大学因此成为非洲第一所实行双语的大学。今天，喀麦隆共有六所公立大学，其中有四所双语大学，一所英语大学，一所法语大学。这四所双语大学均使用英语和法语作为教学语言，讲英语者和讲法语者一起坐在同一个教室里上课。教师可以使用任一官方语言进行教学，学生也可以用任一官方语言做笔记、答题和做作业。

在喀麦隆的大学里，为了推进官方双语主义，开设了两门双语培训课程。一是双语学位课程，二是双语培训课程。前者是为那些在本科阶段能够用法语和英语学习的优秀学生开设的。它的要求很高，因此每年大约只有 50 名学生被录取。随着 1993 年新的大学的创立，才放弃了严格的录取资格要求。例如，在雅温德第一大学，每年有 200 名学生注册学习双语学位课程。其他的国立大学也开设了自己的双语学位课程。尽管至今未对各所大学开设的双语学位课程进行评估，但值得注意的是，大多数修完双语学位课程的毕业生都会参加位于布亚的高级翻译学院和位于雅温德的高等教师培训学院的竞争性选拔考试，而这两所学校成功的报考者几乎都是来自于六所公立大学。

双语培训课程主要是在雅温德第一大学开设。所有的学生，不论专业，都必须选修这门课程，前后三学年，每学年 56 学时。它的目的是保证所有的学生都能够用第二官方语言表达自己的观点。

尽管喀麦隆在国立大学中推行官方双语主义令人瞩目，但是不可否认

---

① Federal Republic of Cameroon, The Federal University of Cameroon: in the First Year of Inauguration 1962—1963, p. 14.

这一政策在实践中存在一系列的问题。

首先，许多学生并没有做好接受双语教育的准备。

由于中小学的官方语言教学并不成功，很多中学毕业生甚至根本没有接受过第二官方语言的教育，因此对于大多数大学生来说，语言简直就是"肉中刺"。为了提高学生官方双语能力，适应双语教育的环境，一些大学不得不花大量的时间为学生开设语言培训课程。从效果来看，这种课程并不成功。例如，自1995年以来，雅温德第一大学的语言培训课程大为贬值。在1999年的一次调查中，发现存在一系列问题。首先是缺乏合格的、专业的师资，往往是由助教、研究生授课。其他问题包括班级规模（班级规模往往太大，对于一名助教来说难以应对）、教室不足（任何空闲的房间，包括物理实验室都可能被用于语言教学）、缺乏教学设备（例如语言实验室）和书籍（课程没有教材和推介的教学参考书，教师上课的时候只有读讲稿，而学生实际上也很少有人愿意购买一本相关书籍）、缺乏实践（教学过程只是学生听教师讲）。简言之，学生上双语培训课，只是因为他们想要这个学分，因为它在他们的整个学习评价中所占有的分量。他们轻视这门课程，但是他们必须要有这个学分。尽管校方知道这些问题的存在，但是并没有予以足够的重视。

由于学生的不及格率很高，因此语言培训课程的设置并没有取得预期的效果。根据一项调查研究，在雅温德第二大学，88%的被调查者说，当教师用第二官方语言上课时，他们在理解上存在困难；82.7%的被调查者透露，他们在写、说、理解第二官方语言方面能力一般（50.5%）或不好（32.2%）。[①] 因此，学生在做笔记、从第二官方语言到第一官方语言的转译、理解教师的讲课等方面存在困难，从而影响最后的成绩。对于用第二官方语言讲授的课程，学生的态度往往有些消极，特别是那些以法语为第一官方语言的学生。研究者A. F. 恩杰克发现，当教师用学生的第二官方语言授课时，一些学生会"躲"在教室后面聊天，甚至听音乐。大多数学生不满意使用他们的第二官方语言作为教学用语，因为这使得各门课程的知识获取变得非常费力，从而导致他们在考试中表现不佳。[②]

不仅大多数学生没有熟练掌握第二官方语言，而且很多教师也承认不能娴熟地运用第二官方语言进行教学。当学生用教师的第二官方语言进行

① Jean-Paul Kouega, Bilingualism at Tertiary level education in Cameroon: the case of the University of Yaounde II (Soa), p. 6. http://www.isb6.org/static/proceedings/kouega.pdf

② A. F. Njeck, Official bilingualism in the University of Yaounde: some educational and social issues, Unpublished MA thesis, University of Yaounde, 1992.

答题时，教师在评分时会感到紧张，在这种情况下，评价结果很难说是客观的。

其次，在大学的教学环境中，法语和英语并不处于平等的地位。相对而言，法语在大学校园中处于强势地位。

在喀麦隆的双语大学里，教师和学生实际上总是选择使用自己最为熟练的官方语言，即第一官方语言。由于人口优势，再加上其他因素，所以在喀麦隆的大学中，以法语为第一官方语言的教师占绝大多数，法语是主要的教学、考试和评价用语。例如，在雅温德第二大学，法律与政治系采用英语和法语授课，但使用法语授课的课程约占三分之二，而经济与管理系则全部采用法语授课。① 在考试环节，以英语授课的教师并不一定用英语出卷，但是用法语授课的教师都是用法语出题。让·保罗·柯加在研究中注意到，当教师用法语授课时，无论是以英语为第一官方语言的学生还是以法语为第一官方语言的学生都会用法语做笔记（大约占学生总数的94.12%），相反，当教师用英语授课时，有的学生（主要是以英语为第一官方语言的学生）会跟着用英语做笔记，而有的学生（主要是以法语为第一官方语言的学生）则逃避，不作任何笔记。②

值得注意的是，在大学之外的其他高等教育机构中，大多数只是使用一种语言，即法语作为教学用语。比如，在国家体育运动学校、国家行政学校等这样的专业教育机构，在很长时间里，法语是唯一的教学用语。而像国家行政学校这样的教育机构，是喀麦隆培养高级公务员的最高学府。高等教育机构中这种双语不平衡状况不仅使得许多讲英语的学生难以有效获取和吸收课堂知识，难以在考试和评价环节中获得公平合理地对待，而且使得他们在高等教育领域丧失了很多机会。在1998年10月的雅温德教育学院理科系的入学考试中，没有一名讲英语的喀麦隆人通过考试。一个重要的原因是，考试中所有的试题都是使用法语。③ 多蕾·伊拉·谢里曾经作过一个"喀麦隆公务员考试中试题翻译"的研究，发现许多试题在由法语翻译为英语时存在错误。④

再者，在这样一种交流不畅通，两种官方语言地位失衡的环境里，在

---

① Jean-Paul Kouega. Bilingualism at Tertiary level education in Cameroon: the case of the University of Yaounde II (Soa), p. 6.

② Ibid. , p. 7.

③ Jikong Stephen Yeriwa, Official Bilingualism in Cameroon: A Double – Edged Sword, In Alizés 19, 2001. http: /: www2. univ – reunion. fr/ageof/text/74c21e88 – 308. html

④ Dora Yila Shely, The Translation of Some Public Service Examination Question in Cameroon, Maitrise Dissertation. University of Yaounde, 1989.

两个使用不同官方语言的群体间产生了某种不信任感、疏离感，特别是以英语为第一官方语言的群体，对于英语的边缘地位表现出日益强烈的不满情绪。

在喀麦隆的高等教育机构中，绝大多数师生来自法语区，法语因此成为校园中的主要交际语言。大学官员与工作人员基本上用法语与学生交流，学校通知也一般使用法语，除非涉及学费。这种语言环境让讲英语的学生感觉像居住在一个陌生的世界中，如果他不懂法语，他就必须选择离开。正是这种疏离感促使学生在他们居住的旅馆里建立起语言"飞地"，使用同一语言的学生聚居在一起。语言的背后潜藏着更为深刻的文化因素，包括教育哲学与生活哲学。这些差异让来自英语区的学生在法国式的雅温德大学经受着巨大的压力。① 这直接影响到了来自英语区学生在大学期间的表现，降低了他们取得成功的机会，更为重要的是，这使他们产生了某种挫折感与被边缘化的心理，并引发出强烈的不满。恩杰克在自己的研究中发现，当一个以法语为第一官方语言的教师给使用英语答题的试卷评分时，或者一个以英语为第一官方语言的教师给使用法语答题的试卷评分时，对分数满意者仅为 7.2%，不满意者却高达 89%，无所谓者为3.8%。② 师生之间因为成绩评定问题而不时有冲突发生，甚至罢课。

1998 年 10 月 28—29 日第 679 期《使者》中有一篇题为《ENS 不是为讲英语的理科生开办的》的文章。在这篇文章中，作者艾马·恩古批评"专横的讲法语的统治者"想方设法阻止讲英语的理科生进入雅温德教育学院的理科系。他说："如果这不是一个精心策划的阴谋，那么为什么所有的考试试题都使用法语呢？是的，他们会说，'喀麦隆是一个双语国家'。但是，有过全部用英语的试题吗？当不幸的讲英语的投考者敢于为一些用词的翻译进行辩护时，他们被不容争辩地告知保持沉默。喀麦隆是一个双语国家？任何仍然相信它的真正的以英语为母语者正生活于脱离现实的幻境中。双语主义是法语化和让讲英语的人贫困无力的委婉说法。一条显而易见的单行道。"③

喀麦隆高等教育的一大问题是维持语言的平衡，满足学生的教育需求。但实际上，原雅温德大学的教学主要使用法语，法律系甚至一度没有

---

① 参见 Solomon Nfor Gwei, Education in Cameroon：Western Pre‑colonial and Colonial Antecedents and the Development of Higher Education。

② A. F. Njeck, Official bilingualism in the University of Yaounde：some educational and social issues, Unpublished MA thesis, University of Yaounde, 1992, p. 88.

③ Jikong Stephen Yeriwa, Official Bilingualism in Cameroon：A Double-Edged Sword, In Alizés 19, 2001. http：/：www2. univ-reunion. fr/ageof/text/74c21e88 – 308. html

用英语授课的教师。这种状况影响了学生的入学，导致了学生辍学率的上升，降低了来自英语区的学生的成功率，使他们备具挫折感。在 1993 年改革之前，大多数家境宽裕的英语区学生不得不到邻近的尼日利亚或西方国家求学。为了缓解政治色彩日益严重的语言问题，喀麦隆按照盎格鲁—撒克逊传统，创建了使用英语的布亚大学。学校创办后，许多到布亚大学求职任教者是来自尼日利亚，这在一个侧面也反映了语言问题的存在。一些合格的，从海外归来的英语区喀麦隆人自愿到布亚大学任教，而在布亚大学创办之前，他们更愿意到公共服务机构任职。

布亚大学的创建是否圆满地解决了高等教育体系中存在的语言问题呢？答案是否定的。相反，由于到布亚大学求学人数的猛增，这个问题甚至进一步恶化。2005 年普通教育高级证书的考试结果反映了这种语言问题依然存在。

2005 年布亚大学只招收了 1839 名新生，这一数字只占当年通过高级普通教育证书考试，希望在英语大学就读的 11147 名中学毕业生中的 16.49%。[①] 这意味着至少有 9308 名讲英语的中学毕业生不得不到其他主要以法语教学的大学就读，或者到海外求学。更何况在这 1839 名新生中，大约有 15% 的学生来自法语区，以法语为第一官方语言的。

可以说，在 1993 年改革之前，英语区喀麦隆人在双语大学体制下失去了很多教育和职业机会。今天，在双语大学体制中，与语言不平衡所带来的影响相关的趋势显示，入学与语言困难正成为日益突出的问题。例如，越来越多的来自于法语区的学生希望获得使用英语的教育，但是由于能力有限，布亚大学不能接收他们。

总的来说，官方双语主义在喀麦隆高等教育系统中的实践并没有取得预期的结果，在某种程度上甚至可以说是失败的，因为"大多数高等学习机构的学生丧失了他们自由选择语言获取重要知识的人权"。[②]

第三节　官方双语主义失败的原因

喀麦隆的官方双语主义承载着推进文化共享、民族团结和国家统一的

---

① 转引自 Pascal Samfoga Doh, Harmonisation Challenges in Higher Education: Case of the French and the British Bicultural System in Cameroon, p. 55。

② Jikong Stephen Yeriwa, Official Bilingualism in Cameroon: A Double-Edged Sword, In Alizés 19, 2001. http://www2.univ-reunion.fr/ageof/text/74c21e88–308.html

使命，但实际上喀麦隆的官方双语政策犹如一把"双刃剑"，一方面它发挥了一种促进国家一体化的力量，另一方面又成为一种导致矛盾与冲突的因素。[①] 从四十多年的实践来看，这一政策没有达到其政治、文化和语言方面的目标，是失败的，它在教育系统中的实施情况证明了这一点。而其失败的原因是多方面的。

（一）缺乏系统的政策规划

双语主义以及双语教育是一个受多种因素制约的问题。按照柯林·贝克的看法，双语教育要考虑几个限制性因素。他说："双语教育，无论它采取什么形式，除非将它与社会中的基础哲学和政治联系起来，否则不可能得到正确理解。双语教育不仅反映课程决策。相反，双语教育是被有关少数族语言、少数族文化、移民、机会平等、个人权利、在语言上属于少数族群的权利、同化与融合、隔离与歧视、多元主义和多元文化等基本信念所围绕和支撑的。"[②] 但是，正如前面所述，喀麦隆的官方双语主义主要是基于维护国家政治一体化的目标而作出的一个选择，它是以政治上的考虑为出发点和归宿的。因此，喀麦隆在建国之初将它确定为本国语言政策的核心时，并没有对影响一项语言政策的政治、文化、语言、社会、教育等限制性因素进行全面、系统的思考。这种政策制定上的先天不足在喀麦隆建国后的四十多年里一直没有改观，这就决定了政策在实施过程中缺乏系统的规划。它没有从语言学的角度对官方双语主义作出清晰的界定和说明，没有制定过有关官方双语政策或双语教育的具体法规，没有确定过官方双语政策的短期和长期目标；它没有从社会的角度就如何保护少数语族的权利问题进行认真的反思，没有从教育的角度对从小学开始就进行官方双语教育的合理性进行深入的探讨，也没有坚持不懈地改进制度环境，投入必要的人力和物力，切实推进个人双语主义以及双语教育。

例如，喀麦隆的官方双语政策一直以来缺乏一个合理的激励机制，即鼓励喀麦隆公民去学习和熟练掌握双语的机制。在当前的制度环境下，掌握双语的喀麦隆人几乎不会因为自己掌握双语而在职务津贴、任用、晋升等方面受益。相反，他们的遭遇使他们最后被迫相信，掌握双语是一个祸根，而不是一种资产。例如，在公共机构中，那些掌握双语的人常常不得

---

① George Echu, The Language Question in Cameroon. http：//www. linguistik – online. de/18_04/echu. html

② Colin Baker, Foundations of Bilingual Education and Bilingualism, Clevedon：Multilingual Matters Ltd, 1993, p. 247.

不免费充当翻译，而在政府中占据高级职位的人常常只会使用一种官方语言（几乎都是讲法语者），这不得不让那些掌握双语的人感慨"国家双语不过是一个口号"。

（二）基于错误的假设

吉赛尔·琼吉说："（喀麦隆的）双语政策是基于两个错误的假设：第一个错误——可能一开始是无意识的，归因于喀麦隆重新统一之初规划者的仓促——已经变成了一个故意的错误：它假设所有的喀麦隆人都会说英语或法语，无论是成人还是儿童，我们所掌握的数据没有证实这一假设……"琼吉在分析了有关喀麦隆官方双语的资料（其中部分是教育领域的资料）后得出结论："事实上，自独立以来所取得的成就并不大。……在那个历史性时刻之后的二十年，喀麦隆的双语——至少是官方支持的那种双语——仍然更多的是一个希望而不是现实。"[①] 喀麦隆希望通过学校的双语教育让未来的喀麦隆公民熟练掌握双语，但今天能真正熟练运用双语的喀麦隆人仍是极少数。喀麦隆官方双语政策和双语教育与其说回应了民众的语言需求，不如说是为了捍卫政治目标。从根本上来说，官方双语政策和双语教育的失败在于喀麦隆政府似乎忽视了这样一个问题，这就是并不是所有的喀麦隆人都需要官方双语，需要双语的主要是社会的精英，而不是广大的工人、农民。后者所需要的是比较熟练地掌握一种官方语言，而不是两种官方语言。此外，喀麦隆实际上难以在短期内实现个人双语，因此面临着沟通"真空"的危险。尽管许多喀麦隆人掌握了双语，但是绝大多数喀麦隆人仅仅使用一种官方语言。"喀麦隆是一个双语国家，你肯定明白我所说的。"这种态度在喀麦隆引发了严重的社会冲突，许多喀麦隆人因此丧失了很多机会，甚至被剥夺了表达的自由。

不少学者认为喀麦隆实行的"个人双语主义"是不现实的，特别是对教育来说。例如斯蒂芬·Y. 济孔（Stephen Y. Jikong）认为，由于经济上的考虑（它滞后于语言规划）以及不适宜的语言政策，喀麦隆的高等教育多年来已经制造了很多牺牲品。在很大程度上，这些牺牲品是英语区的喀麦隆人，因为这个制度主要是向法国传统和法语倾斜的。[②] 喀麦隆在语言规划中认为，在一个国家中，不同的语言是不存在竞争的。但其实不是这

---

① Gisèle Tchoungui, Focus on Official Bilingualism in Cameroon：Its Relationship to Education. In *A Sociolinguistic Profile of Urban Centers in Cameroon*, Edna L. Koenig, Emmanuel Chia, John Povey, eds. Los Angeles, University of California：Grossroads Press, 1983, p. 114.

② Stephen Y. Jikong, Official Bilingualism in Cameroon：A Double-Edged Sword. http//www2. univ-reunion. fr.

样。学者警告说，一种不恰当的语言政策会侵犯到某些基本的人权和自由，"机会与权利"平等的原理同样适用于语言的使用。

（三）法语和英语的不平等

按照喀麦隆宪法，英语和法语享有同等的地位。独立之初的联邦制也保证喀麦隆英语和英语文化的独立性。但是在 1972 年之后，随着联邦制的废除和英语区自治权的逐步取消，英语和法语的地位因为各自的人口和区域面积的差异（相当于 1 比 4）而发生重大的变化。人口数量占优的法语区在政治上处于强势地位，讲法语的人在政府和行政机构中一直占据高级职位。由于这种人口、地理和政治上的优势，所以在行政、教育和媒体中，相对于英语，法语的强势地位一直非常明显。事实上，可以毫不夸大地说，在语言、文化和政策的表述中，法语在所有领域都影响更大。由于在人口和政治上占有多数，讲法语者把英语视为少数族语。尽管英语享有与法语同等的地位，但是在讲法语者眼里，双语主义与他们无关，而只是讲英语者要面对的事情。可以说，在喀麦隆，讲法语者不会讲英语是正常的，而讲英语者不会讲法语则是一个灾难。

作为一种少数族语，英语受到歧视，因此在许多公共领域，它被迫退出或者受到限制。[①] 许多官方文件只有法语版，而没有英语版，即使有，也常常因为翻译质量糟糕而使其有效性和权威性受到怀疑。随着英语区自治权被逐步取消，作为少数语族，讲英语的喀麦隆公民感觉自身的合法权利得不到有效保护，在他们眼里，旨在实现政治一体化的官方双语政策实质上是一种同化政策，最终结果是法语区兼并英语区，使英语文化消亡。正是在这种心理的支配下，官方双语政策导致了喀麦隆讲英语者与讲法语者的疏离与分裂。从 20 世纪 80 年代开始，"英语区问题"，即喀麦隆英语区要求独立和自治的问题日益成为喀麦隆一个严重的社会和政治问题。

尽管喀麦隆在实施双语主义政策的过程中，争议与困难不少，但四十多年来，双语主义政策还是在喀麦隆产生了一些积极的结果。目前，喀麦隆的许多政府官员很少需要翻译帮助解决使用第二官方语言的公文和一般事务。最近，喀麦隆高级翻译学校的毕业生也不再像以往那样供不应求了，这对翻译专业未来的作用提出了疑问，同时也意味着双语主义政策已经在喀麦隆产生了一定的实效。

双语主义政策的目标是让喀麦隆人熟练掌握两种语言，这一政策目标

---

① 参见 Isaiah Munang Afafor, Official Bilingualism in Cameroon: An Empirical Evaluation of the Status of English in Official Domains, Unpublished Dr. of Ph. Dissertation, University of Freiburg, Germany, 2005。

是值得称赞的。但是，双语主义在高等教育中的实施却没有达到决策者的预期，因为在这里，决策者主要考虑的是这种政策的经济意义和推动国家一体化的政治意义。在一些人看来，维持双语大学体制成本更高。在后勤方面，为应对由这种体制而产生的文化问题和推进教学，需要聘用和培训使用法语和英语的双语教师，建设语言实验室，增加翻译费用。因此，有人断言，喀麦隆选择双语主义是在走一条"不平坦的道路"。

语言的问题不仅仅是一个影响人际交流的问题，而且是一个与非洲的政治、经济、社会和文化发展联系密切的问题。在任何一个语言多元的国家，语言政策的选择应基于这样一个原则，即每一个公民有选择用以沟通和交流的语言的自由。要保障这种自由，决策者必须在各种功能性领域提供可能的机会，避免语言的竞争。在教育领域，它意味着在各个语言区，应该建立单语和双语学校，以便让学生有可能用他们最为擅长的语言进行学习。

但在喀麦隆，尽管从法律上规定法语和英语享有同等的地位，但是由于奉行个人双语，由于人口和政治上的原因，由于双语政策上的缺失，法语和英语实际上处于竞争的状态，在这种竞争中，法语显然享有"霸权"。正因为如此，所以总的来说，喀麦隆的双语教育并不成功。当然，我们看到，喀麦隆还在一如既往地努力推进官方双语主义。1993年的大学改革是向着正确方向迈出的一步。这样的改革应该扩展到像国家行政学校、医学院这样的迄今为止仍几乎只是使用法语的专业教育机构。

为了让更多的喀麦隆人掌握两种官方语言，必须通过将那些已经掌握双语的喀麦隆人任命到重要职位上去，以此激励其他人学习法语和英语。但是，在学者看来，对于喀麦隆来说，更为重要的是建立一个专门的机构，来检查和完善官方双语政策，监督它的实施，评定公民的双语能力。

摆脱殖民主义统治后的非洲国家在语言问题上面临着困境。喀麦隆的这一案例说明，基于历史与现实，非洲国家不得不接受殖民主义遗产，但是如果没有系统的规划，如果没有考虑本国人民的实际需要，这份遗产必定是一份"负资产"。

第九章

二元文化的高等教育体系的协调[①]

如前所述，法国和英国对喀麦隆近半个世纪的殖民统治意味着两种欧洲文化对喀麦隆的入侵和移植，它们决定和影响了喀麦隆独立后国民生活各个方面的二元文化特征。从殖民统治下获得独立的喀麦隆继续沿着二元文化和双语的道路发展。因此今天，在喀麦隆共和国这个统一的民族国家里，依然存在着两个文化语言共同体，以及法式和英式两种不同的法律体系。

喀麦隆的教育体制同样是法国和英国殖民统治的遗产之一。在单一的教育体系下，两种有着不同文化传统和结构组织的子系统——法式和英式子系统并存。这两个子系统贯穿于从幼儿教育到高等教育，并且分别使用法语和英语作为教学中介。不同的高等教育系统往往具有不同的系统文化。相对来说，德国高等教育具有科学传统，意大利高等教育具有人文主义传统；美国高等教育倾向于对新生进行普通教育，而法国高等教育倾向于专业训练。高等教育文化传统的差异具体地体现在对高等教育应有性质的信念上，包括入学信念、专业信念、就业信念和研究信念等。以研究与教学是否能够和是否应该相结合为例，各国高等教育的信念不尽相同。德国、英国和美国的理念是强调这种结合，因此大学承担着沉重的研究任务，教授的职责就是研究和教学的混合。相反，法国高等教育长期以来信奉这样的信念：大学就是考试和教学，同时教授从事研究是对的和必要的，但研究需要科学院、研究所和研究中心等独立机构的支持。就像美国学者伯顿·R. 克拉克所说："这些信念不是某一学科特有的，也不是分别附属于一所大学或学院的。它们是整个高等教育系统的规范的定义，是系统内许多部分和许多派别经常无意识地坚持的信念。这些概念化了的认识确定了系统的共性而不是个性，因而促进了系统的整合。在高等教育中存在可以分辨的法国方式或英国风格：每一个系统都是由特定的结构和特殊的信念构成的。"[②]

---

① 本章主要根据 Pascal Samfoga Doh 的研究报告 Harmonisation Challenges in Higher Education: Case of the French and the British Bicultural System in Cameroon, 2007（http: //ahero. uwc. ac. za/index. php? module = cshe&action = viewtitle&id = cshe_ 227）编译。

② 伯顿·R. 克拉克：《高等教育系统——学术组织的跨国研究》，王承绪等译，杭州大学出版社 1994 年版，第 108—109 页。

对于同时存在法国式和英国式两种高等教育系统的喀麦隆来说，不得不面对在一个全国性的框架下，如何减少两个子系统之间由于文化传统而造成的差异，保证二者的可比较性，推进两个子系统的协调运作。高等教育的协调不只是喀麦隆所面临的挑战，也是在全球化和高等教育国际化的背景下，非洲和世界高等教育所面临的挑战。2007 年 8 月 6 日—10 日，非洲联盟召开了第三次教育部部长会议。在这次会议上，通过了题为《非洲高等教育学习计划的协调：机遇与挑战》的文件，开始着手非洲高等教育的协调工作，其目的是促进在信息交流、程序与政策协调等方面的合作，实现资格证明的可比性，并在可能的情况下实现课程的标准化，以此推进专业人员在非洲内部的流动。① 因此，喀麦隆高等教育的协调既是国内现实的需要，也是国际潮流推动的结果。

第一节　二元文化的高等教育体系的特点

在法国基金会的援助下，独立之后的喀麦隆创建了自己的高等教育体系。1993 年前喀麦隆的高等教育体系可以被称为"二元的"或"分层的"体系。雅温德大学的前身——喀麦隆联邦大学最初由法律与经济系、人文与社会科学系、自然科学系三个系组成。此后，建立了一系列称之为大学中心、学院、高级学校的专业性和技术性高等教育机构。这些机构很多独立于雅温德大学。它们培养的是专业技术人才，学生入学要经过选拔性考试，一毕业往往就被吸收进公务员队伍。尽管大学的学生人数占绝大多数，尽管专业技术学院不授予学术性或研究性研究生学位，但许多专业技术学院的教育因为属于精英教育而享有比大学更高的声望。同时，这些机构很多隶属于专业技术所服务的政府部门，而不受国民教育部的管辖。这种综合性大学与技术性、专业性教育机构并存和并重的结构特征是法国高等教育在 1968 年之前的一个重要特点。

在 1973 年之前，在资金和管理方面，喀麦隆联邦大学在很大程度上依赖于法国基金会。在法国资金、人力的支持下，1993 年的喀麦隆高等教育体系在结构、传统与运作等方面，都仿效了法国的模式。当时，这样一种带有浓厚法国文化特征的高等教育体制很难让秉承英国文化传统的西喀麦隆人欣然接受。

---

① AFRICAN UNION, Harmonization of Higher Education Programmes in Africa: Opportunities and Challenges, June, 2007.

　　制度的问题因为语言问题而加剧。为适应喀麦隆二元文化的现实，喀麦隆联邦大学（以及后来的雅温德大学）一开始就将双语主义作为自己的根本制度之一。但是实际上，学校的教学计划主要是根据法国的传统来制定的，教学活动也主要是以法语作为中介的。这给讲英语的东喀麦隆人的入学带来了困难，也影响了他们在大学就读期间的学业表现，同时给教师的教学造成了不便。

　　在20世纪90年代早期的政治自由化浪潮中，西喀麦隆人就喀麦隆政府的高等教育政策表达了自己的不满，要求建立体现英国文化特征的高等教育。1993年的高等教育改革部分满足了西喀麦隆人在高等教育方面的诉求。在改革所创建的六所公立大学中，布亚大学是按照盎格鲁—撒克逊文化传统创建的，以英语作为教学用语；恩冈德雷大学是按照法国的文化传统创建的，以法语作为教学用语。其余的四所（雅温德第一大学、雅温德第二大学、杜阿拉大学和德昌大学）则是双语大学，教师和学生在教学中可以使用两种官方语言中的任一种（通常是最为熟练的第一官方语言）。无论大学属于哪种类型，只要是国立大学，那么都必须执行二元文化（双语主义）政策。来自任何地区和体制背景的教师与学生都可以进入任一所大学任教或就读，只要教师达到学校的聘用要求，学生达到这所学校规定的语言入学要求。

　　为了更便于高等教育内部的协调，大部分原先独立于大学的专业和技术学院并入六所国立大学，不过它们保持了各自的特性，如保留学校、中心、学院等名称，同时继续实行选拔性入学考试。不过，在并入大学之后，除了它们的专业性特征外，它们被赋予了学术性或培养研究生的地位，它们的学生因而可以在高等教育机构之间或不同体系之间实现某种向上和水平方向的流动。而在此之前，只有喀麦隆的行政部门和其他法语国家承认这些机构所颁发的文凭。

　　尽管1993年改革有利于重点大学的发展，但是从大学技术学院（IUT）的创建以及2006年在三所综合性大学创建医学院可以看出，喀麦隆高等教育又有进一步发展专业和技术教育的趋势。

　　1993年的高等教育改革为今天喀麦隆的"统一的"高等教育体系的建立奠定了基础。在六所国立大学中，共有45个左右的教学机构。在新的统一的结构下，综合性大学人满为患，而实行精英教育的专业技术学院的教育资源却得不到充分利用的状况有所改变，教育资源得到了一定程度的整合。与此同时，原先脱离就业市场与国家发展的综合性大学教育因为专业技术学院的并入而增强了自身的专业性特征。原先非研究性的专业技术教育机构也因此获得了学术性研究生教育资格，这使得高等教育体系的研究能力有了进一步的提高。

改革之后，喀麦隆高等教育机构的在校生人数快速增长，最近几年保持着年均20%的增长率。使得各所高等教育机构在办学资金的筹措方面面临着巨大挑战，因为自1993年改革以来，高等教育的经费增长一直难以与在校生人数的增长以及其他方面的变化保持同步。

在1973年以前，喀麦隆高等教育的经费除了政府补助之外，主要来自于法国政府，1973年之后，则完全由政府提供。免费的高等教育、大学生的快速增长，使得政府背上了日益难以承受的包袱。1993年改革后，政府与学生共同承担了高等教育机构的绝大部分经费，同时高等教育机构获得了自主创收的权利。但由于教育成本上升、学生人数快速增长、政府时常不能按时拨款，再加上家长、学生抵制新的收费，所以各所高等教育机构仍饱受经费不足的困扰，影响着各种使命的完成。

1973年之前，国民教育部部长兼任联邦大学校长，负责学校的行政与财务管理以及教师的招聘。副校长、部分管理人员和相当比例的教师是法国人，其中行政与学术负责人由法国政府任命。国民教育部部长保留对大学的监管权，并负责向总统推荐大学所属各教学机构的负责人，由后者任命。目前，在喀麦隆，英式国立大学由一名校长领导，三名负责教学、研究与行政的副校长以及一名秘书长或教务主任协助校长开展工作。在校级领导之下，有学院院长、系主任等中层领导。大学有管理委员会，由行政管理委员会主席主持。在管理委员会中，许多政府部门的领导，包括总统、教育部部长、财政部部长、公共服务部部长、计划部部长和劳动部部长均有自己的代表。在喀麦隆，由专门的政府机构分别管理初等教育、中等教育和高等教育事务。在高教部，部长在秘书长协助下开展工作，领导着总督察、学位认证部、私立高等教育理事会、翻译组等下属机构。

随着高等教育任务的增加、信念的多元化和权力的分割，高等教育体系存在解体的潜在可能性。因此，高等教育的协调是使高等教育体系保持一致的机制。伯顿·克拉克认为，高等教育体系通常有三种实现各种体系整合与协调的机制：国家体制、市场体制和专业体制。[①] 用克拉克的高等教育协调三角模式来分析，喀麦隆高等教育体系的协调模式类似于法国的，处于国家体制与学术权威之间（见下图）。

---

① 伯顿·R. 克拉克：《高等教育系统——学术组织的跨国研究》，王承绪等译，杭州大学出版社1994年版，第153页。

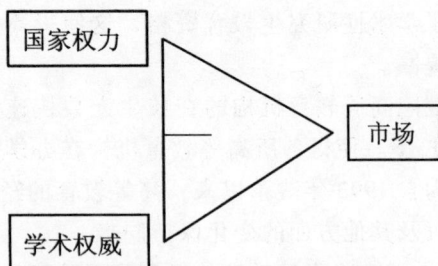

高等教育三角协调图

　　喀麦隆高等教育的国家导向决定了高等教育体系的集权结构。国立大学校长以及其他高级官员都是由总统任命的。教师像公务员一样，都是在经济与财政部的政府支付薪水的名单上。尽管 1993 年的改革法令赋予大学自治权，并在 2005 年 10 月 17 日颁布的《管理法》等法令中重申了这种权利，但是政府对大学的控制仍然是强有力的。尽管改革法令的许多条文规定大学校长由大学资深教授选举产生，但直至今天，由于传统的影响，他们仍然是根据总统令任命的。而这种传统显然是与法国的高等教育体制是一致的。

　　喀麦隆有关大学管理结构与高等教育体系控制机制的最新措施是在法国式大学设立管理委员会主席一职，并在 2005 年实施了"季度外部评估"制度。这些革新在其必要性上似乎引发了一些争议。一些人认为，管理委员会主席相当于英国式大学中存在的前任校长办公室，这一监督制度的设置是为了加强大学的问责制。另一些人认为，这一制度革新表明国家权力"重返"大学，有违于 1993 年改革中所提出的自治观念，特别是因为最早被任命为管理委员会主席的官员成为高级政治家。

　　1993 年改革法令中所包含的自治与分权的精神意味着高等教育管理模式的转变，即从具体的体制控制转向自治的分权体制，从国家控制一切模式转向监管模式。而 21 世纪国家重新加强对大学的控制可以说是试图矫正前一次改革中所出现的一些过分行为。喀麦隆政府重新强有力地涉入大学体系，主要是因为喀麦隆的国立大学非常依赖于政府的拨款和控制以及喀麦隆免费高等教育的文化。最近几年，喀麦隆大学发生了一系列的危机（学生罢课和抗议活动），其中一些引发了有关危机政治色彩的讨论，这些危机并不是大学凭自身的能力可以解决的。只要高等教育体系依然主要依靠政府的预算，那么政府涉入这一体系是不可避免的。这是一个全球性的现象。由于政府拨款高等教育，所以政府必须进行监管以保证经费得到有效的使用。在这样一种情况下，大学不可能是"象牙塔"。国家强有力地涉入高等教育是喀麦隆最新的趋势，这种趋势使得大学体系深受政治的影响。像大学的人事任命、政策等问题越来越政治化，大学的发展目标与国家的发展目标紧密地联系在一起。

在喀麦隆，除了国家权力之外，第二种协调模式是克拉克称之为"学术权威"的模式。喀麦隆重点大学的管理者和高等教育体系的管理者都是职业学者，因此具有双重身份。这在某种程度上也是受法国的传统影响所致。在这种模式中，技术专家掌握着重要的权力。

尽管在高等教育体系中存在传统的学术权威和国家权力协调模式，但是这两种模式可能并不足以使高等教育体系效率最大化，而这在当今的高等教育中正变得越来越重要。因此，第三种协调模式——市场调节模式的意义日益突现。这种模式可以减少国家对高等教育体系的控制，使大学、教师和学生更为关注各自的责任。根据市场调控机制，高等教育的消费者、利益相关者与政府共同承担高等教育的成本，这样大学的财务状况就会得到改善，大学也可以获得更大的自主权，更加关注重要的责任。1993年改革的指导思想之一正是如此，即扩大高等教育的利益相关者在学校行政与财务管理中的参与权。这样，就形成了一个与上述三角协调结构类似的分析框架，即政府政策、学校与社会。

喀麦隆私立高等教育发展的历史并不长。在1993年改革之前，喀麦隆只有一所私立大学，这就是创建于1989年的中非天主教大学。改革之后，私立高等教育加速发展。2003年，共有17所得到政府批准的私立高等教育机构，而到2005年，这一数字增加到37所。大多数私立高等教育机构只是提供短期的专业课程教育，如秘书、保险、会计、银行业务、财务、贸易、管理、新闻、信息技术、酒店管理和电子技术等。这些教育是为学生参加由高等教育部组织的职业培训证书考试以及其他由国外机构组织的证书考试做准备的。作为喀麦隆政府来说，它之所以不承认某些私立高等教育机构，主要是怀疑这些机构的教育质量和不确定性。一些私立高等教育机构在基础设施、教学设备和师资等方面没有达到最低要求，同时又乱收费。在一些学者看来，即使是引入学费制和让其他利益相关者为高等教育机构提供经费，也表明喀麦隆的高等教育在逐渐转向某种私有化的形式。① 这样的转变意味着在调控机制中，政府由一个积极的控制者转变成一个监管者，意味着必须建立一个连接国家、私立高等教育机构和利益相关者的中介体。在这个过程中，政府可能有必要通过技术、财政援助以及

---

① 参见 Terfot Augustine Ngwana, The Implementation of the 1993 Higher Education Reforms in Cameroon: Issues and Promises, 2002。

各种管理结构来加强某些新被批准的机构的能力，以此作为一种成本分担和建立公私伙伴关系的可靠方式。

根据 1999 年 11 月 16 日颁布的 No. 99/055/MINESUP/DDES 法令，喀麦隆高等教育系统执行两套学位制度，一套是法国式的，一套是英国式的。在法国式的序列中，根据学生接受高等教育的时间来颁发证书。学生在大学里完成第一个阶段为期两年的学习，可以被授予普通大学研究文凭（D. E. U. G）。大学第三、第四学年是第二阶段的学习。学生修毕第三学年课程，通过考试，可以被授予学士学位（Licence）。修毕第四学年课程，完成一篇论文，可以被授予硕士学位（Maitrise）。具有硕士学位的学生可以申请就读第三阶段的博士班课程（troisieme cycle）。第三阶段又分为两段：第一段，修业年限为一年，在修读完"深入研究文凭"（D. E. A）后才可进入正规博士班（doctorat de troisieme cycle）；第二段，开始撰写博士论文。正规博士班修业年限为三至四年。与法式学位结构相比较，英国式的学位制度要简单得多。它由学士、硕士和博士三个层次组成。此外，在专业性和技术性的高等教育中，也有相应的学位制度。

与此同时，在喀麦隆的高等教育体系中存在两种等级评定的方法。在法国式的系统中，采用平均值评定法，满分为 20 分；英国式的系统则采用 GPA（grade point average）：即成绩点数与学分的加权平均值评定法，满分为 4 分。在英国式大学里，成绩被分为五等，分别为及格、三级、二级下、二级和一级。法国式大学的成绩评定则分为四级，分别为及格、还可以、好和很好。在法国式大学，单门课程成绩的评定同样采用平均值法，满分为 20 分。在英国式大学里，课程成绩评定采用 A—E 五级法。此外，在两种类型的大学里还实行不同的学分制。英国式大学采用学期课程学分制，而法国式大学采用模块学分制。

在高等教育入学规定方面，喀麦隆也遵循了两种承袭下来的传统。法语区的学生必须拥有中学毕业会考合格证书——高中毕业会考文凭学位证书，而英语区的学生同样需要持有自己的中学毕业证书——普通教育高级证书。高中毕业会考文凭学位证书是一组课程的会考合格证书，而普通教育高级证书只是针对某一课程，对于一名学生来说，他（她）最多可以获得五门课程的普通教育高级证书。除了中学毕业证书外，大学入学条件还包括语言熟练程度和中学课程背景的相关性。例如，熟练掌握英语是进入英国式大学就读的必要条件。而要进入专业性和技术性的大学中心，学生仍需要通过严格的入学考试。

目前，喀麦隆大学教师的聘用和晋升依据的是 2003 年 7 月 30 日颁布的第 03/0050/MINESUP/DDES 号法令。除了会计学和计算机科学等少数很少有人拥有博士学位的专业外，应聘的教师一般都要求拥有博士学位。教师的晋升要通过专家的评议和全国大学咨询委员会的推荐。委员会由各自所属学科的资深大学教师组成。在这个体制下，在法国式子系统和英国式子系统中同样存在两条不同的晋升路径。喀麦隆大学教师的职称分为四级：助教、讲师、副教授和教授。只拥有硕士学位的教师最多只能晋升到讲师。根据法令的规定，他们只有在获得博士学位后才能晋升到副教授。

　　由于法国和英国的殖民统治背景以及继承下来的教育传统，喀麦隆拥有一个二元文化的高等教育体系。在一个单一的全国性体制下，有着法国式和英国式两种高等教育和大学传统。它们有着各自的文化、组织结构和教学模式。这种传统构成了理解喀麦隆大学以及整个高等教育的概念性背景。喀麦隆高等教育机构中的大多数管理者和教师都有法国和英国的学术背景。由于喀麦隆的初等教育和中等教育就存在两个体系，这导致高等教育体系必然分为法国式和英国式两个子系统。因此，在组织和结构上，两个子系统各种要素之间存在的差异就构成了在国家层面上实现高等教育体系协调发展的挑战。面对挑战，必须思考的两个问题是：第一，两个子系统文化上的差异如何影响着喀麦隆高等教育体系各个层面和各个方面的协调？第二，喀麦隆两种高等教育传统实现协调的基础是什么？

第二节　二元文化的高等教育体系的协调

　　"二元文化主义"这个词源于加拿大。就喀麦隆教育而言，它是指运用两种承袭下来的教育信条、传统与文化，以及各自的结构、要素、仪式和控制机构。就政治的角度来说，作为一项促进国家团结的政策，实行二元文化主义的高等教育是国家的基本要素。就像其他领域一样，实行二元文化主义的教育是政治的工具和出于政治考量的。

　　由于存在两种来源不同的教育体系，所以对于喀麦隆来说，必须找到一个共同的基础，以便这个国家的教育在一个统一的体制下和谐运作。两个子系统协调一致并不意味着创建一个单一的体系。教育系统的协调包括建立一个子系统能够一同运作的共同框架，以促进它们在全国性的框架下相互合作、相互作用、协调运作。①

---

① 参见 T. M. Tchombe, Structural Reforms in Education in Cameroon, 2001. Unpublished policy paper。

双语主义是喀麦隆二元文化主义和国家一体化的重要工具。双语大学是官方双语主义政策的一个重要熔炉。2001 年 4 月 16 日，第 5 号法令的第 5 条规定了喀麦隆高等教育的总方向，强调双语主义对于国家一体化的重要意义。根据 1993 年改革，六所公立大学中的四所为双语大学。在这些大学里，来自法语区和英语区的学生坐在同一间教室里听课。教师可以用自己最为熟练的官方语言讲课，学生可以用两种官方语言中的一种做笔记和做作业。尽管布亚大学和恩冈德雷大学是分别按照英国式和法国式的传统建立的，但在这两所大学，同样可以看到二元文化主义的特征。师生的构成决定了喀麦隆大学二元文化特征的存在，因为他们来自两种文化背景。

一、结构的整合与控制

1993 年改革将一些新的因素与模式引入了喀麦隆的高等教育体系，这些因素与模式似乎对传统的模式提出了挑战。

经过改革，原先那些完全不同的高等教育机构（学校、中心和学院）被纳入到一个新的统一的结构——大学中，新的结构将传统的法国式高等教育机构与英国式、德国式、美国式的高等教育机构融合在一起，将研究与专业培训结合在一起。不过，将原先独立的高等教育机构并入大学削弱了这些机构的特性与独立性，其结果导致部分政策决策者、行政管理者和学生对新的领导结构产生误解。来自这些专业教育机构的管理者，甚至学生似乎仍然认为他们的学校是有声望的、独立的、具有特殊功能的机构，同时希望他们因为自己在这所学校工作和学习而得到别人的承认。由于对自治权的错误解释，大学校长和大学教学机构的负责人之间在权力的分配上存在冲突。为解决冲突，高等教育部必须经常通过各种文件来说明大学的分权管理体制以及各级机构的权限。例如，1999 年喀麦隆曾经为此召开了一次大学校长和大学机构领导人会议，2005 年又在一个总统令中重申了管理权限问题。

根据 1993 年改革，大学中的教育机构获得了较大的自治权，例如，雅温德第二大学和布亚大学中的国际关系学院（IRIC）、高等信息与通讯技术学校（ESSTIC）和高级翻译学校（ASTI）。然而这些机构被赋予的自治权有时却使大学和高等教育体系的和谐运作变得困难。IRIC、ESSTIC 和 ASTI 这样的教育机构继续追求它们初始的使命，维持选拔性入学制度，保留非常突出的专业性和国际特征。这些机构的活动有时独立于它们隶属的大学。在布亚大学，对像 ASTI 这样的下属机构的领导可能会变得更为困难，因为按照法国传统建立的 ASTI 原本就有着自己的特性和使命，享有自治权，而布亚大学所依据建立的英国传统又赋予教学机构更大的自治权。

1993 年改革以及布亚大学的创建使得喀麦隆高等教育形成了两个子系统并存的状况，这使得任何体制层面的政策都不得不考虑两个子系统的特性与基础。于是，从体制层面提出了协调问题。但这种体制层面的协调往往只限于政策问题，实际上难以影响存在于底层的问题或大多数与基层单位相关的问题。即使在政策或体制层面对底层问题有些协调，但这绝对要求制度专家的亲自参与。

对两种大学体制进行制度上的控制时，二者之间的差异就会明显表现出来。其中的一些差异对制度或国家政策的内涵提出了疑问。在两个子系统中，在类似的等级结构中存在对应的结构，但这些结构的功能却似乎不同，例如两种大学中的教务主任（Registrar）和秘书长（Secretary General）。同样的，在对大学与所属教育机构之间的自治权限以及大学与政府（高等教育部）之间关系的看法上，两种大学也不尽相同。英国式大学将国会的决议视为最终的决定，而法国式大学则看重政府部门的决定。而国会的决议与政府部门的决定有时是存在冲突的。

以行政委员会这一机构为例，在英国式大学里，校长需要向它提交工作报告、财务报告以及预算方案，而在法国式大学看来，这并不符合管理传统。在 2005 年前，法国式大学与英国式大学中的"大学委员会"并不是相同的机构。在法国式大学里，校长兼任大学委员会的主席，这意味着校长既是学校的管理者，又是学校的监督者。而在英国式大学里，大学委员会主席是由卸任的前校长担任。法国式大学里的这种制度安排可以用这种制度的集权性质来解释，因为校长是向他（她）的上级——高等教育部部长负责的。

就文化经验而言，在某些教育政策的执行中，在对教育财政的看法上，两种类型的大学也存在差异。布亚大学创建时所秉承的精神以及它制定的战略计划表明它希望通过创收和资金筹措以达到一种更大程度的自我控制。然而，法国式大学似乎不接受这样的策略，它们支持集权管理，由政府提供经费。英国式看法不时与政府各部门的政策与观点发生矛盾。布亚大学曾经试图向每名学生收取每年 20000 非郎的发展经费，结果被政府叫停，尽管一些家长愿意为学校的发展项目支付这笔额外的费用。

法国式大学的入学选拔制度是比较宽松的，尽管专业学校仍然实行严格的筛选性质的入学考试。相反，布亚大学依据自己所享有的自治权，实行选拔性的招生制度。学生入学必须达到一定的标准。两类大学对质量保证的理解不尽相同。在某种程度上，英国式大学坚持实行学生对教师的评价，而这种评价制度在法国式大学中却遭到抵制。

二、学位等值制度

在 1993 年改革之前，在喀麦隆高等教育体系中，其结构与内容和法国的大学体系是基本一致的，其中就包括对法国式学位结构的移植。1993 年改革后，布亚大学采用的是英式学位结构。与法式学位结构相比较，由学士—硕士—博士三级学位构成的英式学位结构更为简单、普遍。由于两种学位结构的存在，所以喀麦隆不可避免地要面对两种大学体系之间的可读性、可比性和流动性问题以及两种学位的等值问题。然而，采用一种共同的学位结构一直面临挑战、争议和抵制。直到 2006 年，喀麦隆政府才决定从 2008 年开始实行"LMD 制"（即学士、硕士、哲学博士三级学位制）。

作为一种政策选择，目前流行的是在两个学位结构间确定学位的等值关系。决策者认为，这绝对不是件容易的事情，因为学位结构产生于不同的体制、教学基础、传统与原理。制度源头的差异导致了对学位结构的不同构想。1999 年 11 月 16 日，喀麦隆颁布了第 99/055/MINESUP/DDES 号法令，对两个学位结构中的学位等值关系作出了规定：

表 9 - 2　　　　　　　　喀麦隆两种学位结构的等值关系

	法国式	英国式	专业的	学制
1	普通大学研究文凭		专业大学研究文凭	+2
2	学士学位	学士学位	专业学士学位	+1（3）
3	硕士学位			+1（4）
4	高等研究文凭	硕士学位	专业高等研究文凭	+1（+2）（5）
5	博士班			3
6	博士学位	哲学博士		

由于在法国传统中有几个中间学位，所以在英国式学位结构中并不是都能找到等值的学位。喀麦隆法国式学位结构的特征之一是每一段高等教育（1—2 年）都会有一个结业证书，用以表明接受高等教育时间的不同。由于它的中间性，喀麦隆法国式高等教育子系统中的"硕士"（Maitrise）标准就曾经历过多次调整和反复，从两年制学位教学计划加一篇论文，到获得学士学位后再研修一年而无需论文。这种反复的调整正说明它是很难统一的。在有些时候，人们认为它直接等同于两年制的

硕士，特别是获得学士学位后继续研修两年并完成论文的硕士。当它的研修时间缩短到一年时，存在一种将它等同于两年制硕士的错误倾向。只是在后来，当高等研究文凭成为与两年制硕士等值的学位时，"Maitrise"才被认为是低于两年制硕士学位，因为它比高等研究文凭少花一年时间。一些保守的决策者更喜欢将高级研究文凭直接翻译为英语中的"高级硕士文凭"这一在英国式学位结构中并不存在的学位，而不是直接将它等同于硕士学位。

博士学位也存在着同样的问题。在英国式学位结构中，不存在高等研究文凭和博士班研修证书这样的学位。法国式教育体系培养出来的学生如果申请攻读英国式大学的哲学博士，往往要求申请人拥有高等研究文凭和博士班研修证书。不过，二者的重要性显然并不一样，前者属于硕士层次，后者属于博士层次。这对于博士班研修证书持有者来说是不公平的。如果以修学时间作为衡量学位价值的主要标准，那么就会错误地认为英国式学位结构中的哲学博士不如法国式学位结构中的博士学位，因为前者的修业时间比后者短。

基于此，在两种学位结构之间确定学位的等值关系以及维持有关学位结构的政策的连续性就变得困难，即使高等教育体系的管理者可以很容易地就学位结构的等值关系得出结论，但对于雇主和其他利益相关者来说，就不那么容易了。

三、教师资格与晋升条件

喀麦隆高等教育协调政策比较成功的一个方面是，在教师招聘和晋升标准这个问题上，两个子系统实施了共同的政策和标准。

在 2003 年 7 月 30 日颁布的第 03/0050/MINESUO/DDES 号法令中，如表 9 - 3 所示，喀麦隆政府就高等教育教学人员的定级与晋升标准作出了详细的规定。

表 9 - 3　　　　　　　　　大学教学职位与晋升标准的规定

	英国式系统	法国式系统	条件	教学经验（年）	论著	其他标准
1	助教	助教	博士学位	1	公开发表论文 1 篇	教学、科学和管理报告
			无博士学位	2		

	英国式系统	法国式系统	条件	教学经验（年）	论著	其他标准
2	讲师	无教授头衔的授课教师	必须在晋升为副教授之前拥有博士学位	4	公开发表 6 篇论文（或 4 篇论文加 1 部专著）	
3	副教授	副教授		4	公开发表 4 篇论文，并在科学知识方面做出重要贡献，或者出版论著一部；在全国和国际学术活动中学术演讲	
4	教授	教授		4		

　　在当前的政策实行之前，在教师资格的协调和确保对来自不同背景的教学人员一视同仁方面，还存在一些挑战。例如，有时有人会认为，法国式学位结构中的博士学位要高于英国式学位结构中的哲学博士，因为后者的培养制度更为简单，培养时间只有 8 年，而前者需要 10—12 年。因此，有人认为哲学博士的分量要轻。在有关教师资格的政策上，国家也更看重法国式学位结构中的博士学位，而可能将哲学博士学位等同于博士班研修证书。从 20 世纪 70 年代开始，持有哲学博士学位的喀麦隆人多次请求政府将哲学博士学位与法国式学位结构中的博士学位一样视为最高学位。

　　教师资格的内在差别还影响到了教师的晋升。在职称晋升这一问题上，来自不同背景的教师没有得到平等对待。在法国以外国家获得学位的教师很容易晋升为讲师和副教授，但是却难以晋升为教授。而从法国获得学位的教师在各种职称的晋升中都相对比较容易。喀麦隆高等专业院校的教师在申请职称晋升时也会遇到一些麻烦，因为他们的资格证明更多的倾向于生产，而不是倾向于研究，并且一般不要求拥有博士学位。

　　在法令的执行中，除了高等教育传统的差异外，语言上的不一致也造成了一些困难。即使明晰的政策已经制定，但在两个子系统中推行时，可能会出现差异。这种差异产生于两种传统中对教师职称术语的不同解释。

相比较而言，法国式系统在教师职称晋升方面似乎更为宽松。在这个系统中，副教授（Maitre de Conference）一般就已经被称为"教授"了，尽管他们还没有达到教授所需达到的要求。而在英国式系统中，坚持把副教授称为博士，而不是教授。同样的，存在一种将博士班研修证书持有者称为"博士"的趋势，因为在法国式系统中，它也是一个博士层次的证明。有人可能会说，在喀麦隆的高等教育体系中，副教授与教授在作用与工作量方面的差别是很小的。副教授与教授好像承担着同样的教学与研究职责，这也许证明了法国式系统将副教授（Maitre de Conference）称为教授的合理性。

四、工作量与评价

在 1993 年的高等教育改革中，决定推行学分制。但在各所大学实施过程中，却不尽相同，遇到了一些问题。研究者希望了解学分制实施之后，学生在两种体系之间水平或垂直流动的情况，结果发现这种流动性非常有限，有时几乎是不可能的。当学生试图在两种体系的大学间转学时，由于缺乏系统的标准，所以有关方面对他们的评价往往是歧视性的或武断的。造成这种情况的因素包括学位结构、评价方法与评价内容等方面的差异。在法国式大学里，实行的是模块式学分制，一个模块由 2—5 门课组成。布亚大学实行的是学期学分制，成绩是按照课程的学分来评定的。为了协调两种不同的评价体系，布亚大学规定一个模块等于 3 个学分。

对于模块式学分制与学期学分制，一直存在一些误解。模块式学分制常被认为是过于宽泛，因为它用几门课程的平均分来评定成绩。也就是说，在一个单元的 2—5 门课中，如果一门不及格，那么可以用另一门课程的成绩来补偿，只要平均分达到要求，就被认为是获得了这个模块的学分。而在学期课程学分制中，学生修完某门课程，并通过考试才被认为是获得了学分。两种学分制之间的差异往往会产生透明性、质量以及两种体系相互猜疑等问题。

在不同的语言传统中，定级制度中有许多术语表达的含义似乎并不一致，因此存在错误解释的可能性。例如，在 1998 年 1 月 23 日颁布的第 06/055/MINESUP/DDES 号法令中，"模块"这个词给人以这样一种错误的印象，即这个词在布亚大学代表的是"一门课"，尽管它实际上是指一组课程。法语大学传统中的"Filiere"一词在英语大学中也可能表达不同的意思，因为这个词在不同的背景下，可以指"领域"、"分科"、"学术课程"等。同样的，某些特定的教育学术语难以在定义上达成共识会影响等值关系的确定。

　　对于双语或法语大学系统的学生来说，他们在争取进入布亚大学攻读研究生学位的时候会遇到一些棘手的问题。其中一些问题是由英国式大学研究生入学要求中的平均分过低和不平等引起的。在布亚大学，只要在五分制下平均分为 2.50 就算达到了要求，而在法国式大学的二十分制下，学生平均分需达到 12.00 分。同时，在法国式大学里，教师给学生打分时往往十分严格，就像一名学生所说："对于高等教育，法国式的看法似乎是，并不是所有人都能够通过一门课程的考试。教师在打分时非常吝啬。我几乎从未听说过一门课程第一次考试及格率就超过 50%。"因此相对来说，布亚大学的毕业生达到布亚大学研究生入学的要求要容易一些。此外，他们还要面对语言上的特别要求。但对于来自法国式大学的学生来说，显然是不公平的。布亚大学研究生入学委员会经常要面对这样的矛盾。作为一所国立大学，它必须解决好这一矛盾，以便录取来自法国式大学的学生。为此，布亚大学降低了这些学生的入学要求，同时考虑其他标准，如工作经验等。

　　学生认为，在法国式大学里，教师评定学生成绩时的吝啬使得学生难以达到进入其他学校，特别是英国式大学攻读研究生学位的标准。严格的评分制度限制了来自法国式大学的学生对外国奖学金的申请，并使他们在与英语区学生的竞争中处于不利地位。

　　除了法国式大学体系中所实行的模块式学分制和评价制度存在问题之外，一些学者还强调不同大学体系之间学分转换过程中存在的问题。比如，转换后的成绩等级并没有反映成绩的类似水平，转换的标准变化无常等。根据 2002 年 11 月 28 日颁布的第 02/0149/MINESUP 号命令和 1998 年 1 月 23 日颁布的第 06/055/MINESUP 号法令，高教部确定了喀麦隆法国式大学体系与英国式大学体系之间学生成绩的百分比转换标准（见表 9 - 4）。

表 9 - 4　　　　　　　　喀麦隆高等教育体系中成绩等级的转换

英国式传统			法国式传统		
平均分（四分制）	百 分 制	评 语	平均分（二十分制）	百 分 制	评 语
3.50—4.00	87.5	一等	16	80	很好
3.00—3.50	75	二等上	14	70	好
2.50—3.00	62.5	二等下	12	60	中等
2.25—2.50	56	三等			
2.00—2.25	50	及格	10.00	50	及格

从表9-4可以看出，在某些分级中，喀麦隆英国式与法国式成绩评定传统之间的百分比转换存在难以解释的不对称。大多数人认为，英国的成绩评定制度在使用综合百分比计分法来决定学位分类方面是很不标准的。将其他成绩评定的描述直接翻译为英语，可能没有考虑与这一成绩评定相关的民族、文化和学术上的细微差别。在这样的体系中，也难以清楚地规定在不同成绩评定方法中的及格线。在2002年11月28日由高等教育部颁布的第02/0149/MINESUP号命令中，第27条规定使用学业成绩平均点数和学分（至少90学分）来决定学位授予资格。根据这一规定，一些学生在临近毕业的时候会莫名其妙地碰到这样一种情况，即他们在规定的时间里修满了学分，但在学业成绩平均点数上却没有达到要求。在此种情况下，只好要求一个特别的毕业委员会同意他们毕业。

五、学生入学背景

不同的中学教育背景以及资格证明影响着喀麦隆大学的教学过程，这种影响大部分源于中学体系的文化差异。在双语大学中，这种差异明显存在，在那里，讲英语的学生与讲法语的学生坐在一起，接受相同的教育。以英语教学的布亚大学在某种程度上甚至也招收了许多来自法语区的学生。两种不同的中学结业证书的性质、考查科目的范围对于大学生在大学学习期间的成绩的差异具有重要的影响。

喀麦隆法语区中学毕业会考——高中毕业会考文凭考试采用综合平均分制度，考试科目多达12门。而英语区的中学毕业会考——高级普通教育证书考试采用五级评分制，要求学生完成2—5篇论文。这意味着英语区的中学生比法语区的中学生将更多的时间集中用于某几门课程的学习上，以至于当来自两种背景的学生进入同一所大学时，其差异就很快表现出来。例如，在大学的历史学教育中，那些在高级普通教育证书考试中曾经撰写过历史论文的学生可能就不同于那些来自法语区的学生。这种区别的产生可能还由于某些学术课程的教学大纲是在先前的学习基础上设计的，它假设学生通过之前的学习，已经掌握了某些基础知识。来自法语区的大学生与来自英语区的大学生在学业表现上的差异还反映在某些课程上。例如，来自法语区的学生在数学与物理的学习中比来自英语区的学生表现更为出色。相反，来自英语区的学生在化学与生物学的学习中表现更为优异。

两组学生的差异还体现在学习方法和在某些学科的适用性上。以数学中的"函数"为例，两组学生会使用不同的程序得出相同的正确答案。中学教学大纲中某些内容上的差异也是影响因素之一。法语区的中学数学教

学重视统计学和函数的运用，而英语区的中学数学教学则偏重测量。语言
教学也存在类似的情况。法语区的中学语文重视语法，英语区则强调更受
学生欢迎的交流方法。总的来说，英语区的中学教学偏重实践经验的运
用，而法语区的中学教学更倾向于理论的运用。

六、课程标准

喀麦隆的大学具有一定的自主权，这种自主权一直延伸到大学中的基
本教学单位，它们有着不同的教学基础。因此，要在全国或整个大学体系
协调课程设置和教学内容的安排就变得比较困难。尽管如此，喀麦隆还是
在这方面进行了一些尝试。高等教育部建立教学计划审批委员会，其职责
是确保各所大学相同学科的教学计划涵盖某些内容，从而使这些学科的教
学有一定的可比性。例如，历史学教育必须开设"喀麦隆史"这个模块或
这门课程。

政府有关部门可以通过相关政策统一教学计划，却很难统一教学内容
和课程设置。有关课程的争议以及各种各样的教学实践体现了英国传统与
法国传统之间某种文化上的差异，这种差异不是制度层面的决策者可以调
和的，除非是在各子系统或基本教学单位中。某些内容、课程、知识顺序
和方法论问题甚至在小学中就已存在，因此为了使大学教育与中小学教育
相衔接，不得不保持各子系统的独立性。

七、大学之间的合作

"联合学位"是一个用于评价属于不同高等教育体系的大学之间合作
的概念。一些人认为，在喀麦隆高等教育体系的各个层次，在两个子系统
之间开设联合学位课程是可能的。以法学教育为例，这个国家的二元法律
体系决定了各所大学的法学教育教学大纲，法学教师必然要在各自的传统
和语言环境下，向学生讲授两种类型的法律。就这些课程来说，语言上的
障碍和传统的差异似乎并不重要。

另一些人认为，在喀麦隆，是否同时熟练地掌握法语与英语与联合学
位课程是不相干的。他们并不把语言视为喀麦隆双语高等教育体系中阻碍
联合学位制度的一个因素。他们提出，双语主义是一个变动的概念，因为
它由理解、说、写等几个方面组成。他们感到，如果一名学生掌握了他的
第一语言，并能理解、说或写第二语言，他就能够在喀麦隆的双语体制中
应对自如。学生不需要同样熟练地掌握两种语言，实际上这也是很难的。
双语主义政策强调中小学第二语言的教学，因此喀麦隆的学生与教师在熟

练掌握第一语言的同时，一般都能用第二语言交流，至少能够理解第二语言。

　　第二种观点没有看到在喀麦隆，特别是在本科教育阶段实行联合学位制度的可行性。持这种怀疑态度的人主要是看到了这种制度在实施过程中存在的技术上和管理上的困难，例如两个子系统之间学分制明显不能转换，学位结构不一致，某些学科在教学方法存在不同，教学内容与结构不连贯以及固有的语言障碍。这种看法指出了这样一个事实，即阻碍喀麦隆高等教育协调的主要因素纯粹是文化上的因素，也就是受法国与英国传统的影响而产生的对学术训练的理解、在学术训练的基础等方面存在的分歧。

　　至于两个子系统之间的科研合作，传统的差异所造成的影响是最小的，因为这种合作主要是以学科为基础的。喀麦隆学者一般在法语或英语期刊上发表文章，不过最新的趋势是英文期刊正在成为学者们的首选，不论他是讲英语的喀麦隆人，还是讲法语的喀麦隆人。在科研领域，存在的问题之一是两个子系统对大学科研管理和大学科研的重要性以及方法论问题看法不一。科研应该与教学相结合还是分离，科研与教学孰重孰轻，专业教育与通识教育的相互依赖程度，在这些问题上的分歧是一些具体的表现。例如，在英国式大学里，洪堡传统历史悠久，认为从事科学研究是大学学者的重要任务。而在法国式大学里，一般认为考试与教学更为重要，并且认为研究需要各种学术机构的支撑。从方法论来看，法语区喀麦隆人更倾向于理论的研究与应用，而英语区喀麦隆人则更重视实践经验的应用。此外，在科研成果的出版、文献引用方式以及参考文献的处理上，两个子系统之间也存在一些差异，不过这些差异并不是很重要。因为像《喀麦隆科学学园杂志》，喀麦隆学者在投稿时可以使用法语和英语中的任何一种。

　　在喀麦隆，要实现法国式与英国式高等教育传统之间的可比性、迁移性和可读性，减少二者之间的差异是至关重要的。实现高等教育体系的协调既是一种促进两个高等教育子系统并存的策略，同时也是增进民族团结与民族凝聚力的基础。鉴于1972年喀麦隆法语区与英语区统一后所出现的政治分裂，增进民族的凝聚力就成为一个首要的目标。国家的重新统一将语言、法律、教育制度各不相同的两种文化放在一起。1998年颁布的第98/004号全国教育法重申了双语主义的选择，在这一策略中，整个教育体系分为英语和法语两个子系统。这项法律再次强调了两个子系统并存的必要性，而且详细说明了"每一种子系统保留各自的成绩评定方法和学位授予制度"的思想。因此，喀麦隆教育体系的协调就成为一个重大的，减少两个子系统的差异，保证它们并存的策略，同时也是实现国家二元文化或双语主义政策的工具。

尽管高等教育协调有着社会政治、经济和文化方面的意义，但是大多数旨在实现协调的措施最后都集中于实用的观点上。例如，它的基本的实用目的是促进两个子系统的合作与作用的发挥。在喀麦隆，这种实用的目的源于促进两个大学子系统之间的协作、水平与垂直流动以及学分互认的需要。由于结构、程序、课程内容和控制机制的不同，两个大学子系统的协调受到了阻碍。大学传统的差异引发了在系统与系统之间，学校与学校之间建立互信、透明性、可读性的需要。在这样一个有着两个子系统的高等教育体系中，劳动市场的雇主几乎难以进行有效的比较。因此，对于雇主来说，两个子系统的（学位）结构应该具有某种可比性和可读性。

从实践层面来说，高等教育的协调需要同时强化政策的同一性与基层教育实践的一致性。在二元文化的体系里，实现协调需要通过一个政策选项的框架，这个框架取决于特定的目标和有效性，例如旨在实现可比性与流动性的等值关系，为适应不同需求的体系的分化、统一标准、交叉置换等。从喀麦隆高等教育的协调可以看出，高等教育的协调存在某些挑战，例如，影响系统整合的多样性、系统分化的必然性、对同质性的怀疑或文化保护主义等。因此，高等教育的协调应该是求同存异。

文化传统的差异决定了高等教育系统之间的差异。不同系统之间可比性、迁移性和可读性的需要决定了系统协调的必要性。但是，喀麦隆乃至世界高等教育同时面对另一变化的趋势——需要的多元化。因此，保持高等教育体系的区别同样是必要的。对于喀麦隆来说，高等教育体系的二元文化特征既是一个挑战，也是一个机遇。如何通过协调提高高等教育体系的效力，如何充分发挥两个子系统各自的特点和优点，是喀麦隆人必须同时面对的两个问题。

结　语

　　回顾喀麦隆高等教育发展史，可以清晰地看出，它以1993年的改革为分水岭，划分为两个阶段。

　　第一阶段（1961—1993年）是喀麦隆高等教育体系的形成与发展期。喀麦隆的高等教育是从其摆脱殖民统治，赢得独立后开始创建的。在此之前，喀麦隆本土并没有真正的高等教育机构，为数很少的喀麦隆人在英、法殖民当局的资助下，在海外接受高等教育，然后回国成为殖民统治机构中的一员。独立后的喀麦隆创建了一个由综合性大学和各种专业教育机构构成的高等教育体系。这个体系担负着培养国家各个领域的干部，以填补因为殖民统治的结束，西方人大量离去而造成的国家管理人员和技术人才的空缺。喀麦隆的高等教育体系是伴随着喀麦隆这个新生的民族国家的成长而发展起来的。可以说，国家取向和民族主义意识形态是这一时期喀麦隆高等教育政策选择的价值核心。不过，这样的高等教育体系也限制了自身价值的发挥，削弱了自身适应变化的能力。同时不可否认，英国和法国的殖民统治仍在这一体系中留有深刻的烙印和广泛的影响。这些影响不仅表现在喀麦隆高等教育体系的组织方面，还表现在高等教育机构中教学与交流的语言方面。独立前，被英国和法国分而治之的殖民历史使得这些影响呈现出二元特征，从而变得更为复杂。

　　第二阶段（1993年至今）是由一场在危机中，主要由外力驱动的改革拉开序幕的。在20世纪80年代中期开始加剧的那场社会经济危机中，喀麦隆原有的高等教育体系在行政、财政、学术结构、研究能力、师资队伍建设以及学生入学等方面的不适切性充分暴露出来。根据国际货币基金组织和世界银行所推行的新自由主义理论和结构调整计划，喀麦隆对自身的高等教育体系进行了全面的改革，其目的一方面是满足国内日益扩大的高等教育需求；另一方面是提升本国高等教育体系的能力，在全球化和知识经济时代，充分发挥其社会经济发展的"引擎"作用，增强喀麦隆的全球竞争力。

　　改革所带来的变化是令人瞩目的。2006年，喀麦隆高等教育机构的在校生总人数为120350人，其中在公立大学就读的有108082人，在私立大学就读的有12268人。在校生人数比上一学年增加19.33%，其中公立大学增加17.49%，私立大学增加50%。入学率（在校大学生在19—24岁年龄群中所占的比例）稳步提高，2003—2004 学年为 5.64%，2004—2005 学年为 6.44%，2005—2006 学年为 7.68%。中学毕业生升入大学的比例从 2004—2005 学年的 30.23% 上升到 2005—2006 学年的 37.67%。① 与此同时，在政府有关部门以及国际援助机构的支持下，在改革开创的政策环境下，喀麦隆高等教育机构也主动地进行能力建设，提升自身的教学、科研和服务社会的能力。在这方面，各所学校都在探索不同的能力建设途径，取得了不同程度的成果，这大大增进了喀麦隆高等教育体系的活力。

　　喀麦隆高等教育发展显示的很多数据让人感到乐观，不过能力建设是一个艰难而漫长的过程。2005 年几乎席卷所有公立大学的"学潮"表明，喀麦隆高等教育体系中依然存在一些尖锐的矛盾与问题。

　　2005 年的喀麦隆大学学潮可以追溯到 2004 年 9 月。当时，雅温德第一大学的学生向喀麦隆政府递交了一封信，在信中，他们要求在大学里获得"有尊严的"学习条件。但是在随后的几个月里，喀麦隆政府并没有对他们的要求作出回应。2005 年 4 月 11 日，雅温德第一大学的学生决定发起"空肚子罢课"行动。学生向政府提出了一系列的要求，其中包括降低学生的注册费，他们认为 5 万非洲法郎的注册费仍然太高，对于许多没有资源的喀麦隆青年来说是不合理的。此外，他们还要求明确学生的法律地位，实施奖学金制度，增加大学的经费，为科学研究提供更多的经费等。雅温德的大学生还指出了大学校园中所存在的种种令大学生活蒙羞的事实，如校园中几乎不存在盥洗室和小卖部这样的基础设施，有的也因为缺乏维护和维修而不能使用。实验设备的缺乏和教室中黑板的不足，使得许多喀麦隆人丧失了接受大学教育的机会。发动抗议的学生还张贴海报，抨击不断蔓延的腐败现象和公共资金的不合理分配。在学生看来，大学的糟糕状况不是由于政府缺乏资金，而是由于腐败和资金的被挪用。

　　对于雅温德第一大学学生的抗议活动，首都之外的其他几所公立大学的学生很快也作出了响应。大规模的学潮从雅温德第一大学开始掀起，席卷雅温德第二大学、布亚大学、德昌大学和杜阿拉大学。2005 年 4 月 27 日，布亚大学的学生发动了罢课。他们向学校及政府提出了四点要求：第一，反对将注册费提高 1 倍；第二，要求在校园里修建盥洗室，因为自大学建校 12 年以来，学校没有修建过 1 处盥洗室；第三，在校园里修建供水点，以便学生口渴的时候有水喝，而无需到学校高级行政人员开的店里买水喝；第四，撤换校长，因为她屡屡侵犯学生的权利。对于学生的要求，

---

① The Ministry of Higher Education, Cameroon: Statistical Year Book of Higher Education 2006, pp. 13—15.

校方没有接受，并且让警察进驻学校维持秩序，结果，布亚大学的学生抗议活动演变为暴力斗争。4 月 28 日，布亚大学的学生与防暴警察发生冲突，结果两人死亡，数人受伤。在一个月的时间里，共有 5 名学生因冲突而死亡。学生严厉谴责警察滥用暴力行为，并且将它视为"讲法语的喀麦隆人兼并政体"（the annexation regime French Cameroon）对英语区喀麦隆人的一次镇压行为。

2005 年喀麦隆公立大学爆发的学潮是自 1993 年高等教育改革以来规模最大的一次学潮。从教育的角度来看，学潮的发生是因为学生对高等教育体系能力建设现状的不满，而直接原因之一是高等教育部准备将公立大学注册费提高 1 倍（从 50000 增加到 100000 非洲法郎）。其间所发生的死伤事件在喀麦隆国内外引起了广泛的关注。5 月底，喀麦隆高等教育部部长出面表态，表示接受学生提出的要求，包括保持注册费不变。2005 年的"学潮"因此平息，但"学潮"反映出喀麦隆高等教育所面临的诸多严峻挑战，其中最为突出的是办学经费的不足和以英语为第一官方语言的喀麦隆公民在高等教育问题上存在的"被边缘化"的心理。

有"小非洲"之称的喀麦隆，就其高等教育发展的历史和现状而言，同样可以折射出非洲高等教育发展的轨迹。在步入 21 世纪以后，与非洲其他国家高等教育体系一样，喀麦隆的高等教育体系面临着在扩大入学机会，促进社会公平的同时，如何解决严重的财政问题，如何保证教育和研究的质量，如何提高自身服务于国家和社会需求的能力问题。除此之外，喀麦隆还面临着一个别样的挑战，即如何解决高等教育中两种文化和两个子系统之间的协调。这些问题的解决，在很大程度上有赖于喀麦隆宏观经济和财政状况的改善。而在此之前，国际援助机构的支持显得非常重要。这些问题的解决同样依赖于喀麦隆高等教育系统继续深化改革以及高等教育机构积极主动的能力建设。而要解决高等教育中两种文化和两个子系统之间的协调问题，必须从社会、文化和教育等各个方面对现行政策和体制进行全面检讨，审慎规划，在努力避免冲突、实现协调的同时，尽可能地发掘两种文化和体系的优点，使之在喀麦隆高等教育的发展中发挥出各自独特的作用。

参考文献

（一）中文文献

1. 联合国教科文组编写《非洲通史》国际科学委员会编：《非洲通史》，中国对外翻译出版公司，1984 年。

2. 陆庭恩等编著：《非洲的过去和现在》，北京师范大学出版社 1989 年版。

3. 谈世中主编：《反思与发展：非洲经济调整与可持续性》，社会科学文献出版社 1998 年版。

4. 贺文萍：《非洲国家民主化进程研究》，时事出版社 2005 年版。

5. 李建忠：《战后非洲教育研究》，江西教育出版社 1996 年版。

6. ［美］菲利普·G. 阿特巴赫：《比较高等教育：知识、大学与发展》，人民教育出版社教育室译，人民教育出版社 2001 年版。

7. 伯顿·R. 克拉克：《高等教育系统——学术组织的跨国研究》，王承绪等译，杭州大学出版社 1994 年版。

8. 世界银行、联合国教科文组织高等教育与社会特别工作组编著：《发展中国家的高等教育：危机与出路》，蒋凯主译，教育科学出版社 2001 年版。

9. 陈如平：《喀麦隆的教育乡村化改革及其启示》，《比较教育研究》1992 年第 6 期。

10. 顾建新、张三花：《我国非洲教育研究二十年：回顾与思考》，《西亚非洲》2004 年第 6 期。

11. 顾建新、张三花：《喀麦隆高等教育的发展与改革——历程、政策与经验》，《西亚非洲》2005 年第 6 期。

12. 贝磊：《非洲教育财政之印象》，《比较教育研究》1999 年第 5 期。

13. 谭晓玉：《南部非洲教育现状述评》，《外国中小学教育》1995 年第 2 期。

14. 达姆图·塔费拉，P. G. 阿特巴赫：《非洲高等教育面临的挑战与发展前景》，《高等教育研究》2003 年第 2 期。

（二）西文文献

1. Ainalem Tebeje, Brain Drain and Capacity Building in Africa. http：//www. idrc. ca/en/ev - 71249 - 201 - 1 - DO_TOPIC. html

2. Ajaga Nji. Creating a Knowledge Society through Distance and Open Learning in Cameroon. In Sabo A. Indabawa, Akpovire Oduaran, Tai Afrik, Shirley Walters (eds), *The state of adult and continuing education in Africa*, Windhoek, Namibia: Department of Adult and Nonformal Education, University of Namibia, 2000.

3. Ajaga Nji. The Distance Education Project at the University of Dschang, Cameroon: Challenges and Opportunities. http://www. col. org/forum/ PCFpapers/nji. pdf

4. Ajaga Nji. Prospects of Distance Education for Agricultural Training, Education and Agri-business in Cameroon. A Country Note Prepared for the GO-FAU stakeholder consultation Meeting. Washington, D. C. , Nov. 1— 3, 2007.

5. Albert Mandjack, edt. The Role Played by Universities and Their Agents in Political and Educational Change in Cameroon. http://www. ssrc. org/programs/africa/ publications/Cameroon%20Universities. doc

6. Aloysius Ajab Amin & Wilfred J. Awung. Economic Analysis of Private Returns to Investment in Education in Cameroon. http:// www. saga. cornell. edu/saga/educconf/amin. pdf

7. C. Courade, G. Courade, Education in Anglophone Cameroon (1915— 1975), National Ge-ographic Centre.

8. Charles Kiven Wirsiy. The State of Acquisition, Organization and Use of Open Access Information Resources in Cameroon University Libraries: The Case of the University of Buea and University of Yaounde I Libraries. http:// pkp. sfu. ca/ocs/pkp2007/index. php/pkp/1/paper/view/30/62

9. Charles Takoyoh Eyong. Poverty Eradication and Sustainable Development in Cameroon. *Journalof Sustainable Development in Africa*, Vol. 5, No. 2, pp. 30—58.

10. Eric A. Anchimbe. Socio-pragmatic Constraints to Native or Indigenous Language Education in Cameroon. http://www. lingref. com/cpp/acal/36/ paper1417. pdf

11. Eric A. Anchimbe. Linguistic Identity in Postcolonial Multilingual Spaces. Cambridge Scholars Publishing, 2007.

12. Federal Republic of Cameroon. The Federal University of Cameroon: in the First Year of Inauguration 1962—1963.

13. Fonkeng Epah George. Strategies to Reduce Repetition in Cameroon Primary Schools. http: //www. saga. cornell. edu/saga/educconf/fonkeng. pdf

14. G. Beninguisse & H. Kone. Change in Age Structure and Development in Cameroon. http: //www. cicred. org/Eng/Publications/pdf/AgeStructural _ 05 - BeninguisseKone-Engl. pd

15. George Echu. The Language Question in Cameroon. Linguistik online 18, 1/ 04. http: //www. linguistik-online. com/18_04/echu. html

16. George Echu. Colonialism and Linguistic Dilemmas in Africa: Cameroon as a Paradigm. *Quest* Vol. XIII, No. 1 - 2, 1999.

17. Greg O. Asuagbor. Democratization and Modernization in a Multilingual Cameroon, The Edwin Mellen Press, 1998.

18. Helen Kitchen ed. . The Educated African, New York: Praeger, 1962.

19. Howard Woodhouse &Theresa M. Ndongko. Women and Science Education in Cameroon: Some Critical Reflections. *Interchange*, Vol. 24/1&2, 1993.

20. Isaiah Munang Ayafor. Official Bilingualism in Cameroon: An Empirical Evaluation of the Status of English in Official Domains. Dissertation. 2005. http: //www. freidok. uni-freiburg. de/volltexte/3310/

21. J. C. Bahoken and Engelbert Atangana. Cultural policy in the United Republic of Cameroon, The Unesco Press, Paris 1976.

22. Jacob A. Ihims. A Century of Western Education in Cameroon: A Study of Its History and Administration (1844—1961) . Unique Printers, 2003.

23. Jacques Ewoudou. An Empirical Analysis of Private Rates of Returns to Education in Cameroon. http: //www. afdb. org/pls/portal/url/ITEM/22FF4 FCB68FC0117E040C00A0C3D2D54

24. Jacques Gaillard Eren Zink. Scientific Research Capacity in Cameroon. An Assessment of IFS Support. International Foundation for Science, 2003.

25. Jean-Paul Kouega. Promoting French-English Individual Bilingualism through Education in Cameroun. http: //findarticles. com/p/articles/mi _ qa3821/is _ 200504/ai_n13642809

26. Jean-Paul Kouega. English in Francophone Elementary Grades in Cameroon. *Language and Education*, Vol. 17, No. 6, 2003.

27. Jean-Paul Kouega. Bilingualism at tertiary level education in Cameroon: the case of the University of Yaounde II (Soa). http: //www. isb6. org/static/ proceedings/kouega. pdf

28. Jikong Stephen YERIWA, Official Bilingualism in Cameroon: A Double-Edged Sword. http: //pagesperso-orange. fr/oracle974/text/74c21e88 – 308. html

29. John K. Marah. Pan-Africa Education: The Last Stage of Education Developm in Africa, The Edin Mellen Press, 1989.

30. John Southard, What is colonial education? 1997 fall. http: //www. dns-tvind. dk/sis/what_ is_ colonial_ education. htm

31. Joseph A. Tamukong. Towards Better Management of Public Education in Cameroon: the Case for Decentralisation. Africa Development, Vol. XXIX, No. 2, 2004.

32. Julius A. Amin, Continuity and Change in Cameroon's Education: the Case of West Cameroon. *Journal of Asian and African Studies*, Vol. 29 (1994).

33. Keio University, Faculty of Business and Commerce, International Comparisons of Taxation in Developing Countries, 2002. http: // www. ic. keio. ac. jp/en/download/jjwbgsp/2002/2002_ Introduction. pdf

34. Martin E. Amin. Six Factors of Course and Teaching Evaluation in a Bilngual University in Central Africa. *Assessment & Evaluation in Higher Education*, Vol. 27, No. 3, 2002.

35. Martin E. Amin. Students' Sociocultural Background as a Discriminating Factor in the Evaluation of Teaching in a Bilingual University in Central Africa. *Teaching in Higher Education*, Vol. 5, No. 4, 2000.

36. Martin Tsounkeu, The Millennium Development Goals (MDGs) in Cameroon: How Far From the Target in 2005? Commonwealth Foundation, 2005.

37. Moses Abit Ofeh. Universities in Cameroon- A Key to Economic Growth and Reducer of Poverty: the Case of University of Dschang. http: //www. jsd-africa. com/Jsda/Fall2005/ARC_ Universities%20in%20Cameroon. pdf

38. Moses Njei Timah. The Anglophone/Francophone Dichotomy in Cameroon. October 2000. http: //www. picam. org/Articles/The%20Anglophone %20Francophone%20Dichotomy%20in%20Cameroon. pdf

39. Nantang B. Jua and Francis B. Nyamnjoh, Scholarship Production in Cameroon: Interrogating a Recession. *African Studies Review*, Vol. 45 (2): 49—71, 2002.

40. Norman LaRocque and Veronic Jacobsen, Private Education in Cameroon: Executive Summary and Resume, Prepared for the World Bank, 2001.

41. Oben Timothy Mbuagbo & Robert Mbe Akoko. Role-back: Democratization and Social Fregnentation in Cameroon. *Nordic Journal of African Studies* 13 (1): 1—12 (2004).

42. Oscar Eone Eone, New Reforms for a Development-Oriented African University: Case Study: Catholic University of Central Africa. http:// siteresources. worldbank. org/INTAFRREGTOPTEIA/ Resources/oscar_eone. pdf

43. Parfait Eloundou-Enyegue; Julie Davanzo. Economic downturns and schooling inequality, Cameroon, 1987—1995. *Population Studies*, Volume 57, Issue 2 July 2003.

44. Pascal Samfoga Doh. Harmonisation Challenges in Higher Education: Case of the French and the British Bicultural System in Cameroon, 2007. http: // ahero. uwc. ac. za/index. php? module = cshe&action = viewtitle&id = cshe_227

45. Peter Ndumbe. Universities in the Fight against AIDs in Cameroon: Epidemiological and General Considerations. http: //hivaidsclearinghouse. unesco. org/ev. php? ID = 2395_201&ID2 = DO_TOPIC

46. Philip G. Altbach and David H. Kelly. *Higher education in international perspective : a survey and bibliography.* London ; Mansell Pub. , 1985.

47. Piet Konings. Trade-Union Activism among University Teachers during Cameroon's Political Liberalisation. *Nordic Journal of African Studies* 13 (3): 1—12 (2004).

48. Piet Konings. Anglophone Yniversity Students and Anglophone Bationalist Struggles inCameroon. http://www. scylforfreedom. org/publications/anglophone_university_ students_and_anglophone_nationalist_struggles_in_cameroon. pdf

49. Randall Jones, Rosemary Shafack, Kiven Charles Wirsiy, and John Willinsky. Universi-ty Access to Research and to the Internet: The Case of Cameroon. http://research2. csci. educ. ubc. ca/eprints/archive/00000037/ 01/Cameroon. pdf

50. S. N. Gwei. *Education in Cameroon: Western pre-colonial and colonial antecedents and the development of higher education.* Ph. D. dissertation, University of Michigan, 1975.

51. Steven Bird. Orthography and Identity in Cameroon. April13, 2001. http: // cogprints. org/1446/0/identity. pdf

52. Tafah Edokat, Migration of Human Capital: Some Implications for Higher

Education in Cameroon. *Journal of Applied Social Sciences*, Vol. 4, No. 1, 2004.

53. Terfot Augustine Ngwana, The Implementation of the 1993 Higher Education Reforms in Cameroon: Issues and Promises, 2002. http://www.chet.org.za/papers/Cameroon.doc

54. Terfot Augustine Ngwana. University Strategic Planning in Cameroon: What Lessons for Sub-Saharan Africa? *Education Policy Analysis Archives*, Vol. 11, No. 47, December 12, 2003.

55. Theresa M. Ndongko and Leke I. Tambo (edited). *Educational Development in Cameroon (1961—1999): Issues and Perspectives.* Nkemnji Global Tech, 2000.

56. Therese Mungah Tchombe, Structural Reforms in Education in Cameroon, p. 8. http://www.unifr.ch/ipg/ecodoc/conferences/DocuPDF _ Conf _ Inter/ Tchombe. pdf

57. Therese Mungah TCHOMBE. Access of Girls to Basic Education in Cameroon. UNESCO, 1994.

58. Victor Julius Ngoh. History of Cameroon since 1800. Limbe Pressbook, 1996.

59. Walter Rodney. How Europe Underdeveloped Africa, Howard University Press, 1982.

60. ADEA/WGHE, (1999) *Reforming a National System of Higher Education: The Case of Cameroon*, ADEA/ World Bank, Washington D. C.. http:// www.unesco.org/education/educprog/wche/index.html

61. World Bank. African Development Indicators, 2003.

62. World Bank, Cameroon-Education Development Capacity Building Project, Project ID: P075964.

63. World Bank, Implementation Completion Report on a Credit to the Republic of Cameroon for a Higher Education Technical Training Project (LIL), July 16, 2003, Report No. 25659.

64. World Bank, Project Appraisal Document on a Proposed Credit to the Republic of Cameroon for an Education Development Capacity Building Project, May 2, 2005, Report No. 28272 – CM.

65. World Bank. Implementation Completion Report on a Credit to the Republic of Cameroon for a Higher Education Technical Training Project (LIL), July 16, 2002.

66. UNESCO. Decentralization in education: National policies and practices, 2005.
67. UNESCO. Capacity Building of Lead Teacher Training Institutions in Sub-Saharan Africa: Cameroon. ED/HED/TED/2003/PI/21.
68. UNESCO. Overcoming Inequality: Why Governmance Matters. EFA Global Monitoring Report. Oxford University Press, 2009.
69. SAGA, Access to Schooling and Employment in Cameroon: New Inequalities and opportunities, SAGA Working Paper, April 2004.
70. Minister of Higher Education of Republic of Cameroon, 2003 Report of Activities.
71. Ministry of Higher Education, Cameroon. Statistical Year Book of Higher Education, 2006.
72. University of Buea. The University of Buea Strategic Plan 1998—2003, Pressbook Limbe, 1998.